Judith Brückmann & Cord Neubersch

IMMER FUNKTIONIEREN FUNKTIONIERT HALT NICHT

Über die alltägliche Überforderung
und die Kunst, bei sich zu bleiben

Kiepenheuer & Witsch

Aus Verantwortung für die Umwelt hat sich der *Verlag Kiepenheuer & Witsch* zu einer nachhaltigen Buchproduktion verpflichtet. Der bewusste Umgang mit unseren Ressourcen, der Schutz unseres Klimas und der Natur gehören zu unseren obersten Unternehmenszielen. Gemeinsam mit unseren Partnern und Lieferanten setzen wir uns für eine klimaneutrale Buchproduktion ein, die den Erwerb von Klimazertifikaten zur Kompensation des CO_2-Ausstoßes einschließt.

Weitere Informationen finden Sie unter:
www.klimaneutralerverlag.de

MIX
Papier aus verantwortungsvollen Quellen
FSC® C083411

Verlag Kiepenheuer & Witsch, FSC® N001512

1. Auflage 2021

Covergestaltung und -motiv: Barbara Thoben, Köln
Foto der Autoren: © Christian Holthausen
Gesetzt aus der Minion und Trade Gothic
Satz: Buch-Werkstatt GmbH, Bad Aibling
Druck und Bindung: CPI books GmbH, Leck
ISBN 978-3-462-00122-8

Für unsere Mutter.
Die immer für uns da war, aber viel zu wenig für sich.
Wir hoffen, du bist es jetzt.
Wir lieben dich.

INHALT

Vorwort 9
Über uns 13
Wie hilft mir dieses Buch? Oder: authentische Einblicke in Psychotherapie und Coaching 17
Stress vs. Überforderung. Oder: warum nicht die anderen schuld sind 25
Warum ist es eigentlich so schwer, bei sich zu bleiben? 34

TEIL EINS: **DIE HERAUSFORDERUNGEN** 39
WAS MACHT UNS FERTIG? 39
STETIGE PRÄSENZ UND KOMMUNIKATION 40
Warum wir es so schwer ertragen können, offline zu sein 40
Wie können wir uns überhaupt hören, wenn es um uns herum so laut ist? 47
Wie wir die Macht der Gewohnheit für uns nutzen können 49
PERFEKTIONS- UND LEISTUNGSDRUCK 53
Warum immer alles perfekt sein muss 54
Warum wir nicht zwischen Perfektion und Glück unterscheiden können 61
BEZIEHUNGSIDEALISMUS 63
Die längste Beziehung unseres Lebens und warum sie die beste unseres Lebens sein sollte 65
Wie uns Beziehungen prägen 66
Warum fordern uns Partnerschaften so heraus? 71
Wie viel Gepäck vertragen unsere Beziehungen? 73
DIE MINDSET-MACHT 78
Glück ist nicht gern gesehen 83
Wer bestimmt unser Mindset? 86
Wie können wir unser Mindset einem Update unterziehen? 94
It's all about Fokus 97

TEIL ZWEI: **DIE AUSWIRKUNGEN** 105
WIR VERLIEREN UNS SELBST AUS DEN AUGEN 106
Wir machen es allen recht und können nicht Nein sagen 106
Wir wissen nicht (mehr), was wir eigentlich wollen 124
Wir können uns nicht fokussieren 144
Wir verurteilen/verleugnen uns selbst 163
Wir erschaffen uns eigene Bilder 187
Wir flüchten 197
WIR HABEN PROBLEME MIT DEN ANDEREN 212
Wir beneiden die anderen 212
Wir verurteilen die anderen 238
Wir geraten immer wieder in Konflikte 251
Wir ziehen uns zurück 275
Wir klammern 285

TEIL DREI: **WAS UNS WIRKLICH HILFT** 297
Der Blick zu sich 299
Eine Selbsteinschätzung und kleine Orientierung
(Selbstcheck) 299

Nachwort 307
Danksagung 308
Anhang: Werte-Tabelle 312
Stichwortverzeichnis 313

VORWORT

Wie ging's Ihnen heute beim Aufstehen? Haben Sie sich auf den nächsten spannenden Tag vom Rest Ihres Lebens gefreut? Oder waren Sie direkt im Gedankenkarussell gefangen, das Sie täglich begleitet und Sie immer wieder daran erinnert, was in Ihrem Leben gerade nicht gut läuft oder was besser sein könnte? So geht es vielen von uns. Wir funktionieren, aber wir sind nicht zufrieden, geschweige denn glücklich. Eigentlich sind wir morgens schon müde, bevor der Tag überhaupt angefangen hat. Alles fühlt sich schwer an, trist und trostlos. Wir stecken in unserem Leben fest und kommen nicht von der Stelle, obwohl es jeden Tag mit Höchstgeschwindigkeit an uns vorbeirauscht. Ohne zu fragen, was wir eigentlich wollen. Und trotzdem machen wir einfach immer weiter. Bis irgendwann irgendwas vor die Wand fährt: die Beziehung, der Job, die Gesundheit. Dann ist sie da, die Überforderung, und wir wissen nicht mehr weiter. Unser Leben macht uns fertig und wir fragen uns, warum eigentlich? Wir verlassen das Hamsterrad, um zu schauen, wie wir darin gelandet sind und wo wir stattdessen hinwollen. Ohne Rad, aber mit einem Plan. Der zum Ziel hat, dort anzukommen, wo wir eigentlich oder ursprünglich hinwollten.

An diesem Punkt kommen wir ins Spiel. Als Psychotherapeut und Coach begegnen uns jeden Tag Menschen, die in ihrem Alltag und ihrem Leben wie gefangen scheinen. Manche sind so gestresst, dass sie wirklich nur so durch die Tage hetzen und sich irgendwann fragen, wo sie waren, als die letzten Jahre an ihnen vorbeigezogen sind. Andere sind vielleicht organisierter, stoßen aber dennoch an ihre Grenzen und spüren an vielen Stellen Überforderung. Das Leben verlangt uns einiges ab. Jeden Tag aufs Neue. Und mit zunehmendem Alter kommen weitere Aufgaben, z.B. Haus, Ehe, Kinder oder höhere Jobpositionen hinzu, sodass der Stapel nicht kleiner, sondern größer wird. In einer Welt, die uns in ihrem digitalen Netz gefangen hält und uns wenig Freiraum lässt, um auch mal »abzuschalten«. Wie schaffen wir es also, in einem Wust an Aufgaben und Anforderungen, die jeden Tag aufs Neue auf uns warten, uns selbst und unsere eigenen Gedanken und Bedürfnisse wahrzunehmen? Wie sollen wir entspannt wahrnehmen, was uns wichtig ist, wenn sich die Kinder morgens querstellen, das Baby schreit, der Chef bereits mehrere E-Mails geschrieben hat und wir sowieso schon spät dran sind? Wie schaffen wir es, ruhig zu bleiben, wenn wir einen großen Beziehungsstreit hinter uns haben und uns direkt danach der Nachbar im Flur trifft und dafür anmault, dass wir den Müll mal wieder nicht getrennt haben? Wie können wir uns unsere Stärken bewusst machen, wenn wir vor einem wichtigen Feedbackgespräch mit dem Chef stehen, aber die letzten zwei Jobs am gleichen Punkt gescheitert sind? Oder was machen wir, wenn wir jeden Morgen wach werden und direkt mit uns kämpfen müssen, weil wir den Tag, der da wartet, einfach nicht leiden können? Dann geht es nicht darum, das Baby ruhig zu bekommen, den Chef zu hassen, früher in den Tag zu starten, unseren Partner erst mal mit Ignoranz zu strafen, umzuziehen, die erneute Arbeitslosigkeit hinzunehmen oder das öde Leben einfach zu ertragen, sondern als Allererstes geht es darum, durchzuatmen und ganz einfach hierhinzuschauen: zu UNS. Statt sich die großen, globalen Herausforderungen wie die Weltwirtschaft, politische Wahlen oder die Klimadebatte näher anzuschauen, sollten wir den Blick erst mal auf uns selbst richten. Denn wenn uns unser eigenes Leben schon fertigmacht, können wir auch keine Kraft für die gesellschaftlichen und übergeordneten Themen aufbringen. Unsere persönliche Herausforderung liegt also in erster Linie darin, dass wir uns nicht selbst aus den Augen verlieren. Im Alltag, in unserer To-do-Liste, in unserem Perfektionsstreben oder schlicht in unseren Smartphones. In diesem Buch wollen wir sowohl die großen Herausforderungen und Ablenkungen unseres Alltags betrachten als auch die Blockaden und Bürden, die wir selbst mitbringen und die uns auf dem Weg zu Glück und Gelassenheit immer wieder im Weg stehen. Die dafür sorgen, dass wir vor lauter Problemen und Sorgen nur noch Bäume, aber keinen Wald mehr sehen. Es fällt uns in dem Moment schwer, den entscheidenden Schritt aus unserem täglichen Wust an Themen und To-dos heraus zu machen und das große Ganze – unser Leben – zu betrachten. Stattdessen machen wir weiter und weiter. Einfach so und irgendwie. Wir nehmen dieselben Herausforderungen dabei immer wieder aufs Neue in Kauf: ständige Konflikte, Trennungen, Verluste und Niederlagen. In der Hoffnung, dass das alles »mit der Zeit schon wird«. Das wird es aber nicht. Es wird nur klappen, wenn wir irgendwann aufhören zu rennen und uns einmal den Blick auf uns selbst erlauben. Es geht darum, den Fokus zu verändern, um sich selbst wahrzunehmen und für sich und das eigene Leben nachhaltig etwas zu verändern. Dieses Buch wird Ihnen dabei helfen, die Ärmel hochzukrempeln und sich selbst und das eigene Leben anzuschauen und zu hinterfragen.

Im Coaching vergleicht Judith den Prozess des Hinschauens immer gern mit dem Ausmisten des Kleiderschranks. Zunächst muss man alle Kleidungsstücke auf einen Haufen packen, um sie später zu sortieren. Somit entsteht gefühlt erst mehr Chaos, denn der Haufen Kleidung wirkt groß und unüberschaubar. Sobald man aber den Schrank neu sortiert hat, sich von alten, kaputten, hässlichen und ungenutzten Kleidern getrennt hat, fühlt man sich befreit, entspannt, fast wie neugeboren und ist stolz, dass man die Dinge (endlich) angegangen ist. Und vor allem hat man eins gewonnen: Klarheit.

Und jetzt kommt die entscheidende Frage an Sie: »Wenn das doch schon im Kleinen so guttut, warum wenden wir das nicht mal öfter bei uns selbst an und widmen diese Aufmerksamkeit der Person, mit der wir die meiste Zeit unseres Lebens verbringen: uns selbst?« Wir legen z. B. so viel Wert auf das Studium irgendeiner Wissenschaft, um danach beruflich erfolgreich zu sein. Dabei deckt dieses Streben nur einen Bereich unseres Lebens ab. Sollten wir nicht dieselbe Hingabe auch für uns selbst und die Qualität unseres gesamten Lebens aufbringen? Denn im Wissen darum, dass sich die Erde jeden Tag wieder um die Sonne dreht, vergessen wir ganz gern, dass wir irgendwann nicht mehr dabei sein werden. »Morgen ist auch noch ein Tag« ist also nur halb wahr, denn irgendwann ist die Party für uns leider vorbei. Und dann stellt sich die Frage: War es eine Party? Wurde kräftig gefeiert oder nur geackert und gestöhnt? In diesem Buch zeigen wir Ihnen den Weg (zurück) zur Party. Er ist vielleicht an manchen Stellen anstrengend, aber er lohnt sich. Denn je mehr Zeit und Fokus Sie für Ihr Selbst-Studium und Ihr eigenes Leben aufbringen, desto besser beugen Sie Dingen wie Stress, Burn-out, Depressionen, psychischen oder physischen Krankheiten vor – und ganz nebenbei heben Sie Ihre gesamte Lebensqualität auf ein ungeahnt neues Level. Sie misten Dinge aus, die Ihnen nicht guttun, die Sie vielleicht sogar herunterziehen, und schaffen Platz für neue Themen, Dinge und Personen, die wirklich Ihnen und Ihren Wünschen und Bedürfnissen entsprechen. Und eins können wir versprechen: Je besser Sie bei sich und im Kontakt mit sich sind, desto mehr wird sich Ihr Leben zu einem großen glücklichen Puzzle zusammenfügen, das am Ende das ersehnte Bild von einem erfüllten Leben ergibt. Das behaupten wir nicht einfach so, wir werden es Ihnen beweisen. Anhand von echten Praxisbeispielen aus Coaching und Psychotherapie. Wir nehmen Sie mit hinter die Kulissen, teilen unsere Expertise mit Ihnen und verraten Ihnen unsere Vorgehensweisen, um Ihnen so wichtige Erkenntnisse über sich selbst zu liefern. Ganz ohne Voodoo oder Räucherstäbchen, nur mit ganz normalem Menschenverstand. Damit Sie am Ende den besten Draht zu sich selbst haben und die beste Beziehung von allen führen: die zu sich selbst.

ÜBER UNS

Wir sind Cord und Judith. Wir sind Kollegen und Geschwister. Wir teilen also Vergangenheit und Vision: dieselbe Familie und eine gemeinsame Ausrichtung, die zum Ziel hat, Menschen auf ihrem Weg zu begleiten. Cord ist acht Jahre älter als Judith und hatte sein Ziel, Psychotherapeut zu werden, stets vor Augen und sich davon in keinem Moment abbringen lassen. Judith hingegen hat ein paar Umwege nehmen müssen, um nun seit einigen Jahren als Life- und Businesscoach ihren beruflichen Lieblingsplatz gefunden zu haben.

Wenn wir uns und dieses Buch vorstellen wollen, müssen wir zunächst etwas weiter ausholen: Wir kommen aus einer Familie, in der immer und viel geredet wurde. Unsere Mutter war Krankenschwester und alleinerziehend mit drei Kindern. Sie hatte ein sehr großes Herz, war immer für alle da und hat stets besonderen Wert auf Austausch und Kommunikation gelegt. Und so kam es, dass wir manchmal über Stunden in unserer sehr kleinen Küche saßen und über uns und das Leben sprachen, diskutierten, stritten oder lachten. Manchmal kamen auch Freunde, Verwandte und Bekannte dazu, die sich einfach angeschlossen und unserer Mutter ihr Herz ausgeschüttet haben. Unsere Mutter hat uns vorgelebt, Menschen wahrzunehmen, sie ernst zu nehmen und ihnen einen besonderen Raum zur Offenheit zu geben. Leider lebt unsere Mutter nicht mehr und die kleine Küche gibt es auch nicht mehr, aber wir beide führen – wenn man so will – diese Küchen-Tradition in unseren Berufen und privat fort. Wir treffen uns auch weiterhin als Geschwister und sprechen über Gott, die Welt und über uns.

Irgendwann saßen wir wieder einmal abends zusammen und sprachen über unsere Jobs und die Fragen, die uns häufig gestellt werden, über wiederkehrende Beobachtungen und Situationen. Wir waren uns einig darin, dass noch viel zu wenig Aufklärung stattfindet und viel zu viele Vorurteile im Umlauf sind. Darüber hinaus kamen wir an einer Tatsache nicht vorbei, die wir bei unseren unterschiedlichen Berufen doch gemeinsam haben: die Überforderung, die all unsere Klienten teilen. Die meisten kommen zu uns, wenn das Kartenhaus schon in sich zusammengefallen oder das Kind in den Brunnen gefallen ist. Erst wenn das Problem unlösbar erscheint oder der Leidensdruck einen so fest im Griff hat, dass die Lösung selbst nicht mehr erkannt oder angegangen werden kann, kommen die Menschen zu uns und bitten uns um Unterstützung. Das ist der Moment, in dem die Überforderung bereits zugeschlagen hat und die eigenen Grenzen überschritten wurden.

Und es ist ja nicht so, als würden wir die Überforderung nicht auch aus eigener Erfahrung kennen: Unsere Mutter hatte als alleinerziehendes und stets Vollzeit arbeitendes Elternteil auch ihr Leben lang damit zu kämpfen. Leider hat sie uns neben dem Zuhören und den intensiven Gesprächen auch eine große Überforderung und Erschöpfung vorgelebt. Wir kennen also die Anzeichen und Herausforderungen sehr gut, die die Überforderung mit sich bringt. Auch wir mussten diese Dinge für uns erst selbst erkennen und bearbeiten und verwenden weiterhin Aufmerksamkeit darauf, nicht in dieses alte Muster zurückzufallen.

Überforderung hat viele Gesichter und Ausprägungen. Und im Coaching äußert sich Überforderung natürlich anders als in der Psychotherapie. Zum Coaching kommen wir, wenn uns ein differenzierter Blick von außen oder ein Überblick über die eigene Situation nicht mehr möglich ist. Wir können die Dinge nicht mehr klarsehen und damit auch keine Lösung erkennen, denn »wir stecken selbst drin«. Im Problem. Hinzu kommen Emotionen wie Ängste und Unsicherheiten, die es uns erschweren, die eigene Sachlage differenziert und objektiv zu betrachten. Wer kennt nicht das Phänomen, dass wir Freunden bei deren Problemen gute Ratschläge geben können, aber bei den eigenen Problemen oft nicht weiterwissen. Manchmal fragen wir dieselben Freunde nach Rat und erhalten eine Lösung. Manchmal beschäftigen uns aber Probleme, die uns in besonderem Maße überfordern, an unsere Grenzen bringen oder uns zu persönlich erscheinen, als dass wir sie mit den Freunden teilen oder besprechen möchten. Dann wäre der Weg zum Coach die bevorzugte Wahl. Im Coaching kann alles platziert werden, das uns belastet, aber noch keine Symptome beinhaltet. Wir sprechen dann von einem Leidensdruck, der uns ein »Weiterleben« erschwert. Wenn sich also »nur« ein Leidensdruck bemerkbar macht, melden sich die Leute bei Judith. Darunter fallen Themen wie z. B. Unsicherheiten, Selbstzweifel, Kommunikationsprobleme, Beziehungskonflikte, Verlustthemen und berufliche Themen. Ein Coaching bietet dann den geschulten Blick nach vorn, hin zur Lösung, und begleitet KlientInnen mit einer strukturierten und methodischen Vorgehensweise. Ein Coachingprozess ist insofern sehr fortschrittsorientiert und benötigt meist nur wenige Sitzungen, um für sich eine Veränderung zu erzielen und weiterzukommen.

Was passiert aber nun, wenn wir einfach weitermachen, unsere Probleme ignorieren und diese immer größer werden? Dann wächst die Belastung und damit auch der Leidensdruck, bis er einfach unerträglich wird und sich vielleicht körperlich äußert. Unser Körper schickt uns Zeichen, dass es so nicht weitergehen kann. Nehmen wir also Symptome an uns wahr – Schlafstörungen, Kopfschmerzen, innere Unruhe oder Ängste, um nur ein paar Beispiele zu nennen –, geht es zu Cord und auf die Couch. Denn sobald Symptome vorhanden sind, greift unser klassisches Gesundheitssystem und verordnet uns eine Psychotherapie. Dafür ist allerdings eine Diagnose erforderlich, die eine psychische Störung beschreibt bzw. eine konkrete psychotherapeutische Behandlung erfordert. Bei den Anfragen, die Cord erreichen, geht es z. B. um Panikattacken, Depressionen oder traumatische Erfahrungen, die einen deutlichen Einschnitt ins alltägliche Erleben bedeuten und einen Einfluss auf die Persönlichkeit haben können. Leider melden sich die KlientInnen aber meistens erst bei Cord, nachdem schon viel Wasser durch den Rhein geflossen ist. Meist werden selbst die ersten konkreten Symptome noch eine lange Zeit hingenommen und mitgeschleppt, bis noch weitere hinzugekommen oder die vorhandenen noch stärker geworden sind. Erst wenn der Leidensdruck so hoch ist, dass er nicht mehr auszuhalten ist, wird zum Hörer gegriffen. Die Psychotherapie hat dann zum Ziel, die KlientInnen bis zur Symptomfreiheit zu begleiten. Der Prozess kann im Gegensatz zum Coaching auch schon mal länger sein, weil in der Psychotherapie nicht nur »ein« Problem angegangen wird, sondern an »einer Heilung der Diagnose« gearbeitet wird, d.h., dass die KlientInnen am Ende nicht nur eine Lösung und einen guten Ausblick mit nach Hause nehmen, sondern auch symptomfrei sind und bleiben.

WIE HILFT MIR DIESES BUCH? ODER: AUTHENTISCHE EINBLICKE IN PSYCHOTHERAPIE UND COACHING

Die Psychotherapie hat eine ziemliche Entwicklung hinter sich. Während sie noch bis vor einigen Jahren wenig Anerkennung erhalten hat und von vielen in ihrer Notwendigkeit und Wirkung hinterfragt wurde, erfährt sie heutzutage zunehmende Popularität. Eine lange Zeit, selbst mit Eintritt ins neue Jahrtausend, war es immer noch nicht salonfähig, zum Psychotherapeuten zu gehen. Schnell wurde man abgestempelt als »krank«, »gestört« oder als eine Person, die mit ihrem Leben nicht klarkommt. Dieses Bild hat sich zum Glück verändert. Was zum einen daran liegt, dass wir uns als Menschen ganzheitlicher betrachten und ein neues Bewusstsein über uns, unsere Persönlichkeit und unser Leben als Prozess entstanden ist. Zum anderen wurde die Psychotherapie als Hilfsmittel verstanden, sich selbst und sein Leben bei Bedarf zum Besseren zu wenden. Wir sind nicht nur unser Körper, sondern auch unser Verstand und unsere Psyche. Somit gehen wir mittlerweile nicht mehr nur zum Arzt, wenn wir chronische Kopfschmerzen haben, sondern hinterfragen mitunter auch unser Leben. Wir haben verstanden, dass wir komplexer sind, dass wir uns nicht auf bloße körperliche Erscheinungen runterbrechen lassen. Und nun sind wir sogar in einem Zeitalter angekommen, in dem die Psychotherapie fast schon einen festen Baustein bestimmter Lebensentwürfe bildet, die manche nicht nur als Problemlösung oder »Heilung« verstehen, sondern gern zur erkenntnisreichen Selbsterfahrung nutzen. Für andere wiederum ist sie immer noch eine lebensnotwendige Maßnahme, um überhaupt in ein lebenswertes Leben zurückzufinden.

Coaching als Sammelbegriff für verschiedene Support-Methoden in unterschiedlichen Bereichen wie z. B. im Leistungssport und in der Wirtschaft gab es zwar auch schon weit vor der Jahrtausendwende, als Form der Persönlichkeitsentwicklung und Lösungsfindung im privaten Bereich ist es aber noch relativ jung. Die wachsende Nachfrage nach neuen Möglichkeiten, sich selbst und seine Lebensweise zu hinterfragen und zu optimieren, machte diesen Quantensprung fürs Coaching überhaupt erst möglich. Trotzdem schleppt das *Personal* oder *Life Coaching* noch einige Stempel mit sich herum: von esoterischer Selbsterfahrung über exklusives Führungskräfte-Privileg bis hin zu überteuertem Selbstfindungsluxus, der momentan halt stark in Mode ist. Die Psychotherapie hat hier vielleicht einen Vorsprung aufgrund ihres Alters und ihrer tief gehenderen Wissenschaftlichkeit, wirkt dabei aber manchmal wie der alte bärtige Onkel der jungen und »hippen« Coachingbewegung.

Wir kämpfen in unseren Rollen somit an beiden Fronten weiterhin mit einigen Vorurteilen und Stigmata, die unserer konkreten Arbeit allerdings in keiner Weise gerecht werden. In diesem Buch möchten wir daher zum einen mit diesen Vorurteilen aufräumen und zum anderen aufzeigen, dass nicht nur wir miteinander verwandt sind, sondern auch unsere Jobs. Bislang treffen Psychotherapie und Coaching noch relativ selten aufeinander und auch der kollegiale Austausch wird leider noch zu sehr vernachlässigt. Wir wollen also auch das Bewusstsein dafür schärfen, dass unsere Themen häufig verzahnt sind und sich in vielerlei Punkten bedingen. Wir erhoffen uns somit, den Grundstein für eine neue Zusammenarbeit zu legen und auch unter Kollegen die Gemeinsamkeiten und Abgrenzungen transparenter zu machen. Zum Beispiel könnte vielen Menschen, die auf den Wartelisten von Psychotherapiepraxen stehen, auch im Coaching weitergeholfen werden. Dem gestressten Familienvater, der seine aktuelle Lebensausrichtung infrage stellt, könnte bereits im Coaching so weitergeholfen werden, dass er gar nicht erst im Burn-out oder in einer Depression landet und somit am Ende um eine Psychotherapie nicht herumkommt. Oder auch andersherum: Traumatisierte Patienten mit Angststörungen können nach einer erfolgreichen Psychotherapie im Coaching in einen strukturierten Alltag zurückgeführt werden und einen neuen Lebensplan aufstellen. Somit wollen wir mit diesem Buch die Schnittstellen und Abgrenzungen benennen, anhand realer Fallbeispiele, bereichert um authentische und offene Ergänzungen, die weiterbringen oder einfach nur unterhalten.

Die Überforderung ist bei allen Anliegen aber das verbindende Phänomen, das uns beide auf unterschiedliche Weisen in unserer jeweiligen Arbeit immer wieder begegnet. Das Thema Überforderung ist ohne Zweifel eines der großen Probleme unserer Gegenwart und gehört bei vielen Menschen leider bereits als kontinuierliches Grundrauschen zum Alltag. Denn wir leben mit einer Krux: Einerseits haben wir das Glück, dass wir uns grenzenlos ausleben dürfen, unsere individuellen Ziele verfolgen können und keine großen gesellschaftlichen Probleme wie einen Krieg oder einen Wiederaufbau bewältigen müssen, die uns tagtäglich heraus- und überfordern und unsere Werte und Ausrichtung im Leben bestimmen. Andererseits erschwert uns ebendiese Grenzenlosigkeit an Möglichkeiten, einen klaren Weg und ein Ziel vor Augen zu haben. Bei einem Kind, das z. B. im Krieg geboren wurde, ist das persönliche Ziel und der Weg schon vorbestimmt: Es wird vor allem überleben wollen. Somit geht es in seinem Leben in erster Linie um die Existenzsicherung und weniger um die persönliche Entfaltung. Im Vergleich dazu können wir uns auf dieser Welt austoben und alle Privilegien genießen, die uns unsere Eltern und Großeltern erarbeitet haben. Doch damit hängen wir andererseits auch »in der Luft«. Es gibt keine klaren Vorgaben, wie unser Weg zu verlaufen hat. Wir sind selbst dafür verantwortlich, unseren Platz und unsere Bestimmung für dieses eine Leben zu finden. Das allein führt schon zur Überforderung.

Oder mit anderen Worten: Wenn wir wollen, dürfen wir alles auf einmal sein und sind nicht auf einen bestimmten Kurs festgelegt. Wir können z. B. erfolgreich im Job sein, viel reisen, eine glückliche Beziehung haben, großartige Kinder heranziehen, mit Freunden und Bekannten auf der ganzen Welt jederzeit im Austausch sein, uns humanitär engagieren und noch vieles mehr. Wir dürfen also nach dem ganz großen Glück streben. Doch wie sieht das eigentlich genau aus und wie finde ich es? Um hierbei überhaupt irgendeine Art Messlatte zu haben, ist es natürlich verführerisch, nach links und rechts zu schauen. Wir vergleichen uns also mit anderen, um einen Anhaltspunkt für unseren eigenen Weg zu bekommen. Es gibt uns Aufschluss darüber, was wir wollen oder was wir nicht wollen. Es kann uns aber auch in die Irre führen und verunsichern, denn der stetige Blick zu anderen führt den Blick weg von uns selbst. Wir meinen zu wissen, was unser Weg sein müsste und was uns entspricht, aber vielleicht machen wir uns dabei was vor. Oft unbewusst. Viele Menschen folgen viele Jahre einer Vorstellung von sich und ihrem Leben, ohne zu bemerken, dass es gar nicht das ist, was sie sich wirklich wünschen oder was sie glücklich macht. Sie sind nicht bei sich. Und wenn man nun über Jahre hinweg nicht bei sich ist und bleibt, sind die Konsequenzen irgendwann leider unausweichlich: Mit der Zeit spüren wir eine Unzufriedenheit, die stetig zunimmt, ein permanentes »Druck«-Gefühl oder vielleicht auch das Gefühl, »nicht gut genug zu sein oder nicht alles zu geben« – selbst, wenn wir vermeintlich alles erreicht haben, was wir uns vorgenommen haben. Eventuell machen sich auch schon Symptome bemerkbar: Wir können nicht mehr schlafen, fühlen uns benommen oder schwindelig, spüren Ängste, ziehen uns zurück, können nicht mehr essen oder nehmen auch körperliche Schmerzen und deutliche Symptome an uns wahr, wie z. B. Migräne, Tinnitus, Rücken- oder Magenschmerzen. Spätestens dann, wenn wir unser Leben nicht mehr wie gewohnt weiterführen können, werden wir hellhörig und holen uns im besten Fall Hilfe. Das sind die Momente, in denen eine Psychotherapie oder ein Coaching interessant werden – wenn einfach alles zu viel geworden ist.

Wir möchten mit diesem Buch an dieser Stelle ansetzen bzw. am liebsten noch davor. Wir möchten unsere häufigsten Beobachtungen aus unseren Berufen teilen, den großen gemeinsamen Nenner klar benennen und zu einem authentischen Blick hinter unsere Kulissen einladen. Dabei beschreiben wir zunächst die Einflüsse und Mechanismen, die dazu führen, dass man in einer Überforderung landet und nicht mehr weiterweiß. Im ersten Teil geht es also zunächst um die Herausforderungen, die uns heutzutage häufig »in die Knie« zwingen und es uns erschweren, bei uns zu sein und zu bleiben. Angefangen mit der täglichen Herausforderung, ständig und überall erreichbar und vernetzt zu sein. Wir werden durch E-Mails, SMS, WhatsApp und soziale Medien sekündlich mit Informationen überflutet und in Dialoge verwickelt, die wir uns vielleicht selbst gerade gar nicht ausgesucht hätten. Ebenso regelmäßig sind wir auf den verschiedenen Plattformen einem konstanten Vergleich mit anderen ausgesetzt, der uns automatisch unser eigenes Leben hinterfragen lässt und uns unter Druck setzt. Damit geht es also schon los. Wir sind hier somit schon direkt gefragt, uns bewusst abzugrenzen und bei uns zu bleiben. Aber wir stehen häufig unter einem großen Perfektions- und Leistungsdruck, der in unserer Gesellschaft einen erheblichen Teil dazu beiträgt, dass wir mit falschen Erwartungen und oft nicht zu erfüllenden Ansprüchen an uns selbst durch die Welt rennen. Mit Vorbildern, die es doch auch schaffen, morgens entspannt und durchtrainiert im Chefsessel zu sitzen, nachdem sie zuvor schon Quinoa, Yoga, Meditation und die heile Familie unter einen Hut bekommen haben. Also haftet uns ein Idealismus an, den wir unbewusst im Alltag immer mitschleppen. Wir übertragen diesen Perfektionismus auf alle Lebensbereiche und wünschen uns selbstverständlich auch die perfekte Person an unserer Seite, die uns bedingungslos liebt, versteht und durch alle Höhen und Tiefen des Lebens begleitet.

All diesen Einflüssen und Vorstellungen sind wir jeden Tag ausgesetzt. Sie lenken uns ab. Vor allem von der Frage aller Fragen: Was wollen wir eigentlich? Wir müssen also andauernd filtern, welche Themen wir an uns heranlassen und verfolgen wollen und welche nicht. Die Folge: »Generationskrankheit Burn-out«. Der Punkt, an dem alles zu viel ist und wir nicht wissen, wie wir aus dieser Überforderungsspirale rauskommen und uns selbst wieder wahrnehmen können.

Sowohl im Coaching als auch in der Psychotherapie stellen wir fest, dass die offensichtlichen Herausforderungen den KlientInnen meist schon bekannt sind und auch viele bereits versuchen, dem mithilfe von Methoden wie Yoga, Meditation, Achtsamkeitstraining, Selbstfindungsreisen, Entspannungstechniken oder anderen Hilfsmitteln entgegenzusteuern. Weil es bei anderen ja auch hilft und aktuell angesagt ist. Wir merken aber vielleicht gar nicht, dass wir mit dem Versuch, auch noch diese Entspannungsformen in unserem Leben unterzubringen, in die nächste Überforderungsspirale rutschen. Wir schauen auch hier nur nach links und rechts, aber nicht zu uns. Und selbst wenn wir uns aus eigenem Antrieb eine dieser Entspannungsmethoden vornehmen, kann uns ein alter Glaubenssatz, der uns sagt, auch die Entspannung müsse perfekt sein, unsere so sehr ersehnte Yoga- oder Meditationseinheit zu einer weiteren Belastung machen. Wir möchten mit diesem Buch somit auch auf die unbewussten Mechanismen eingehen, die uns oft viel mehr im Weg stehen und uns gar nicht klar sind. Damit meinen wir unser Mindset, unsere Glaubenssätze oder anders gesagt: das Programm, mit dem wir alle individuell ausgestattet sind.

Ein Beispiel: Wenn wir aus einer Arbeiterfamilie kommen, die ihr Leben lang »hart schuften« musste, um sich grundsätzliche oder schöne Dinge überhaupt leisten zu können, werden wir diese Philosophie ggf. abgespeichert haben und das Leben als einen Kampf wahrnehmen. Es hat sich für uns also ein Glaubenssatz daraus entwickelt und sich in unser Programm eingeschlichen. Er lautet in etwa: »Du musst dir alles hart verdienen.« In dem Fall können wir Leichtigkeit für uns überhaupt nicht zulassen, denn sie entspricht ja nicht unserem Lebenskonzept bzw. ist nicht mit unserem Programm kompatibel. Damit sind wir unbewusst durch andere Werte oder alte Glaubenssätze blockiert, die eigentlich z. B. einer anderen Generation angehören und die gar nichts mit unserem eigenen aktuellen Leben zu tun haben.

So werden auch unsere eigenen Erfahrungen zu Puzzlestücken unseres »Programms«. Es landet auf unserer »Festplatte«, auf der wir alles abspeichern, was uns im Leben mitgegeben wurde und was uns selbst im Laufe der Zeit passiert. Alle Erfahrungen, Überzeugungen, Einstellungen, Ereignisse und die damit verbundenen Emotionen sind dort abgespeichert. Manche Dinge können wir ganz schnell hervorholen und für uns »abrufen«, andere liegen weit unten vergraben, an einem vergessenen Ablageort. Wenn wir nun also einfach nur so durchs Leben laufen, kommt immer mehr obendrauf, es wird immer komplizierter und immer mehr Prozesse laufen gleichzeitig ab – irgendwann kommt es zur Systemüberlastung und zum Absturz. Also macht es Sinn, zwischendurch mal die eigene Festplatte zu scannen, aufzuräumen oder wie man es früher nannte: zu defragmentieren. Sich manchmal bewusst zu machen, welche Dateien oder Programme viel Energie und Rechenleistung benötigen. Dann geht es darum, das alte System zu hinterfragen und einem Update zu unterziehen.

Auf den nächsten Seiten zeigen wir anhand von echten, allerdings anonymisierten Beispielen aus unserem Berufsalltag, wie sich unsere »Programme aufhängen« können und wie es zum Neustart oder Umdenken kommen kann. Denn die Überforderung kommt in vielen verschiedenen Arten vor: Da gibt es z. B. die Mutter und Ehefrau, die sich beim Versorgen aller anderen selbst komplett aus den Augen verloren hat, oder den erfolgreichen Geschäftsmann, der sich seine Karriere mit viel Ehrgeiz und Mühe aufgebaut hat und dann vor lauter Unzufriedenheit im Coaching zusammenbricht, weil er mit seinem emotionalen Zustand komplett überfordert ist.

Das Ganze soll aber kein Ratgeber sein, der mit einer Hand voll Regeln alle Probleme der Welt lösen will. Uns geht es eher darum, mithilfe authentischer Fälle und Situationen Impulse zu liefern und zu eigenen Denkanstößen und Erkenntnissen anzuregen, die helfen sollen, eine eigene Überforderung schneller zu erkennen und sich davor zu schützen. Und das Beste ist: Wir verraten die Lösung schon zu Beginn. Sie liegt in der Kunst, bei sich zu bleiben. Aber natürlich ist das leider leichter gesagt als getan und gerade wir verstehen das sehr gut, denn wir beobachten es jeden Tag. Aus diesem Grund lassen wir mit diesem Buch tief blicken. In unsere Ansätze, Ausrichtungen, Fälle, aber auch in unsere eigenen Gedanken und persönlichen Einstellungen. Ergänzt um wertvolle Tools aus dem Coaching, die Sie für sich mitnehmen und selbst anwenden und ausprobieren können. Und zu guter Letzt legen wir noch einen authentischen Fragebogen, wie er auch in der Psychotherapie verwendet wird, obendrauf, sodass Sie sich selbst und Ihren Grad der Überforderung besser einschätzen können. All diese Hilfsmittel ersetzen natürlich keine individuelle Begleitung, wie sie im Coaching oder der Psychotherapie vorkommt, aber sie geben Ihnen erste hilfreiche Hinweise zur eigenen Situation.

STRESS VS. ÜBERFORDERUNG.
ODER: WARUM NICHT DIE ANDEREN SCHULD SIND

Stress kennt jeder. Er ist in unserer Gesellschaft nicht mehr wegzudenken und gehört fast schon zum guten Ton. Jeder hat Stress. Ob im Job, innerhalb der Familie, Partnerschaft oder in anderen Lebensbereichen, in denen uns zu viele Anforderungen gleichzeitig erreichen bzw. solche, die uns vor unbekannte Probleme stellen oder nach besonderen Fähigkeiten verlangen.

Stress ist eigentlich eine natürliche biochemische Reaktion in unserem Körper, die uns in erster Linie bei Gefahren schnell in Alarmbereitschaft versetzen soll. Unser Körper hat damit die großartige Fähigkeit, von jetzt auf gleich auf 100 Prozent Konzentration umzuschalten und uns mithilfe von Anspannung und Adrenalin- bzw. Cortisolausschüttung zum sofortigen Handeln bereit zu machen, z. B., wenn uns ein Kind vors Auto läuft und wir direkt hellwach sind und instinktiv bremsen. Es gibt verschiedene Alarmauslöser, sogenannte Stressoren:

- physische Stressoren: Lärm, Hitze, Kälte, Hunger, Reizüberflutung, Verletzungen
- psychische Stressoren: Versagensängste, Überforderung, Unterforderung, Fremdbestimmung, Zeitmangel, Kontrollverlust
- soziale Stressoren: Konflikte, Isolation, Mobbing, Verlust eines Menschen etc.

Das Empfinden von Stress ist dabei aber sehr individuell, weil jeder von uns eine unterschiedlich »dicke Haut« mitbringt. Wir können jedoch festhalten: Stress entsteht bei Belastung. Wie schnell und wie stark, hängt allerdings von unserer eigenen Belastbarkeit, oder in der Fachsprache Resilienz, ab. Übersteigt die Anforderung unsere Fähigkeiten und unsere Belastbarkeit, reden wir von Überforderung. Ein simples Beispiel: Wir müssen noch einkaufen, aber der Supermarkt schließt schon bald. Das löst in uns Hektik aus, aber wir wissen, dass wir der Situation gerecht werden können. Wir können direkt loslaufen und den kürzesten Weg nehmen oder wir verschieben den Einkauf auf morgen. Anders läuft es ab, wenn wir vor einer Situation stehen, die unsere Ressourcen, Leistungen oder Kapazitäten – egal, ob nur gefühlt oder tatsächlich – übersteigt. Zum Beispiel, wenn wir eine Präsentation oder Rede erstellen sollen, uns aber die nötige Vorbereitungszeit fehlt bzw. wir uns der Situation grundsätzlich nicht gewachsen fühlen, weil wir eventuell ein Problem damit haben, eine Rede zu halten, oder uns in dem zu präsentierenden Thema nicht sicher fühlen. Dann sprechen wir von Überforderung. Das passiert, wenn ein Ungleichgewicht zwischen den Anforderungen von außen und den inneren bzw. persönlichen Voraussetzungen, also Eigenschaften, Befinden, Ressourcen und Möglichkeiten, herrscht. Hervorgerufen wird das Ungleichgewicht durch eine Vielzahl von Faktoren, wie z. B. Zeitmangel und Zeitdruck, soziale Konflikte, berufliche Konflikte und Leistungsdruck oder persönliche Probleme. Insofern unterscheidet man psychische, soziale, emotionale, kognitive und intellektuelle sowie seelische und nervliche Überforderung. Es können auch mehrere Überforderungsarten gleichzeitig auftreten und sich somit überschneiden. Grundsätzlich kommt es darauf an, wo unsere persönliche Achillesferse liegt. An diesem Punkt werden wir vermutlich häufiger oder regelmäßig Überforderung erleben. Oder, um konkreter zu werden: Die Rollen und die dazugehörigen Anforderungen, die wir in unserem Alltag einnehmen und bewältigen müssen, sind für uns nicht alle gleich leicht zu meistern. Manchmal passen die Anforderungen perfekt zu den Fähigkeiten und Stärken, die wir mitbringen, dann befinden wir uns sogar in einem sogenannten »Flow«-Zustand, wo uns alles »zuzufliegen« scheint. In anderen Situationen liegen die Anforderungen unter unseren Fähigkeiten, sodass wir uns unterfordert fühlen und vielleicht mehrere Dinge gleichzeitig wahrnehmen können, z. B., wenn wir die Wohnung putzen und gleichzeitig telefonieren oder uns beim Autofahren mit dem Beifahrer unterhalten. Aber sobald die Anforderungen unsere Fähigkeiten übersteigen, geraten wir in die Überforderung.

Zudem unterscheiden wir noch die kurzfristige von der langfristigen Überforderung: Eine kurzzeitige Überforderung kann z. B. die Situation der Reizüberflutung sein. Wir sind nicht in der Lage, alle auf uns einströmenden Reize in angemessener Weise zu verarbeiten, und fühlen uns überfordert. Wir können nicht mehr klarsehen oder denken und müssen uns anstrengen, um die relevanten Inhalte zu filtern. Langfristige Überforderung entsteht, wenn wir uns in einer anhaltenden oder regelmäßig wiederkehrenden Situation befinden, die unsere Fähigkeiten stets überschreitet und uns immer wieder aufs Neue »an unsere Grenzen bringt«. Das ist häufig im Job der Fall, wenn die Erwartungen und Anforderungen sich nicht mit unseren Fähigkeiten decken und der Leistungsdruck auf längere Zeit einfach zu hoch ist. Kommt hier noch ein eigener Leistungs- und Perfektionsanspruch hinzu, kann die Überforderung gefährlich werden und z. B. in einem Burn-out enden.

Wie bereits erwähnt kann es auch zu einer mehrfachen Überforderung kommen. Das passiert, wenn uns mehrere Situationen gleichzeitig unlösbar erscheinen oder sie unsere Kapazitäten übersteigen. Stehen wir z. B. vor einer wichtigen Prüfung und im selben Moment trennt sich unser/unsere Partner/-in von uns, sind wir sowohl auf kognitiver und intellektueller als auch auf emotionaler Ebene überfordert. Die Anforderungen übersteigen unsere persönlichen Ressourcen.

Halten wir also fest: Stress kann zu Überforderung führen und Überforderung kann wiederum Stress auslösen. Sind wir häufig Stressoren ausgeliefert, kann dies irgendwann zu einem konstanten Überforderungsgefühl führen. Denn Überforderung ist ein Gefühl, das uns in die »Sackgasse« schickt und uns die Lösung für unsere Probleme häufig nicht mehr erkennen lässt.

Insiderwissen

ICH MUSS MICH ERST MAL SELBST VERSTEHEN, UM MIR HELFEN ZU KÖNNEN.

Achtung: Hier kommt die gute Nachricht, die aber nicht immer gut ankommt: Wir sind selbst dafür verantwortlich, dass es uns gut geht.

Einer der wichtigsten Schlüssel zur Bewältigung von Stress und Überforderung ist zunächst einmal das Bewusstsein über uns selbst und damit auch das Kennen und Stärken unserer eigenen Ressourcen. Wenn wir wissen, wo unsere Grenzen liegen, können wir selbst entscheiden, ob wir selbst bis an dieses Limit gehen oder ob wir uns erst gar nicht in eine eventuell unüberwindbare Situation bringen. Zudem können wir auch entscheiden, wie weit wir andere bei uns gehen lassen. Dann sprechen wir von Abgrenzung. Sie ist ein ganz entscheidender Punkt im Coaching und in der Psychotherapie. Denn einer Überforderung geht meistens eine Anforderung oder Erwartung voraus. Diese muss nicht zwangsläufig von einer Person an uns gerichtet worden sein, sondern kann uns auch durch bestimmte Lebensumstände treffen: wenn wir z.B. ungewollt schwanger werden oder uns ein Coronavirus vor ungeahnte Herausforderungen stellt. Es liegt aber in solchen Momenten an uns, welche Einstellung wir dazu einnehmen, wie wir uns in solchen Situationen verhalten und wie wir auch mit uns und unseren Bedürfnissen umgehen.

Als die Coronakrise und der erste Lockdown kamen, war Judiths erster Gedanke: »O mein Gott. Wie soll das alles weitergehen? Wie lange bleibt das so? Wie sollen wir das alles schaffen? Ich war zu dem Zeitpunkt im achten Monat schwanger, mein Sohn war drei Jahre alt und mein Mann im neuen Job in Probezeit. Mit Hinblick auf meine anstehende Elternzeit war ich zudem damit beschäftigt, meine Coachingarbeit von der Selbstständigkeit zu einem Team auszubauen, qualifizierte MitarbeiterInnen zu gewinnen, meine KlientInnen und deren Prozesse zu einem guten Abschluss zu bringen bzw. an meine Kolleginnen zu übergeben. Stattdessen ging es ins Homeoffice mit kleinem Kind zu Hause und einem heranwachsendem im Bauch. Zunächst saßen mein Mann und ich jeden Abend da. Fix und fertig, kraftlos, irritiert von der Welt, in die wir reingeraten waren. Natürlich auch gereizt und genervt, denn alle Pläne waren erst mal *on hold*. Wir mussten uns mit der Situation abfinden, wie alle anderen. Ein Plan musste also her. Und ein Umdenken. Nachdem wir also irgendwann akzeptiert hatten, dass wir die Umstände nicht in der Hand haben, die Lage nicht ändern können und den anfänglichen Frust hinter uns gelassen hatten, hatten wir uns sehr gut organisiert und betrachteten die Wochen und die exklusive Zeit mit unserem Sohn als Geschenk, bevor wir bald jemanden Neues in unserer Familie begrüßen würden. Und die Zeit hat uns am Ende stärker zusammengeschweißt. Unser Sohn genoss die Zeit mit uns in vollen Zügen und wir umgekehrt genauso. Zusätzlich haben wir festgestellt, dass uns so schnell nichts umhauen kann. Das Leben hat uns also bestärkt und einen neuen Fokus verschafft. Wir rasten zuvor durch unser Leben und den Alltag, hatten unsere klaren Abläufe, die kaum noch hinterfragt wurden. Wir funktionierten super als Team, aber wir nahmen die einzelnen Teamplayer nicht mehr bewusst wahr. Auch uns selbst und unsere Bedürfnisse nicht mehr. Nun hatten wir die Wahl: jeden Tag zu zählen und zu stöhnen oder die Chancen einer Zeit wie dieser zu erkennen. Natürlich gab es auch bei der zweiten Option, die wir gewählt haben, zwischendurch Momente des Stöhnens. Aber die grundsätzliche Ausrichtung spielte die entscheidende Rolle.«

Im Coaching nennt man diese Methode des Umdenkens und die Möglichkeit, Potenzial in Situationen zu erkennen, die zunächst hoffnungslos erscheinen, *Reframing*: Darin steckt *frame*, englisch für »Rahmen« – es geht also um die Neu-Betrachtung einer Situation. Reframing ist aber nur möglich, wenn eine gute persönliche Resilienz vorhanden ist, die eigenen Ressourcen aktiviert werden und somit die innere Ausgeglichenheit gestärkt wird.

Stellen Sie sich mal Folgendes vor: ein Baum, mitten auf einem Feld. Mal stürmt es, mal regnet es, mal schneit es, mal kommen

Tiere und klettern an ihm hoch, mal scheint die Sonne, Vögel setzen sich auf seine Äste und zwitschern fröhliche Melodien. Dann stürmt es wieder, es regnet und schneit. Auch ein bloßer Baum muss einer Vielzahl von Anforderungen standhalten können. Wie gut würde er das wohl hinbekommen, wenn er keinen festen Halt in Form von Wurzeln hätte? Er wäre den äußeren Einflüssen komplett ausgeliefert und würde vermutlich nicht lange stehen. Und so verhält es sich auch mit uns. Je stabiler wir in unserer Mitte und bei uns angekommen sind, umso besser können wir auf alle Einflüsse von außen reagieren.

Oft sitzen uns Menschen gegenüber, die dramatische und im Grunde nicht zu bewältigende Schicksalsschläge erfahren haben, z. B. traumatisierende Gewalterlebnisse, Misshandlungen, schlimme Unfälle, plötzliche Verlusterlebnisse durch Naturkatastrophen, Suizide oder schwerwiegende Erkrankungen. Wenn wir Klienten, die solche Dinge verkraften müssen oder mussten, die Geschichte von diesem Baum erzählen, fragen sie uns zu Recht: »Mir sind so schlimme Dinge passiert. Wie soll ich denn da bitte nicht aus dem Gleichgewicht geworfen werden und vielleicht auch den Glauben ans Leben verlieren?« Und natürlich können wir die Brutalität des Lebens mit einer solchen Geschichte nicht abwenden. Wir können uns vor Tiefschlägen im Leben nicht schützen. Aber unsere Geschichte will darauf hinaus, dass die Qualität unserer Resilienz ausschlaggebend dafür ist, wie wir mit solchen Schicksalsschlägen fertigwerden. Je besser und stabiler wir »aufgestellt« sind, unsere Stärken und Schwächen kennen und unsere Ressourcen fördern, umso stabiler wird auch unsere Resilienz, also die eigene psychische Widerstandskraft oder unser persönliches »Schutzschild«, wenn das Leben ungefragt zuschlägt.

Erkenntnis to go

!

Vor Schicksalsschlägen und Krisen im Leben sind wir ALLE leider nicht gefeit. Aber wir entscheiden, wie wir damit umgehen: ob wir mit ihnen untergehen wollen oder sie uns stärker machen sollen.

Ähnlich geht es auch dem Baum, wenn ein Sturm oder Orkan auf ihn zukommt. Er kann nur dastehen und versuchen, alle naturgegebenen Kräfte zu mobilisieren, um nicht aus der Erde gehoben zu werden. Sollte er dieses Drama dann überstanden haben, geht es in allererster Linie darum, sich zu erholen und mit der Zeit wieder zu sich und seiner ursprünglichen Blüte zurückzukehren. Ein schönes Beispiel ist der Birnenbaum, der aus den Trümmern des World Trade Centers geborgen wurde und heute als »Baum der Überlebenden« wieder an seinem Platz steht – und inzwischen viel größer als damals, also »über sich hinausgewachsen« ist.

Aber bevor es ans Über-sich-Hinauswachsen geht, ist der erste wichtige Schritt zunächst, sich selbst wahrzunehmen und zu verstehen.

Judith macht im Coaching häufig die Erfahrung, dass die KlientInnen weder ihre Stärken noch die Dinge beschreiben können, die ihnen wirklich Spaß machen. Sie sind irgendwie gefangen »im Hamsterrad« und wissen nicht mehr, wie es war, als sie noch nicht rotiert sind. Die Kunst ist also erst mal noch gar nicht, bei sich zu bleiben, sondern zunächst bei sich anzukommen.

Insiderwissen

Wir beobachten bei vielen KlientInnen, dass eigene bzw. übernommene Glaubenssätze, Erfahrungen und Einstellungen einen großen Einfluss auf die Resilienz und das Überforderungserleben haben.

In diesem Zusammenhang unterscheiden wir auch noch mal die objektive und die subjektiv empfundene Überforderung. Mit der objektiven Überforderung ist die eindeutig gestellte Anforderung von außen gemeint, die uns aber vor eine persönliche Herausforderung stellt, eine wichtige Präsentation unter Zeitdruck, eine Geburt, ein Verlust etc. Eine subjektive Überforderung hingegen entsteht in manchen Fällen bereits, obwohl eine Überforderung noch gar nicht vorhanden ist oder überhaupt eintreten muss. Diese Form zeigt sich vor allem durch Anforderungen und Erwartungen, die ich meine, erfüllen zu müssen, obwohl sie eventuell so nicht existieren. Nehmen wir den Klassiker: ein Geschäftsmann oder eine Geschäftsfrau, der oder die selbst im Urlaub nicht abschalten kann. Manchmal ist es gar nicht das objektive Stresslevel, das diese Personen umtreibt, sondern ein unbewusst abgespeicherter Glaubenssatz im eigenen »Programm«, der ggf. lautet: »Nur, wenn ich gestresst bin, gebe ich alles und werde von meinem Umfeld auch wahrgenommen«. Dieser Satz ist somit fest abgespeichert als eigene Überzeugung und wurde über eine gewisse Zeit Teil der Persönlichkeit. Er bildet also die Grundannahme und Grundlage für ihr oder sein Handeln. Nicht unbedingt in allen Situationen, aber in denen, in denen es vielleicht um Leistung geht. Diese Personengruppe definiert sich also im Grunde über das persönliche Stresslevel und würde sich vermutlich unwohl fühlen, wenn es in den gewohnten Stressmomenten zu der eigentlich gewünschten Entspannung kommen würde, da es nicht ihrem Grundprinzip entspricht. Das sind häufig Menschen, die im Job alles geben und dadurch oft auch sehr erfolgreich sind. Sie fühlen sich aber andererseits auch sehr gestresst und vielleicht überfordert und würden gern kürzertreten bzw. wünschen sich mehr Gelassenheit. Würde dann aber die gewünschte Gelassenheit eintreten und die Person würde wirklich mal »runterfahren«, hätte sie vermutlich das Gefühl, unproduktiv und wertlos zu sein. Die Folge wäre, dass sie automatisch wieder in ihr altes Muster zurückfällt und in die Stressfalle tappt. Auf Glaubenssätze und ihre Wirkung gehen wir später noch mit konkreten Fallbeispielen ein. Es soll nur an dieser Stelle bereits verdeutlichen, warum es so wichtig ist, manchmal einen Schritt zur Seite zu machen, um die eigene Situation klarer beurteilen zu können und sich selbst und eigene – vor allem unbewusste – Prozesse zu verstehen und diese für sich positiv zu verändern oder zu nutzen.

Es geht insofern um mich, natürlich auch um das Leben drum herum, aber vor allem auch um das »Programm«, das ich mitbringe. Und selbst wenn mich Dinge von außen umzustoßen drohen, kommt es auf meine innere Stabilität und Haltung an, damit sie mich nicht überwältigen können. Wir können vielleicht nicht immer was für unsere Welt und die Umstände, in denen wir leben, aber wir sind für unsere Wahrnehmung und den Umgang damit selbst verantwortlich. In Gesprächen mit KlientInnen treffen wir beide aber immer wieder auf Menschen, die die Realität nicht akzeptieren und annehmen können oder wollen. Sie leugnen sie dann, weil es ihnen schwerfällt, Geschehnisse anzunehmen oder Konsequenzen umzusetzen. Das beobachten wir vor allem dann, wenn sich die äußeren Umstände so verändert haben, dass die Idealvorstellung der KlientInnen gelitten hat oder ganz eingebrochen ist. Dann ist es schwer, sich in dieser neuen Situation zurechtzufinden. Das braucht zunächst Zeit. Zeit zur individuellen Auseinandersetzung. Wir erleben aber, dass viele Menschen nach schweren Erlebnissen selbst nach einer angemessenen Trauerphase in eine verbitterte und verzweifelte Opferhaltung verfallen, die dem Leben die Verantwortung für ihr Dilemma zuschreibt. Nach dem Motto: »Das Leben meint es nicht gut mit mir« oder »Mir widerfährt nie etwas Gutes«. Sätze, die dann auch das »Programm« und die Brille bestimmen, mit der sie durchs Leben gehen. Insgeheim ist aber oft der Wunsch da, dass zu irgendeinem Zeitpunkt der Retter um die Ecke kommt und sie mitnimmt. In das bessere und schöne Leben. An dieser Stelle können wir Ihnen einen Satz nicht vorenthalten, den Cord sehr häufig in seiner Praxis wiederholt: »Wir sind es uns und unserem Leben schuldig, selbst dieser Retter, dieser Prinz oder diese Prinzessin zu sein, der oder die uns aus dem Schlamassel befreit und zurück auf die Sonnenseite des Lebens bringt.« Darauf hört Cord nicht selten ein »Ja, aber …«. Sollte sich das bei Ihnen auch gerade zeigen, können wir Ihnen versichern – und glauben Sie uns, wir haben schon viele Menschenschicksale und Geschichten mitbekommen und gehört –: Es gibt immer einen Weg. Die Frage ist nur: Ist man auch bereit, ihn zu gehen?

WARUM IST ES EIGENTLICH SO SCHWER, BEI SICH ZU BLEIBEN?

Es ist die eine E-Mail mit unerwünschtem Inhalt am Morgen, die wir direkt nach dem Aufstehen lesen. Es ist ein einziger Blick des Partners, der uns verunsichert. Es ist der Müll, der wieder mal überquillt. Es ist die Nachbarin, die uns zugeparkt hat. Es ist die Uhr, die uns im Nacken sitzt. Es ist vielleicht auch einfach nur das Wetter. Es sind die kleinen Dinge, die unbewusst Einfluss auf unsere Laune und Einstellung nehmen und uns ganz schnell von uns ablenken. Eine unbewusste Person wird von diesen Momenten gesteuert, in ihren Emotionen automatisch beeinflusst und damit für den Tag ausgestattet, der dann eigentlich schon gelaufen ist. Personen, die ein – nennen wir es mal – gutes Verhältnis zu sich selbst haben und diese Ablenkungen wahrnehmen, entscheiden ganz bewusst, ob sie diese an sich heranlassen oder nicht. Überforderung kann bei der ersten Gruppe natürlich problemlos zuschlagen. Aus dem Grund ist es besonders wichtig, das Bewusstsein für sich, das eigene Verhalten und das Leben, das einen umgibt, zu schärfen und zu verstehen.

Bei Überforderung und Stress im Alltag schaut Judith sich im Coaching mit den KlientInnen zuallererst die Tagesroutine und deren Gedanken dazu an. Denn es sind oft die Dinge, die bereits automatisiert ablaufen und die wir nicht mehr hinterfragen, die uns schon viel Kraft abverlangen. Sie sind aber die wichtigste Stellschraube zur Veränderung und geben einen entscheidenden Hinweis auf bereits verinnerlichte Verhaltensmuster, die uns aber eigentlich im Weg stehen.

Bei der Analyse der Tagesroutine betrachten Coach und KlientInnen gemeinsam Fragen, wie z. B.: Wie starte ich in den Tag? Brauche ich morgens vielleicht erst mal eine halbe Stunde für mich, bevor ich das erste Gespräch beginnen kann? Trotzdem wecke ich aber morgens als Erstes die Kinder, weil es eben der Ablauf verlangt. Muss ich vielleicht auch direkt was essen oder eher nicht? Dafür ist aber nie Zeit. Hilft mir ein durchgeplanter Tag oder stresst mich das vielmehr? Fahre ich gern mit dem Auto zur Arbeit? Oder bevorzuge ich eigentlich doch lieber die Bahn, weil ich mich dort noch zurücklehnen darf und mit einem guten Buch beschäftigen kann? Oder wäre ich lieber mit dem Fahrrad an der frischen Luft unterwegs? Trotzdem nehme ich stattdessen jeden Tag das Auto, weil es einfach schneller geht, und ärgere mich dann wieder mal über den zähflüssigen Verkehr? Die Frage, die hinter allem steht, lautet: Was mache ich eigentlich, weil ich es wirklich so will und es mir guttut, und was mache ich nur, weil es sich so eingespielt hat oder ich *meine*, dass es nicht anders geht? Denn ehe man sich's versieht, ist der Autopilot aktiv und hat uns voll im Griff. Die Folge: Wir sind irgendwann unzufrieden und haben das Gefühl, nur noch zu funktionieren. Vielleicht nehmen wir das auch alles bereits an uns und unserem Leben wahr, sind aber (noch) ratlos, wie wir das ändern können. Denn der Job läuft gut, die Beziehung genauso und wir können uns zwischendurch einen schönen Urlaub leisten. Alles bestens, oder? Sagen Sie's uns. Denn es geht am Ende darum, wie man sich selbst damit fühlt. Ist es das Leben, das man sich so gewünscht hat? Oder fühlt sich alles irgendwie unspektakulär und nüchtern an? Auch wenn es solche Tage natürlich immer mal gibt, sollte es nicht die Grundstimmung des eigenen Lebens ausmachen. Ansonsten sollten wir hier genauer hinschauen und uns fragen: Was will ich eigentlich? Und wie kann ich meine Lebensqualität in allen Momenten meines Lebens steigern? Hierzu sollten wir nicht nur die großen Themen wie Job, Beziehung, Familie und Kontostand betrachten, sondern zwischen den Zeilen lesen, die Details ins Auge nehmen und die Art und Weise, wie wir durchs Leben gehen.

Es macht durchaus Sinn, diese alltäglichen Stellschrauben bereits im Coaching anzuschauen und anzugehen, bevor es zu Beschwerden kommt, die nur noch die Psychotherapie »reparieren«

kann. Judith hatte z.B. mal eine Klientin, die ein banales Detail aus ihrem Alltag erzählte, das aber einen entscheidenden Hinweis auf die Ursache ihrer Unzufriedenheit gab. Sie sprach nebenbei davon, dass sie für ihren Job jeden Tag in eine weiße Bluse und einen klassischen Rock schlüpfen musste. In den Sitzungen saß sie allerdings mit Cargohose und Kapuzenpullover. Judith hätte niemals vermutet, dass sie beruflich sehr konservativ gekleidet ist. Ihr Auftreten und ihre Persönlichkeit hätten eher zu einem Job mit unkonventionellem Dresscode gepasst. Als sie dann auf ihre Arbeit zu sprechen kam, sagte sie, dass ihre Eltern sie zu ihrem Job damals gedrängt haben und sie eigentlich was ganz anderes machen wollte. »Aber man muss ja schauen, dass man Geld verdient«, begründete sie dann ihre Entscheidung. Judith schaute sich mit ihr daraufhin auch ihre Tagesroutine an und fragte sie, ob sie eigentlich gern in ihren Tag startet. Sie verneinte und meinte, dass sie schon schlechte Laune bekommt, wenn sie abends die Kleidung für den nächsten Tag bügeln und rauslegen muss. Morgens ist es dann das Erste, was sie sieht, wenn sie aufwacht. Die Sachen liegen ja direkt neben ihrem Bett. Dann hat sie schon schlechte Laune. Auf Judiths Frage, was sie an ihrem Leben gern ändern würde, wenn sie könnte, antwortete sie: Nie wieder weiße Blusen tragen und noch mal ganz von vorn anfangen. Aber mittlerweile bin ich dafür ja zu alt«, erklärte sie. Sätze, die sehr häufig kommen und bei vielen dazu führen, jahrzehntelang in einem Leben gefangen zu sein, das eigentlich nicht den eigenen Wünschen und Vorstellungen entspricht. Und dann rettet man sich nur noch von Urlaub zu Urlaub über die Jahre hinweg und das Leben zieht an einem vorbei. Leider relativ ungenutzt.

Grundsätzlich ist gegen ein solches Lebenskonzept nichts einzuwenden, wenn es den Betroffenen oder die Betroffene selbst nicht belastet. Und natürlich gibt es vielleicht auch Phasen im Leben, in denen wir aufgrund der Umstände nicht sofort alles infrage stellen können oder wollen.

Es gibt nur ein Problem bei der Sache: Wenn wir nicht ganz

glücklich oder zufrieden in unserem Leben sind und uns bestimmte Dinge belasten oder schwerfallen, kosten sie uns Kraft. Das heißt: Sie zählen zu unseren Stressoren und nicht zu unseren Ressourcen. Und wenn wir nun überwiegend Stressoren ausgesetzt sind und wiederum wenig Ressourcen bilden können, sind wir natürlich viel mehr Stress und Überforderung ausgesetzt. Oder mit anderen Worten: Wir haben kein dickes Fell, wenn uns unglückliche Momente oder herausfordernde Situationen begegnen. Somit kommen wir schneller an unsere Grenzen und sind nicht mehr so belastbar, wie wir es vielleicht sonst wären.

Anders sieht es bei Menschen aus, die ihre Leidenschaft zum Beruf gemacht haben. Wenn man so eine Person fragt, wie sich ihr Tag so anfühlt, ist sie am Ende nicht erschöpft und kraftlos, sondern inspiriert, erfüllt und kraftvoll. Denn sie umgibt sich mit Themen, die ihr Kraft geben und auf ihr Ressourcen-Konto einzahlen, anstatt sie ins Minus zu treiben.

Dazu werfen wir mal eine simple Frage in den Raum: Was glauben Sie, welche Person wird es härter treffen, wenn am Ende des Tages ihr Auto abgeschleppt würde? Die Klientin mit dem Blusen-Blues oder die Person, die den Job macht, der sie überwiegend glücklich macht? Wir sparen uns an der Stelle mal die Auflösung. Ich glaube, es ist klar, worauf wir hinauswollen.

Es ist also besonders wichtig, zunächst sich selbst auf den Grund zu gehen und zu verstehen, wie man aufgestellt und ausgerichtet ist und was einem guttut und was nicht. Wie genau man das anstellt, verraten wir im Späteren noch anhand konkreter Fallbeispiele. Trotzdem könnte man ja jetzt die berechtigte Frage stellen: Warum fällt es uns so schwer, uns selbst und die Dinge, die wir wollen, überhaupt erst mal wahrzunehmen bzw. anzugehen? Das ist die zentrale Frage, der wir uns in diesem Buch stellen wollen – und um mal ganz offen zu sprechen: Das ist die Frage, die zum großen Teil unsere beiden Familien ernährt. Es ist mitunter die größte Herausforderung von allen, denn wir Menschen leben nicht allein auf dieser Welt und in einem System, das uns von Geburt an jeden

Tag aufs Neue – und vor allem oft unerwartet – für sich einnimmt, uns beeinflusst, fordert und prägt. In diesem sich stets bewegenden Kosmos ist es also schon naturgegeben nicht leicht, den Blick immer wieder auf uns selbst zu richten und unser Leben als großes Ganzes nicht aus den Augen zu verlieren. Hinzu kommt, dass wir »Herdentiere« sind, die Leitbilder und Vorgaben brauchen und suchen. Damit wird es uns in vielen Momenten zusätzlich erschwert, ganz individuell zu sein und zu handeln.

Stellen Sie sich einfach mal Folgendes vor: Sie sind auf einem Konzert. Danach laufen die Leute üblicherweise ja gern sehr rechtzeitig zu ihren Autos. Nun sind Sie auch endlich an Ihrem Auto angekommen und suchen die Ausfahrt. Normalerweise fährt man einfach dem Vordermann hinterher, der will ja schließlich auch raus. Nun nehmen alle dieselbe Ausfahrt und es bildet sich ein langer Stau. Dabei bleibt eine weitere Ausfahrt vielleicht völlig unerkannt und ungenutzt, weil sie keiner in Anspruch nimmt. Wenn Sie die Ausfahrt nun aber erkennen und ihr folgen, wie würden Sie sich dann fühlen? Vermutlich, als würden Sie etwas falsch machen. Sie würden den Haken suchen, warum dort keiner langfährt. Sie würden also sich selbst und Ihre Entscheidung anzweifeln, weil es nicht alle anderen vor Ihnen schon erkannt und gemacht haben. Das ist nur ein simples Beispiel, das aber zeigt, dass wir uns gern an der Masse orientieren und schon »im Kleinen« viel Selbstvertrauen und Selbstsicherheit nötig ist, um in bestimmten Situationen gegen den Strom schwimmen zu können und auf die eigene Stimme zu hören. Nachdem wir also bei uns angekommen sind, sind das die entscheidenden Ressourcen, die uns helfen, auch bei uns zu bleiben. Vielen Menschen fällt es aber schwer, diese essenziellen Eigenschaften wie Selbstsicherheit und Selbstvertrauen für sich zu entwickeln oder abzurufen. Sei es, weil sie es nicht in die Wiege gelegt bekommen haben oder weil sie das Leben zu oft aus der Bahn geworfen und enttäuscht hat, dass sie keinen Zugang mehr dazu finden. Dann ist es eine grundlegende Aufgabe – sowohl in der Psychotherapie als auch im Coaching –, diesen Zugang wiederherzustellen.

TEIL EINS:

DIE HERAUSFORDERUNGEN

WAS MACHT UNS FERTIG?

Doch was ist es eigentlich, was uns immer wieder von uns und unseren eigentlichen Bedürfnissen ablenkt und uns am Ende fertigmacht? Bevor es zu irgendwelchen Lösungsideen kommen kann, müssen wir zunächst die wesentlichen Faktoren verstehen, die uns im Leben überhaupt in die Quere kommen. Im Laufe unseres Berufslebens haben wir ähnliche situative und generelle Faktoren beobachtet, die bei unseren KlientInnen immer wieder Stress und Überforderung ausgelöst haben. Die Herausforderungen kommen natürlich einerseits von außen, durch die Gesellschaft und ihre Anforderungen: z. B. die digitale Kommunikation, neue Bildungs- und Leistungsmodelle und Geschwindigkeiten sowie neue Werte, die wir uns im Folgenden genauer anschauen. Andererseits sind es aber auch Vorstellungen und Ideologien, die wir mit uns herumschleppen – aufgrund unserer Erziehung und Erfahrungen, die uns dann später gern mal auf die Füße fallen bzw. uns im Wege stehen und blockieren. Bleiben diese Herausforderungen unentdeckt, können sie zu Problemen werden oder sogar psychische Auffälligkeiten und Störungen auf den Plan bringen. In Teil zwei dieses Buchs kommen wir zu konkreten Fallbeispielen aus unseren Praxen, in denen sich diese Herausforderungen sehr gut erkennen lassen.

STETIGE PRÄSENZ UND KOMMUNIKATION

Hand aufs Herz: Wo befindet sich Ihr Handy in diesem Augenblick? Wenn es neben Ihnen liegt, gehören Sie vermutlich zu den 28 Prozent der Bevölkerung[1], die ihr Handy am Tag 60 Minuten nutzen (mit starker Tendenz nach oben) und es selten aus der Hand legen. In dieser Stunde legt man mit den Fingern eine Strecke von 173 Metern zurück, das ist 16 Meter höher als der Kölner Dom.[2] Und wenn man bedenkt, dass 8 von 10 Menschen ab 14 Jahren in Deutschland, also 81 Prozent aller Deutschen, ein Handy in der Tasche haben, zeigen sich die Ausmaße der Digitalisierung und Kommunikation – denn wir haben sie immer dabei. Wir können uns ihr also nur schwer entziehen.

Warum wir es so schwer ertragen können, offline zu sein

Wir sind ständig »on«. Mit anderen Worten: Wir leben jeden Tag in zwei Welten: in unserem realen Leben, mit realen Menschen um uns herum; und in der digitalen Welt, mit entfernten Menschen um uns herum. Aber diese beiden Lager haben eins gemein: Sie sprechen uns an, sie fordern uns, wollen etwas von uns. Unsere Aufmerksamkeit ist damit ständig geteilt. Wir pendeln gedanklich immer hin und her – je nachdem, was oder wer gerade lauter schreit, wichtiger erscheint oder uns mehr reizt. Während die

---

1 Statista 2020

2 OnePlus Studie (https://bit.ly/3avYsHF)

Kommunikation sich vor einigen Jahrzehnten noch »nur« im Hier und Jetzt abgespielt hat, läuft sie jetzt zudem noch parallel auf mindestens einer Handvoll Kanälen: E-Mail, SMS, Facebook, Instagram, WhatsApp & Co.

Der erste Griff morgens nach dem Aufwachen geht bei den meisten zum Handy. Bevor wir uns also mit uns selbst beschäftigen, uns die nötige Zeit zum Ankommen im Tag lassen, lassen wir uns lieber von der Außenwelt ablenken. Und diese Informationen haben einen Einfluss auf uns. Schlechte Nachrichten, ein voller Terminplan, Anfragen und To-Dos, unerwünschte Wettervorhersagen, Absagen etc. prasseln ungefiltert auf uns ein. All das hinterlässt natürlich Spuren und hat einen unbewussten Einfluss auf unsere Stimmung. Wir fühlen uns innerhalb weniger Sekunden fremdbestimmt, gefordert und gestresst. Mit diesen Emotionen stehen wir dann also auf und starten in einen neuen Tag. In einen neuen Tag vom Rest unseres Lebens.

Judith: »Mein dreijähriger Sohn bringt mir und meinem Mann manchmal unser Handy, weil er weiß, dass wir es die meiste Zeit des Tages an uns haben und er die Einheit von uns und unseren Handys als normal abgespeichert hat. Das war eine ganz schön traurige Erkenntnis. Und dabei versuche ich wirklich, mein Handy in seiner Gegenwart kaum zu beachten. Ich lasse es auch einfach irgendwo in der Wohnung liegen und schleppe es nicht in jeden Raum mit. Aber anscheinend sind wir häufiger unbewusst mit diesem kleinen Ding beschäftigt, als es uns lieb ist. Und unsere Kinder spiegeln uns, was wir selbst schon gar nicht mehr wahrnehmen. Oft beschreiben mir sowohl KlientInnen als auch Freunde und Bekannte, dass sie sich ›unvollständig‹ fühlen, wenn sie ohne Handy aus dem Haus gehen. Und ich selbst kann das natürlich auch bestätigen. Auch höre ich immer häufiger die Aussage, dass bei manchen am Wochenende an einem Tag das Handy ausbleibt, es unglaublich guttut und zur Entspannung beiträgt. Oder oft wird gesagt: ›Ich freue mich schon riesig auf den Urlaub. Und dann bleibt das Handy aus. Knallhart, zwei Wochen lang. Dann bin ich einfach mal für keinen erreichbar.‹ Ich persönlich habe auch schon seit längerer Zeit die Push-Nachrichten ausgestellt, weil es mich zu jeder Zeit aus meinen Gedanken und meinem Tun herausgerissen hat und ich mich dadurch sehr fremdbestimmt gefühlt habe.«

»Digital Detox« als digitale Diät oder Heilfasten von jeglicher Erreichbarkeit ist mittlerweile zu einem neuen Trend geworden. Die Frage ist aber doch: Warum brauchen wir eine Diät von etwas, das wir selbst in der Hand haben bzw. eben nur aus der Hand legen müssten? Die Antwort lautet: Weil wir natürlich zur Herde gehören wollen. Das Handy lässt uns an der Welt teilhaben und gibt uns das Gefühl, Teil von etwas zu sein, dazuzugehören und gebraucht zu werden. Wir können uns durch einen schnellen Beitrag aus unserem Leben zwischendurch Aufmerksamkeit und Bestätigung holen. Zum Lunch gibt's heutzutage Dopamin: Nachdem wir unser Mittagessen fotografiert und mit allen anderen bei Instagram & Co. geteilt haben, schlingen wir es beim Blick auf die ankommenden Likes und Kommentare runter. Wir fühlen uns dann gesehen in dem Wust des grauen Alltags. Es gibt uns ein gutes Gefühl und vor allem das Gefühl, bei diesem rasanten Ritt namens Leben nicht allein zu sein. Diese Hascherei nach Informationen, Likes und Liebe ist zu einer festen Gewohnheit geworden. Wir sind im Grunde süchtig danach. Nach Neuigkeiten und Push-Nachrichten, die uns etwas Neues offenbaren: vielleicht eine persönliche Nachricht, einen weiteren Like oder Follower oder ein Angebot, auf das wir lange gewartet haben. Bei jedem Griff zum Handy bekommen wir neuen Input, und den brauchen wir mittlerweile. Sobald dieser länger nicht mehr vorkam, meldet sich der Suchtdruck und wir schauen erneut auf den kleinen schwarzen Bildschirm. Meistens unbewusst. Zeigt uns der Home-Bildschirm keine neue Message, machen wir einfach weiter. Aber erscheinen dort Nachrichten, liegt es an uns, wie sehr sie uns bestimmen. Gehen wir direkt darauf ein oder verbleiben wir in dem Moment, in dem wir eben noch waren?

Patrick J. McGinnis brachte 2004 erstmals den Begriff *Fear of Missing out* (kurz FoMO) in Umlauf. Damals war er Student an der Harvard University in Boston. FoMO ist die Angst, etwas zu verpassen. Sie kann auf zweierlei Arten in Erscheinung treten: in Verbindung mit technischen Geräten, womit der Druck gemeint ist, ständig im Netz unterwegs sein zu müssen, um keine digitale Entwicklung zu versäumen. Sie kann sich aber auch ohne technische Geräte äußern, durch die Sorge, falsche Entscheidungen zu treffen und so eventuell besondere Highlights und Erfahrungen in seinem Leben zu verpassen. Die Angst ist nicht neu. Wir Menschen sind Teil einer Gesellschaft, die zur selben Zeit auf diesem Kontinent lebt und Erlebnisse und Erfahrungen macht. So passiert es, dass der Kollege oder die Freundin auf einem Festival tanzt, während man selbst arbeiten muss oder krank im Bett liegt. Seit Smartphones und Social Media zu einem festen Bestandteil unseres Lebens geworden sind, bekommen wir von diesen verpassten Gelegenheiten auch noch die besten Schnappschüsse direkt aufs Handy. Das macht das eigene Gefühl nicht besser. Dass der Kollege oder die Freundin vielleicht schon früh nach Hause gegangen ist, weil die Stimmung schlecht war, es zu voll war oder es plötzlich aus Eimern gegossen hat, sagen uns diese Bilder nicht. Wir kriegen nur die tollen Dinge mit, die wir verpasst haben, und empfinden das eigene Leben als langweilig. Das ist auch der Grund, warum wir das Handy in dem Moment nicht aus der Hand legen können: Wir wollen die nächste gute Gelegenheit auf ein besonderes Erlebnis in unserem Leben nicht verpassen oder keine wichtige Information aus der digitalen Welt an uns vorbeigehen lassen. Es ist nur so: Wir sind in diesem Moment abgelenkt. Von dem, was wir eigentlich wollen. Denn um bei dem Beispiel mit dem Festival zu bleiben: Vielleicht war uns an dem Tag eh mehr nach Couch oder einem guten Gespräch mit einem lieben Menschen. Aber wir sind immer »on« und können uns allein durch die ständige Erreichbarkeit auch schon schwer abgrenzen.

Stellen Sie sich vor:

Sie haben ein Date. Vielleicht mit Ihrem festen Partner/Ihrer festen Partnerin, vielleicht mit einer neuen Bekanntschaft. Jedenfalls freuen Sie sich wirklich sehr und schon lang auf diesen Abend und können ihn kaum erwarten. Eventuell haben Sie schon seit einigen Tagen Vorbereitungen dafür getroffen und zählen jetzt nur noch die Stunden. Unmittelbar vor dem Treffen meldet sich eine Bekannte/ein Bekannter bei Ihnen. Er/sie ist mit dem Auto liegen geblieben und fragt Sie, ob Sie ihm oder ihr helfen können. Das hätte aber zur Folge, dass Sie den Dateabend absagen müssten, auf den Sie schon so lang hingefiebert haben. Es hat Sie also ein Reiz und Impuls erreicht, der nicht Ihren aktuellen Bedürfnissen entspricht und der Sie sofort in eine moralische Zwickmühle befördert. Denn nun gibt es ein Problem: Wenn Sie der Freundin/dem Freund absagen und zum Date gehen, werden Sie sich vermutlich nicht gut damit fühlen und können den Abend nicht wirklich genießen. Helfen Sie der Person, haben Sie sich von Ihren eigenen Wünschen und Bedürfnissen ablenken lassen und reagieren auf eine Anfrage, obwohl Sie dies gar nicht wollten. Wir wollen mit dem Beispiel natürlich nicht sagen, dass man guten Freunden nicht auch helfen sollte, und es wäre auch schade, wenn alle Menschen nur noch rein egoistisch ihren eigenen Bedürfnissen folgen. Es soll nur verdeutlichen, dass wir durch die stetige Präsenz und Kommunikation zu jeder Zeit von unseren eigenen Plänen, Wünschen und Zielen abgelenkt werden und es dann sehr viel Kraft verlangt, bei sich zu bleiben. Denn in diesem Beispiel würde es vermutlich jedem sehr schwerfallen, einen guten Freund oder eine gute Freundin hängen zu lassen.

Diese Form von Ablenkung kennen wir aber auch schon in anderen, kleineren Momenten. Da wir alles mit unserem Handy machen, hören wir hierüber mittlerweile auch unsere Lieblingssongs oder einen spannenden Podcast. Auf einmal kommt ein Anruf, eine E-Mail oder SMS rein, die unser sofortiges Handeln erfordert. Und der eigentliche Wunsch nach Abschalten mit dem momentanen Lieblingssong oder -podcast ist damit komplett in den Hintergrund gerückt. Dieser ständige Switch zwischen den eigenen Bedürfnissen und hereinkommenden Anfragen hat zur Folge, dass wir in einer konstanten »Alarmbereitschaft« sind und es uns sehr schwerfällt, sich einem Moment oder einer Handlung komplett hinzugeben. Ein weiteres Beispiel ist der »Second Screen«, der sich spätestens seit 2010 bereits zu einem festen Begriff etabliert hat. Er beschreibt das Phänomen, dass beim Fernsehen ein zweiter Bildschirm zur Hand genommen wird. Vielen Menschen fällt es insofern schwer, einen Spielfilm noch in kompletter Länge ohne Ablenkung anzuschauen. An irgendeiner Stelle wird das Handy oder Tablet rausgeholt, die Benachrichtigungen gecheckt oder anderen Dingen nachgegangen, die mit der eigentlichen Handlung – dem Schauen des Spielfilms – nichts mehr zu tun haben. Grundsätzlich sind auch das reine Nichtstun und Innehalten für viele Menschen zum Problem geworden. Man kann beobachten, dass Menschen, die in bestimmten Momenten nicht gefordert sind, z. B. beim Warten auf den Bus/Zug, auf der Rolltreppe, im Stau oder im Wartezimmer, sofort das Handy zücken. Dabei könnte man diesen Moment auch dafür nutzen, sich einfach mal selbst zu fragen, wie es einem gerade geht.

Unser Handy ist nun mal zu unserem Lebens-Organizer geworden. Wir lassen uns davon wecken, verwalten damit Termine, schauen nach dem Wetter, beantworten E-Mails und Nachrichten, kaufen damit ein, bekommen auf jede Frage eine Antwort, erhalten direktes Feedback auf unser Profil, finden Rezepte und Geschenkideen oder Gebrauchsanleitungen, buchen den nächsten Urlaub oder suchen darüber unseren Partner aus. Wir können also fast alles auf der Welt aus der Hosentasche steuern und organisieren. Keine schlechte Sache. Wir wollen gar nicht darauf hinaus, dass Handys und die Digitalisierung verbannt gehören. Es geht nur darum, sich bewusst zu machen, wie sehr uns die mobile Einheit und digitale Kommunikation einnimmt. Und an der Stelle soll auch gesagt sein: Wenn es uns mit unseren Gewohnheiten gut geht, muss nichts geändert werden. Aber wenn wir uns gestresst und überfordert fühlen, sollten wir schauen, wodurch es ausgelöst wird. Und das Handy zählt hierbei eindeutig zur größten Ablenkung von uns selbst und unserem Leben.

Vier Worte fassen einen großen Fortschritt, aber auch das Dilemma unserer Generation perfekt zusammen: Wir sind immer erreichbar. Die Kunst ist es, diesen Fortschritt für sich zu nutzen, sich aber bei den vielen Informationen und Dialogen, die uns täglich begegnen, nicht selbst zu vergessen.

Bei einigen unserer KlientInnen kommt es manchmal vor, dass sie zu Beginn der Sitzung ihr Handy auf den Tisch legen und sagen: »Tut mir leid. Nur, falls was Wichtiges reinkommt …« In dem Moment fragen wir dann gern, was denn Wichtiges reinkommen könnte. Die Antworten beinhalten dann selten einen Angehörigen im Krankenhaus, die Kinderbetreuung, ein krankes Kind zu Hause oder eine Frau, die jederzeit entbinden könnte, sondern drehen sich meistens um die Arbeit. Wenn wir das wahrnehmen, hinterfragen wir bei unseren KlientInnen gern noch mal, was gerade so wichtig ist, dass es nicht 90 Minuten warten kann? Denn diese 90 Minuten sind einfach ungestörte Aufmerksamkeit für einen selbst und sehr selten und kostbar in unserem Alltag. Und das ist gerade ein Grund, warum viele das Angebot von Coaching und Psychotherapie für sich in Anspruch nehmen: Denn dieses Zeitfenster ist ausschließlich für die eigenen Gedanken und Themen reserviert und in dieser Zeit dreht sich alles nur um sie und ihr persönliches Anliegen. In welcher Situation in unserem Leben ist dies sonst der Fall? Selbst im guten Gespräch mit dem besten Freund/der besten Freundin geht es um den gegenseitigen Austausch und man hat meist ein schlechtes Gewissen, wenn man mal nur von sich redet oder es sich viel um die eigenen Belange dreht.

KlientInnen, die also gestresst und gehetzt zu uns in die Sitzung kommen und in dieser ständigen Erreichbarkeit und Kommunikation feststecken, sind teilweise so sehr von der Außenwelt gesteuert und von sich und den eigenen Bedürfnissen abgelenkt, dass sie nicht mehr wissen, was sie eigentlich wollen. Sie haben verlernt, sich und ihre eigenen Wünsche wahrzunehmen. Das ist vor allem bei Klienten der Fall, die auch familiär eingebunden sind und vielen anderen Bedürfnissen nachgehen müssen, etwa denen des Partners/der Partnerin, der Kinder etc. – denn wenn alles um mich herum »schreit«, kann ich meine eigene Stimme natürlich nicht mehr hören.

Wie können wir uns überhaupt hören, wenn es um uns herum so laut ist?

Was macht man also, wenn man dieses Grundrauschen in seinem Alltag nicht mehr von selbst abschalten kann und sich selbst aus den Augen verloren hat? Ein ganz wichtiger Ansatz ist das Achtsamkeitstraining. Mittlerweile zum geflügelten Wort geworden, ist die Achtsamkeitstheorie aus der buddhistischen Lehre und Meditationspraxis zu uns herübergeschwappt und nun zu einer anerkannten Methode in der Psychotherapie und im Coaching geworden. Dabei geht es vor allem darum, sich selbst in ganzer Einheit (Körper, Geist und Emotionen) und den gegenwärtigen Moment wertfrei wahrzunehmen und zu würdigen. Ziel ist es, ein besonders deutliches Bewusstsein über sich, sein Handeln, seine Gedanken und Emotionen zu bekommen, um im zweiten Schritt darauf wiederum bewusst Einfluss nehmen zu können. Mal ganz konkret: Wenn wir uns z. B. in einem Moment unwohl fühlen, wissen wir ja nicht unbedingt direkt, womit dies zu tun hat. Wir stehen vielleicht an der Supermarktkasse und jemand drängelt sich vor. Das bringt uns direkt auf die Palme. Wir erkennen also den direkten Auslöser, aber nicht das, was uns eigentlich belastet und warum diese eine Sache uns nun so schwer zusetzt. Vielleicht haben wir gerade einen Streit mit einer nahestehenden Person, der uns unbewusst nachhaltig beschäftigt. Vielleicht kämpft unser Körper auch einfach mit Müdigkeit oder einer aufkommenden Erkältung. Mithilfe von Achtsamkeitstechniken lenken wir die Aufmerksamkeit auf uns und lernen uns selbst besser kennen. Es könnte ja auch sein, dass wir erkennen, dass wir an jeder Supermarktkasse genervt sind – unabhängig von dem, was aktuell gerade so los ist. Dann sollten wir vielleicht darüber nachdenken, nur noch online einzukaufen, weil uns vielleicht einfach die Supermarktsituation stresst. Wir haben auf jeden Fall eine neue Erkenntnis über uns gewonnen und können hierauf Einfluss nehmen, sodass wir uns solchen Situationen gar nicht mehr aussetzen müssen oder nur noch bedingt.

Achtsamkeit gibt uns aber auch die Möglichkeit, den Kopf freizubekommen und sich selbst einem »Neustart« zu unterziehen. Das geht z. B. mithilfe von Meditation. Und damit ist keine große Wissenschaft gemeint, sondern das bewusste Sich-für-sich-Zeit-Nehmen. Es reichen schon wenige Minuten am Tag – mit oder ohne Anleitung, mit oder ohne Musik – um bei aller Hektik, die uns umgibt, den Pause-Knopf zu drücken und unsere eigene Stimme hören zu können. Es klingt vielleicht komisch, aber es räumt uns auf. Von innen. Und dafür müssen wir eigentlich nichts weiter tun, als uns hinzusetzen und nur in diesem einen Moment zu sein. Anfangs fällt das noch schwer, aber mit jedem weiteren Mal wird es einfacher und hat einen großen, nachhaltigen Effekt auf uns und die Wahrnehmung unserer Welt.

Erkenntnis to go

!

Achtsamkeit und Meditation sind kein spiritueller Quatsch. Sondern das Gefühl von Urlaub an jedem Tag.

Judith gibt die Meditation gern als Tool ihren KlientInnen mit an die Hand und stellt fest, dass selbst die ganz skeptischen irgendwann berichten, dass sie durch Meditation eine ganz neue Lebensqualität für sich entdeckt haben und darauf nicht mehr verzichten können. Es beschert ihnen mehr Gelassenheit, Ruhe und Entspannung, sogar in sehr hektischen und anspruchsvollen Zeiten. Zudem wüssten sie nun besser, was sie wollen und brauchen, und gehen den Dingen gezielt nach.

Bei diesen Klienten ist Achtsamkeit oder Meditation wie Duschen zu einem festen Ritual im Alltag geworden, das ihnen mehr

Klarheit und Wohlbefinden bringt. Das Konzept der Achtsamkeit zielt vor allem darauf ab, sich und seinen Körper bewusst wahrzunehmen. Denn sind wir mal ehrlich: Wie viel Aufmerksamkeit schenken wir unserem Körper jeden Tag? Er trägt uns durch den Alltag, manchmal schleppt er uns auch nur noch durch. Aber er ist für uns unverzichtbar. Trotzdem schenken wir ihm so gut wie nie Gehör, sondern treiben ihn an seine Grenzen. Vielleicht sendet er uns schon unentwegt Signale wie Kopfschmerzen, Magenkrämpfe, Rückenverspannungen, eine schlechte Verdauung, Schlafstörungen, Schwindel, Übelkeit, Appetitlosigkeit etc. und wir nehmen es nur am Rande wahr. Mit der »Wird schon«-Mentalität tun wir uns aber keinen Gefallen, sondern zögern nur das Unausweichliche hinaus: dass es noch viel schlimmer wird. Chronische oder schwerwiegende Erkrankungen und akute Gesundheitsprobleme sind dann leider die Folge.

Wie wir die Macht der Gewohnheit für uns nutzen können

Mit sich und seinen Empfindungen, emotional oder körperlich, wieder enger im Kontakt zu sein, kann man lernen. Es sind die ersten Maßnahmen, die bei Burn-out-Patienten angewandt werden. Der Hintergrund ist, den Fokus und die Gewohnheiten zu verändern. Wenn wir den Fokus mehr auf uns lenken, werden wir automatisch ein besseres Gespür für unsere Bedürfnisse bekommen. Neue Gewohnheiten helfen uns dann dabei, diesen auch Raum zu geben. Man nennt es Training, weil es Zeit und Gewöhnung braucht, sich im Leben neu auszurichten. Menschen, die von einer langen Reise oder einer Auszeit zurückkommen, berichten oft, dass sie in der Zeit so viele Dinge für sich gelernt haben und von nun an im Alltag anders machen wollen. Nehmen wir z. B. eine morgendliche Tasse Tee oder Kaffee ohne Ablenkung. Wir genießen diesen ersten Moment am Tag ganz für uns allein. Machen uns vielleicht Gedanken darüber, worauf wir uns an dem Tag freuen oder was wir uns gern vornehmen würden. Wir schauen mal bewusst hin, wie es uns in dem Moment geht. Sind wir entspannt oder angespannt? Sind wir nervös oder gelassen? Wir überlegen, wie wir eigentlich geschlafen haben und ob wir uns fit für den Tag mit all seinen Aufgaben fühlen. Wir sind einfach mal nur bei uns.

Tool to go

Schaffen Sie sich bisher so einen Moment am Tag? Wenn nein, warum nicht, und wie könnten Sie ihn für sich gut einbauen? Schaffen Sie sich ein Ritual, auf das Sie sich dann jeden Tag freuen.

Warum schaffen wir es aber oft nicht, solche Rituale einzuhalten, und fallen in alte Gewohnheiten zurück? Die Antwort ist ganz einfach: weil es zum einen erst zu einer festen Gewohnheit werden muss. Man sagt, dass alle Dinge, die wir in unser Leben als festen neuen Bestandteil integrieren wollen, vier bis sechs Wochen konstante Umsetzung benötigen, damit sie zu einem automatischen Habitus werden und keine bewusste Entscheidung mehr sind. An der Stelle nennen wir mal zwei sehr populäre Beispiele: den Vorsatz, mit dem Rauchen aufzuhören, oder regelmäßig Sport zu treiben. Die ersten Tage und Wochen benötigen immer wieder eine klare Erinnerung daran, was man sich vorgenommen hat. Oft kommt noch der innere Schweinehund hinzu, der uns sagt: »Mensch, früher war doch alles super. Warum willst du denn nun so dringend was ändern? Entspann dich. Wir machen einfach so weiter wie bisher.« In diesem Moment wird dann jedes Mal aufs Neue die Motivation dahinter abgefragt und man befindet sich auf der eigenen Anklagebank. Und entweder wird man zum Henker und sagt »Nix da. Wir bleiben dabei. So ist jetzt der Plan« oder man hat Gnade und reagiert mit: »Na gut. Einmal aussetzen oder schwach werden wird uns schon nicht umbringen.« Was glauben Sie, welche Stimme gewinnt in einem Alltag, der uns fest im Griff hat? Genau, die zweite. In Zeiten, in denen es uns eh schon nicht gut geht und wir nach Entlastung streben, werden wir weniger Lust darauf haben, unsere Konzentration zusätzlich auf eine neue Gewohnheit zu lenken, die uns im ersten Moment eher

Kraft kostet als schenkt. Der Mensch ist nun mal ein Gewohnheitstier und somit benötigen Umstellungen der eigenen Gewohnheiten unsere Konzentration und Aufmerksamkeit und damit also zusätzliche Ressourcen. Wenn wir also einen langen Tag hatten, ist es verführerisch, sich eher den automatischen Gewohnheiten hinzugeben als neue Gewohnheiten zu etablieren. Es fallen die Dinge hintenrüber, die nicht zwingend unsere Aufmerksamkeit oder Achtsamkeit benötigen. Und das sind meistens die Dinge, die uns selbst betreffen und nicht von anderen erwartet oder gefordert werden. Somit gilt es, dranzubleiben und sich kleine Ziele zu stecken, die aber auch schon einen Effekt auf uns haben.

Im Coaching und in der Psychotherapie macht man diese Ziele von dem individuellen Anliegen des Klienten/der Klientin abhängig und legt den Fokus zunächst auf die größte Belastung. Man geht also nicht mit einem Anlauf den ganzen »Berg« an, sondern bezwingt ihn in kleinen Schritten. Jemandem, der unter enormem Druck und Stress steht, würde man demnach Entspannungseinheiten empfehlen, statt parallel auch noch die überflüssigen Pfunde anzugehen und sich zusätzlich mit exzessivem Sport zu stressen. Andersherum kann Sport ein effektives Tool sein, um wieder einen Zugang zum eigenen Körper herzustellen. Sport wird z. B. gern als Methode bei Panikattacken eingesetzt, um den gesunden Umgang mit dem Körper in Bezug auf Anspannung und Entspannung zu fördern. Die stetige Präsenz und die Auseinandersetzung mit der digitalen und analogen Welt mit all ihren Anforderungen können uns nicht nur in eine Überforderung führen, sondern auch Symptome nach sich ziehen. Durch erste Körpersignale wie z. B. Verspannungen und innere Unruhe, die sich steigern, werden wir darauf hingewiesen. Ignorieren wir diese Zeichen, werden sie mit der Zeit automatisch zu Symptomen, die sich z. B. in einer Panikattacke entladen können.

So ähnlich ging es Regina. Sie kam zu Cord in die Praxis, weil sie seit einigen Wochen regelmäßige Panikattacken hatte, wenn sie sich abends zum Schlafen ins Bett legte. Zuerst dachte sie, sie würde in Ohnmacht fallen. Aber kurz darauf entwickelte sich daraus eine Angst, dass sie sterben könnte. Durch mehrere Arztkontakte erhielt sie nach einer gründlichen Untersuchung die Rückmeldung, dass ihr Körper gesund ist. Die Symptome Herzrasen, starke Unruhe, Schwitzen und Herzstolpern seien psychisch bedingt, ebenso wie das Gefühl, in sich hineinzufallen, oder die Angst, sich aufzulösen, die Regina schilderte. Nach einer gründlichen Situationsbesprechung bei Cord wurde Regina klar, dass diese Gefühle entstehen, weil sie verlernt hatte, wie es sich anfühlt, wenn der eigene Körper von einem Daueranspannungszustand in die Entspannung gelangt. Das passiert gern abends im Bett, da sich dort nach dem Tag eine Entspannung einstellt. Die einsetzende Entspannung des Körpers fühlt sich jedoch so fremd an, dass sie von Regina als etwas Schlimmes und Bedrohliches interpretiert wurde. Durch die Rückmeldung von Cord und den Hinweis, dass wir immer nur dann einschlafen können, wenn wir entweder entspannt sind und uns in den Schlaf hineinfallen lassen oder wenn wir so erschöpft sind, dass wir einfach direkt einschlafen, war Regina klar, dass sie eher zur anderen Gruppe gehörte. Zu denen, die durch Erschöpfung in den Schlaf fallen. Dann ist nämlich der Zustand der Entspannung kaum spürbar, die Erschöpfung verhindert es. So einfach können wir uns selbst austricksen.

Aber damit wir erst gar nicht in der Erschöpfung landen und Entspannung zu einem Normalzustand wird, ist es wichtig, dass die KlientInnen erkennen, was sie hierfür benötigen und was ihnen dabei gern in die Quere kommt. Diese Erkenntnis benötigt aber in erster Linie ein gutes Bewusstsein über sich selbst. Auch wenn das bedeutet, das Handy einfach mal auszuschalten und nicht jedem Impuls von außen nachzugehen. Selbst wenn die Gewohnheit etwas anderes sagt. Das ist oft nur das automatische Programm, das in uns anspringt, weil es so abgespeichert ist und immer so funktioniert hat. Das bedeutet nicht, dass es auch das ist, was wir wirklich wollen. Es bedeutet nur, dass wir es bisher immer so gemacht haben. Dann sprechen wir von Verhaltensmustern. Auf die werden wir später noch genauer eingehen. Es ist deswegen so wichtig, die eigenen Muster zu erkennen, um auf sie entsprechend eingehen zu können. Es geht dann darum, sich zu fragen, ob man das alte Muster in diesem Moment wirklich abspulen will oder vielleicht eigentlich etwas ganz anderes will. Wenn wir diesen Umgang über eine längere Zeit üben, lösen wir uns von alten »Programmen« und erschaffen neue Gewohnheiten, die wir dann aber bewusst gewählt haben.

PERFEKTIONS- UND LEISTUNGSDRUCK

Wären alle Menschen perfekt, wären wir beide arbeitslos und die Welt zudem ganz schön langweilig, oder? Wir befinden uns alle in einer Entwicklung. Das Leben ist ein Prozess. Wir alle leben dieses Leben zum ersten Mal. Ist es da nicht ganz normal, dass wir zwischendurch Fehltritte machen? Wir denken, schon, und ermutigen bzw. bekräftigen unsere Klientinnen und Klienten auch stets darin, sich das selbst auch zu erlauben. Scheitern ist normal und sogar hilfreich, denn es fördert ein Umdenken bzw. unseren Antrieb. Wie bei dem kleinen Kind, das beim Laufenlernen mehrmals hinfallen muss, damit es irgendwann ohne Hinfallen laufen kann. Würden wir nie Steine in den Weg gelegt bekommen, würden wir doch nie neue Wege einschlagen und kennenlernen.

Insiderwissen

Interessant ist, dass alle Klientinnen und Klienten nach jedem noch so belastenden Anliegen und anstrengenden Coaching- oder Psychotherapieprozess sagen, dass sie dankbar für diese Erfahrung sind, weil sie ihnen Erkenntnisse geliefert hat, die ihnen ansonsten verborgen geblieben wären.

Trotzdem ist Perfektionsdruck etwas, was wir sehr häufig beobachten und was zu den größten Herausforderungen zählt, die uns in die Überforderung bringen. Und leider kommen wir oft gar nicht drumrum, weil wir in einer Gesellschaft leben, die insgesamt unter Perfektionsdruck leidet. Wir wünschen uns den perfekten Körper, suchen den perfekten Partner oder den perfekten Zeitpunkt, um ein Kind zu bekommen. Wir wünschen uns ein perfektes Zuhause, und wenn wir Urlaub machen, dann muss alles perfekt sein. Dieser Anspruch kommt nicht von ungefähr und wir müssen uns deswegen im Grunde auch nicht schuldig fühlen, denn es hängt damit zusammen, dass wir in einer Welt leben, in der einfach alles möglich ist. Und wenn alles möglich ist, warum sollten wir uns dann mit Kompromissen zufriedengeben? Unsere Ansprüche richten sich nach dem Angebot, das existiert. Wenn wir in einer Gesellschaft leben, in der Sport und gutes Aussehen einen großen Stellenwert einnehmen, streben wir zwangsläufig auch nach einer gut aussehenden Partnerin oder einem fitten Partner und nicht unbedingt nach einer Person, die oder der körperlich – sagen wir mal – eher gemütlich veranlagt ist oder darauf keinen großen Wert legt.

Wir haben zudem viele Facetten, sogenannte Rollen. Uns gibt es vielleicht als Mutter oder Vater, Single, Ehemann oder Ehefrau, Tochter oder Sohn, Bruder oder Schwester, Angestellte/-r oder Chef/-in. Jede einzelne Rolle bringt entsprechende Anforderungen mit sich. Zum Beispiel muss ich als Chef/-in meine MitarbeiterInnen fördern und wirtschaftlichen Erfolg im Blick haben, während ich gleichzeitig als Mutter oder Vater anschließend noch für die Familie einkaufen muss und eventuell den aktuellen Hochzeitstag nicht vergessen darf. Ich kann auch parallel mehrere Rollen einnehmen, z. B. als Ehemann/Ehefrau, Mutter/Vater, Vertraute/-r oder wenn ich in der Firma meiner Eltern angestellt bin: Dann bin ich Sohn/Tochter und Angestellte/-r etc. Und die entscheidende Frage in unserem alltäglichen Rollenspiel lautet: Welchen

Anspruch habe ich dabei an mich? Wir sind in einer Zeit angekommen, in der alles möglich ist. Während es vor einigen Jahrzehnten noch die Regel war, dass die Frau zu Hause bei den Kindern bleibt und der Mann arbeiten geht, stehen der Frau nun auch zahlreiche Türen offen. Sie muss nun nicht mehr nur die Rolle der Mutter und Ehefrau einnehmen, sondern kann genauso gut Ärztin, Astronautin oder Richterin sein und Mutter und Partnerin. Wir sind also an einem gesellschaftlichen Punkt angekommen, an dem theoretisch alle die gleichen Chancen und Möglichkeiten haben, und weil wir die nicht auf der Straße liegen lassen wollen, tendieren wir dazu, alles »mitzunehmen«: Karriere, Kinder, Ehe und Selbstverwirklichung. Wir vergessen dabei allerdings, dass wir nur begrenzte Ressourcen zur Verfügung haben und es nicht möglich ist, viele entscheidende Rollen einzunehmen und in all diesen perfekt zu performen. Aber genau das ist unser Anspruch, und nicht nur unserer. Er ist die allgemeingültige Überlieferung. »Immerhin schaffen es die anderen ja auch.« Aber wie es hinter den Kulissen und den Social-Media-Profilen derjenigen aussieht, kriegt keiner mit. Burn-out und Überforderung sind die Folgen und Themen, die uns dann über kurz oder lang einholen. Das Problem ist, dass wir in einer Welt angekommen sind, die uns (fast) keine Grenzen in unseren Erfahrungen auferlegt. Die Grenzen müssen wir für uns selbst finden. Ansonsten können wir uns schnell übernehmen und haben uns ein Leben aufgebaut, das uns zwar alle Themen bietet, die wir uns gewünscht haben, die wir aber nicht bedienen können, weil sie einfach zu viel sind. Auch hier liegt die Lösung wieder darin, herauszufinden, was wir wirklich wollen, und sich nicht von dem perfekten Maßstab der Gesellschaft ablenken zu lassen.

Wir halten also fest: Perfektionsdruck entsteht in dem Moment, in dem wir versuchen, alle Rollen zu 100 Prozent auszufüllen. Mit anderen Worten: stets alle Anforderungen zu erfüllen und allen Erwartungen zu entsprechen. Manche Menschen geben sich z. B. auch damit zufrieden, alles irgendwie unter einen Hut zu bekommen, und nehmen in Kauf, wenn mal etwas auf der Strecke bleibt:

dass zu Hause nicht perfekt aufgeräumt ist, der Haarschnitt und die Figur länger keine Beachtung bekommen haben. Hauptsache, der Job läuft und die Kinder sind happy. Daneben gibt es die Gruppe Menschen, die alle Rollen perfekt, also mindestens zu 100 Prozent erfüllen wollen. Darunter geht nichts. Sie arbeiten in der Chefetage, holen die Kinder pünktlich und mit einer lächelnden Gelassenheit von der Schule oder der Betreuung ab, bekommen den Sport und die Traumfigur problemlos im Alltag unter und sind Teil einer glücklichen Beziehung. Sie jonglieren jeden Tag ein Dutzend Bälle, um beim Zustand »perfekt« anzukommen. Und es gibt die Über-Performer. Sie wollen 200 Prozent oder mehr. Dann geht man einen Schritt weiter und hat den Anspruch, auch noch die unausgesprochenen Erwartungen erfüllen zu wollen. Diese Gruppe Menschen macht freiwillig Überstunden, springt für andere in die Bresche, fährt die anderen zur Party oder hilft bei allen Umzügen.

Der Perfektionsdruck hat übrigens häufig auch seinen guten Freund, den Leistungsdruck, mit im Schlepptau, denn er ist im Grunde das Beförderungsmittel zur Perfektion. Um perfekt zu sein oder zu handeln, müssen wir uns ständig hinterfragen und optimieren. Wir müssen uns also verdammt anstrengen, um nicht nur durchschnittlich gut, sondern perfekt zu sein. Aufgrund unseres Perfektionsstrebens unterliegen wir zwangsläufig dem Leistungsdruck. Aber wo hat diese ganze Streberei nach Perfektion eigentlich ihren Anfang und woran liegt es, dass manche Menschen perfektionistischer sind als andere? Denn man muss natürlich vorausschicken, dass dies individuell unterschiedlich stark ausgeprägt und unterschiedlich motiviert ist. Perfektion verfolgt aber meistens ein Ziel, das viele Menschen teilen: Kontrolle. Denn wenn wir perfekt sind und alles richtig machen, kann nichts mehr schiefgehen. Wir haben vermeintlich alles unter Kontrolle. Folgende Glaubenssätze verstecken sich nicht selten dahinter: »Wenn ich alles richtig und perfekt mache, kann mir nichts passieren« oder »Wenn ich perfekt bin, werde ich von den Menschen anerkannt und geliebt / Ich darf keine Fehler machen, sonst werde ich nicht gemocht bzw. geliebt«. Diese Glaubenssätze bilden sich im Laufe unseres Lebens, meist in der frühen Entwicklung, und werden dann zu einem Teil unserer Identität, zu persönlichen Eigenschaften oder einem sogenannten Persönlichkeitsanteil.

Ein konkretes Beispiel: Ein Kind wächst als Einzel- und absolutes Wunschkind auf. Die Eltern haben lange versucht, ein Kind zu bekommen, und nun ist es endlich da. Es wird also mit Liebe und Aufmerksamkeit überschüttet. Gleichzeitig sind die Eltern aber auch sehr ängstlich, dass dem Kind etwas passieren könnte, und halten es daher im Kleinkindalter von allen Gefahren fern. Auf dem Spielplatz lässt die Mutter es nicht los, erlaubt ihm nicht, auf das Klettergerüst zu gehen oder mit dem ersten Fahrrad allein einige Meter zu fahren. Wenn das Kind zu Hause den Tisch mitdecken will, nimmt der Vater ihm sofort den Teller oder das Besteck aus der Hand mit den Worten »Das macht lieber der Papa. Das ist nichts für dich. Du könntest dir wehtun«. Im Grunde sind die Absichten der Eltern gut gemeint und sollen das Kind ja in erster Linie vor Gefahren schützen. Allerdings kommt bei dem Kind eine andere Botschaft an. Es besitzt in diesem Alter noch nicht die Fähigkeit, Situationen zu reflektieren, sodass es sagen könnte: Papa will ja nur mein Bestes und hat Angst, dass ich mich verletze. Es bezieht die Informationen eins zu eins auf sich und noch ohne rationale Reflexion. Also hört das Kind nur heraus, dass es das alles nicht kann: Tisch decken, alleine mit dem Fahrrad fahren oder klettern. Es wird ihm nicht zugetraut. Das Kind stellt somit sich und die eigenen Fähigkeiten infrage.

In Familien mit Geschwisterkindern kann es so auch zu einem ungewollten Rivalenverhältnis kommen, wenn aufgrund des Alters und der damit verbundenen Fähigkeiten eindeutige Unterschiede gemacht werden und diese eventuell zudem noch laut benannt werden mit Sätzen wie »Lass das lieber mal deinen älteren Bruder machen, der kann das schon«. Es ist daher besonders wichtig, Kindern ab ca. zwei bis drei Jahren vieles abzugeben und zuzutrauen, sie sich selbst entdecken zu lassen, denn in diesem Alter entwickelt sich die eigene Identität, der ein besonderes Streben nach Autonomie vorausgeht. Das ist bei Kindern das »Ich schaff das allein«-Alter, welches die Eltern häufig auf die Geduldsprobe stellt, aber für die Kinder sehr wichtig ist, um eigene Fähigkeiten und Eigenschaften zu bilden und zu verstehen. Auch und vor allem in Momenten des Scheiterns, denn in dieser Phase werden essenzielle Grundsteine für Ressourcen wie Selbstbewusstsein, Mut, Zuversicht und Stärke gelegt. Kommt es in dieser Phase zu Störungen durch ein bestimmtes Verhalten der Eltern – das vermutlich auch unbewusst deren eigener Biografie geschuldet ist und in den meisten Fällen gut gemeint ist –, hinterlässt dies bei einem Kind dennoch ein anderes Empfinden. Diese Empfindungen können sich dann beim Kind über längere Zeit hinweg einprägen und zu Glaubenssätzen werden, die schließlich eine feste Grundannahme der eigenen Person darstellen wie z. B. »Ich schaff das eh nicht« / »Ich bin zu dumm« oder »Was ich auch mache, mache ich falsch«.

Das Problem mit Glaubenssätzen ist, dass sie, wenn wir sie uns nicht bewusst machen, zu einem stetigen »versteckten« Teil unseres »Programms« werden und uns in entscheidenden Momenten unseres Lebens blockieren. Zum Beispiel führt ein Glaubenssatz wie »Was ich auch mache, mache ich falsch« dazu, dass wir bei neuen Herausforderungen Unsicherheiten und Hemmungen entwickeln. Diese Überzeugung hält uns also zurück und lässt uns nicht unser volles Potenzial ausschöpfen. Wir fahren mit angezogener Handbremse durch unser Leben, obwohl hierzu eigentlich gar kein Grund besteht. Einfach nur, weil wir die gut gemeinten Sätze der Eltern als Kind falsch abgespeichert und dieses eigene falsche Bild von uns entwickelt haben.

Die Psyche findet einen eigenen Weg, um mit solchen Erlebnissen umzugehen, und wendet oft einen »Trick« an: Sie entwickelt Strategien, die diese Glaubenssätze kompensieren sollen. Bleiben wir mal bei dem Glaubenssatz »Was ich auch mache, mache ich falsch«. Dieser vermittelt das Gefühl, nicht genügend oder nicht richtig zu sein, und verstärkt die Angst, nicht die gleiche Anerkennung wie andere zu bekommen. Die Psyche bildet daraufhin einen strategischen Persönlichkeitsanteil, der die Person vor dem schützt, vor dem sie eigentlich Angst hat: also in dem Fall, keine Liebe oder Anerkennung zu bekommen. Und damit schließt sich der Kreis: Sie haben für sich den perfekten Plan entwickelt. Den Plan nach Perfektion. Denn Perfektion erlaubt per Definition keine Fehler. Die KlientInnen, die zu uns kommen und einen ausgeprägten Perfektions- oder Leistungsdruck mitbringen, streben also im Grunde häufig nach Anerkennung, Wertschätzung und Akzeptanz. Sie möchten in allen Belangen Perfektion erreichen, um diesen alten Glaubenssatz auszuhebeln und Kontrolle über ihre Angst zu bekommen. Das kann so weit gehen, dass sie sehr verbissen und kontrollsüchtig werden, um wirklich keinen einzigen winzigen Spielraum für einen Fehler zu lassen. Nun liegt auch nahe, dass diese Menschen einen besonderen Leistungsdruck verspüren, denn sie geben 200 statt 100 Prozent. Erfolg bestätigt sie in ihrem Gefühl, alles perfekt zu machen, und Scheitern würde ihrem alten Glaubenssatz entsprechen. Somit zeigt sich häufig bei sehr erfolgreichen und anerkannten Menschen ein Hinweis auf solch einen alten Glaubenssatz, den sie mit aller Kraft hinter sich lassen wollen.

Nun könnte man zu Recht sagen: Ist doch alles super! Ziel erreicht, oder? Wenn es den Menschen gut gehen würde, stimmen wir da voll zu. Nur sitzen uns diese Menschen häufig in unserem Job gegenüber. Manchmal »nur«, weil sie sich aktuell sehr gestresst fühlen, manchmal, weil sie bei allem, was sie tun, nicht glücklich sind oder weil ein anderer Lebensbereich unter ihrem Perfektions- und Leistungsdruck leidet, wie z. B. die Partnerschaft. Manchmal finden sie sich aber auch schon mit ausgeprägten Symptomen auf Cords Couch wieder, wenn das Burn-out-Syndrom, Depressionen oder psychosomatische Beeinträchtigungen hinzugekommen sind. Der Perfektions- und Leistungsdruck holt sie also irgendwann ein und treibt sie in die symptombelastete Überforderung.

Wir halten also mal fest: Perfektions- und Leistungsstreben sind

Bestrebungen, die häufig bereits in unserer Persönlichkeit durch Erfahrungen in unserer Entwicklung verankert sind, sodass sie uns überhaupt so unter Druck setzen können, dass sie zu einer Überforderung werden. Die Lösung ist auch hier, sich selbst wahrzunehmen, die wirklichen Bedürfnisse zu erkennen und sich ggf. von den vermeintlichen Erwartungen und Ansprüchen abzugrenzen. Selbst wenn es auf den ersten Blick sogar unsere eigenen zu sein scheinen.

Hinzu kommt natürlich, dass wir grundsätzlich in einer Zeit leben, die es uns erschwert, bei uns zu bleiben und nicht ständig nach »dem grüneren Rasen des Nachbarn« Ausschau zu halten. Leistungsdruck fängt schon früh an. Bei Kindern wird bereits genau hingeschaut, wann sie anfangen zu laufen oder zu sprechen. In manchen Großtagespflegen, die unter Dreijährige betreuen, werden bereits Sprachkurse von Englisch bis Mandarin angeboten. Je mehr Sprachen, desto besser. So geht es weiter bis zum akademischen Abschluss. Ohne den geht nichts. Und dann gerät man in die hart umkämpfte Wirtschaft, wo neben *Hard Skills* (die erlernte Fachkompetenz) nun mehr eine riesige Palette an *Soft Skills* (außerfachliche, fachübergreifende, persönliche, soziale und methodische Kompetenzen) hinzugekommen sind. Neben dem perfekten Lebenslauf und den herausragenden Abschlüssen werden nun auch solche Fähigkeiten abgeklopft: ob wir z. B. starke Teamplayer und stressresistent sind, ein gutes Einfühlungsvermögen und eine hohe Kommunikationsbereitschaft besitzen, ob wir darüber hinaus eine besondere Flexibilität, Überstunden- und Reisebereitschaft mitbringen. Außerdem sollten wir uns natürlich in Social Media sehr gut auskennen und mindestens drei Sprachen sprechen. Und wenn wir das alles nicht mitbringen oder nicht gut genug »performen«, steht schon der/die Nächste in der Reihe. Bei solchen Anforderungen ist es kein Wunder, dass Druck aufkommt. Scheitern ist also in unserer erfolgsorientierten Gesellschaft leider keine Option. Es passt einfach nicht in das Konzept der absoluten Perfektion, der wir stetig »hinterherrennen«.

Warum wir nicht zwischen Perfektion und Glück unterscheiden können

Kennen Sie das »Wenn, dann ...«-Gefühl? Wir hören häufig Sätze wie »Wenn ich dort mal angekommen bin, dann bin ich happy«. Das persönliche Glück wird also an eine Bedingung oder einen Zustand geknüpft. Und bis es so weit ist, machen wir ... was? Wir sitzen im Wartezimmer unseres Lebens und lesen Posts unserer MitstreiterInnen. Wir sind so sehr um Vollständigkeit bemüht, dass wir uns nur schwer mit »unfertigen« Zuständen anfreunden oder den Weg dorthin genießen können. Hinzu kommt, dass wir seit einiger Zeit jeden Tag mit Bildern wach werden, die uns vorgaukeln, dass andere dort schon angekommen sind. Bei Perfektion und damit auch beim Glück. Ursprünglich war Social Media mal dazu gedacht, unsere Kommunikation und den sozialen Austausch zu fördern, dabei blieb aber die Authentizität auf der Strecke. Denn machen wir uns bewusst: Wir können über die sozialen Netzwerke mit allen Menschen auf der Welt in Kontakt treten, haben in unseren Profilen Freundeszahlen im drei- oder vierstelligen Bereich. Darunter der oder die ehemalige Chef/-in, der/die beliebte Schulfreund/-in oder der oder die Ex-PartnerInnen. Würden Sie dieser Gruppe mitteilen, dass es bei Ihnen gerade nicht so rundläuft, Sie am Bankautomaten mal wieder kein Geld bekommen haben, gerade eine Trennung durchmachen, einen seltsamen Ausschlag an sich beobachten, über eine neue Diät nachdenken oder momentan mit einer Depression in Therapie sind? Vermutlich nicht. Sie würden eher die Highlights Ihres täglichen Lebens mitteilen, auf die Sie besonders stolz sind. Und jetzt stellen Sie sich vor: Das macht jeder. Was für eine Welt entsteht wohl daraus? Eine Scheinwelt, die leider die echten Themen und Herausforderungen des Lebens nicht abbildet. Dennoch konfrontieren wir uns täglich mit dieser Welt und das beeinflusst uns natürlich, wenn auch nur unbewusst.

Insiderwissen

In unseren Sitzungen sind die sozialen Netzwerke immer wieder ein großes Thema. Vor allem in Krisensituationen und bei Verlust kann Social Media zusätzlich belasten, z. B., wenn bei Trennungen der/die andere weiterhin dort besonders aktiv ist oder die ehemalige Firma unerfreuliche Einblicke postet. Dann fühlen wir uns zusätzlich ausgegrenzt und werden stets aufs Neue mit unserem Verlust konfrontiert. Im Zweifel raten wir als Psychotherapeut und Coach daher vorübergehend davon ab, diese Medien zu nutzen oder die entsprechenden Profile zu beobachten.

Der bereits angesprochene stetige Vergleich, den uns unsere Gesellschaft zu gewissen Teilen eh schon in die Wiege gelegt hat, wird durch die digitalen sozialen Netzwerke zusätzlich bestärkt. Auch wenn wir uns alle darüber bewusst sind, dass Social Media nicht das reale Leben widerspiegelt und ein Vergleich unangebracht ist, passieren viele Prozesse in uns unbewusst und wir können sie uns manchmal selbst nicht erklären. Auf einmal ist ein Gedanke oder Gefühl da und wir wissen nicht, warum. Wir denken oder handeln dann vielleicht sogar komplett irrational, selbst für uns unerwartet. Wir folgen dann einfach einem Impuls, selbst wenn wir ihn nachher bereuen würden. Solche Momente lassen dann einen verletzten Persönlichkeitsanteil erkennen, wie z. B. den zuvor beschriebenen. Dieser ist so in uns vergraben, dass er uns unbewusst steuert. Im Coaching und auch in der Therapie werden diese unbewussten Verhaltensmuster aufgedeckt, dieser Persönlichkeitsanteil an die Oberfläche geholt, genauer angeschaut und danach als hilfreicher Anteil ins aktuelle Programm integriert. Dazu aber später mehr.

Wenn wir uns als »nicht gut genug« empfinden, hinterlässt das bei uns ein Gefühl des Mangels und wir versuchen es mit allen möglichen Dingen zu kompensieren: teuren Klamotten, schnellem Auto, gut aussehenden Freunden, beruflichen Erfolgen, einfach allem, was uns der Perfektion ein Stück näherbringt. Was aber eigentlich übrig bleibt, ist diese Lücke in uns, eine latente Unzufriedenheit, die bei unserem Umfeld ein eigenes Hinterfragen nach sich zieht und ggf. einen Mangel offenbart. Denn wir haben ja alles erreicht und müssen für andere zwangsläufig glücklich sein. Ein gesellschaftlicher Teufelskreis, der durch die authentische Auseinandersetzung mit sich selbst und ein ehrlicheres Miteinander unterbrochen werden kann.

Grundsätzlich bleibt es unheimlich wichtig, nicht alles als Gold und Glück zu bewerten, nur weil es glänzt, und aufmerksam zu sein, wenn man bei sich einen besonderen Leistungs- oder Perfektionsdruck beobachtet und sich dem Social-Media-Glory nur schwer entziehen kann.

Im zweiten Teil werden wir anhand konkreter Beispiele genauer definieren und erläutern, wie sich dieser Perfektions- und Leistungsdruck äußern kann, dass dahinter gern blockierende oder übernommene Glaubenssätze stecken und wie man mit ihnen umgehen kann. Denn ansonsten führen diese inneren Blockaden unweigerlich dazu, dass wir nicht bei uns sind und bleiben und dass wir uns nicht das, was wir eigentlich wollen, zum Ziel machen.

BEZIEHUNGSIDEALISMUS

Wir alle haben Vorstellung und Konzepte davon, wie Beziehungen sind oder zu sein haben. Ob es das Verhältnis zum Nachbarn ist, zur besten Freundin, zur Lehrerin des Sohnes, zur Chefin, zur Steuerberaterin oder zum neuen Partner. Auf manche legen wir mehr Wert, auf andere weniger. Grundsätzlich versuchen wir aber ein gesundes und stabiles System um uns herum zu kreieren. Hakt es irgendwo, nimmt das automatisch Einfluss auf uns und unser Leben. Wenn wir uns mit den neuen Nachbarn nicht gut verstehen, kann sich diese Beziehungsproblematik auf unser Lebensgefühl auswirken, sodass wir uns z. B. im Garten nicht mehr so frei und gelassen bewegen wie sonst. Besteht ein Konflikt oder ein

Problem zwischen uns und der Lehrerin unseres Kindes, kann sich das für unser Kind als nachteilig erweisen. Und natürlich wollen wir mit dem neuen Partner oder der neuen Partnerin eine großartige gemeinsame Zeit haben, denn die Person wird vielleicht eine lange Zeit eine sehr intensive Rolle in unserem Leben einnehmen. Wir haben also schon bestimmte Vorstellungen bzw. Ideale zu allen Beziehungen abruf- und griffbereit, denen wir automatisch folgen, anstatt unserem Gefühl zu vertrauen und das Konzept zu überprüfen. Wer sagt z. B., dass man seine Eltern zweifellos lieben und sie ein unabdingbar Teil des eigenen Lebens sein müssen. Es gibt Fälle, in denen die Kinder selbst im Erwachsenenalter ständig versuchen, ihren Eltern gerecht zu werden, und diese ihre Kinder umgekehrt die meiste Zeit verletzen. Nicht selten mit Vorsatz. Diese Kinder sitzen dann bei uns im Coaching und in der Psychotherapie, weil sie diese Beziehung in ihrem Leben stark belastet und vielleicht schon »krank« gemacht hat. Genauso verhält es sich mit Ehen. Judith erinnert sich an einige Fälle, in denen Frauen verzweifelt ins Coaching gekommen sind, weil sie sich in ihrer Ehe unglücklich und teilweise gefangen fühlten. In diesem Moment steht ihnen dann ein Beziehungsidealismus im Weg. Die gesellschaftliche Konvention gibt etwas anderes vor oder ein gelerntes und abgespeichertes Modell »erlaubt« es ihnen nicht, sich aus einer eigentlich zerstörerischen Beziehung zu befreien.

Beziehungen prägen, fordern und formen uns von Beginn an und ein Leben lang. Sie sind also die größte Herausforderung von allen. In Beziehungen müssen wir Kommunikation anwenden, Nähe zulassen, Kompromisse eingehen und Konflikte austragen.

Wir leben in dieser Welt nun mal in einem System. Wir sind Teil davon. Mal angenommen, wir wären allein auf dieser Welt, was würde wohl passieren? Wir hätten keine Vorstellung von uns als Person, denn wir hätten nichts, das auf uns reagiert oder uns Dinge vorlebt, die wir für uns annehmen oder ablehnen könnten. Konzepte wie Zuverlässigkeit, Liebe, Mitgefühl, Vertrauen würden wegfallen, denn sie brauchen Beziehungen. Also sind Beziehungen für uns unverzichtbar und das Leben und Erleben dieser macht einen großen Teil unseres Lebens aus.

Die längste Beziehung unseres Lebens und warum sie die beste unseres Lebens sein sollte

Die Qualität unserer Beziehungen ist dabei immer ein Spiegel der eigenen Beziehung zu uns selbst, und die Beziehung zu uns selbst ist die wichtigste von allen, denn mit keiner anderen Person verbringen wir mehr Zeit. Dementsprechend ist die Beziehung zu uns selbst auch immer diejenige, die wir in der Psychotherapie und im Coaching vorwiegend betrachten und »bearbeiten«.

Judith hinterfragt aus diesem Grund z. B. zu Beginn eines jeden Coachings zunächst die Beziehung des Klienten/der Klientin zu sich selbst, und zwar mit einem Tool, das einen konkreten Wert dafür bestimmt. Leider ist das Ergebnis nicht selten ein sehr geringer Wert, den die KlientInnen meistens so nicht erwartet hätten. Frustriert stellen sie fest, dass es bei ihnen und ihrem eigenen Selbstverständnis nicht rundläuft. Auch wenn es natürlich nicht schön ist, muss diese bittere Pille aber erst geschluckt werden, um sich dann mit aller Kraft und Motivation in die Veränderung zu stürzen.

Bei Cord in der Psychotherapie ist die Beziehung der PatientInnen zu sich selbst in den meisten Fällen mit der Symptomatik verknüpft. Sie wird ein Teil der Identität. Wenn ich meine führende Hand in Gips habe, muss ich mich umgewöhnen, wenn ich den Alltag bewältigen will. Dadurch gewöhne ich mich mit der Zeit daran und es kommt nach dem Entfernen des Gipses wieder zu einer neuen Umgewöhnung. Um für die Beziehung zu sich selbst zu sensibilisieren, stellt er bei der Klärung der Therapieziele auch die Frage, für wen sie sich die Mühe machen wollen. Die meisten PatientInnen antworten dann häufig »Für meine Mutter«, »Für meinen Mann«, »Für meine Kinder«, »Für meinen Chef« oder »Weil laut meinem Arzt dann alles besser wird«. Cord schreibt die Ziele dann auf ein Whiteboard und lässt die Gründe von den PatientInnen nach Priorität gewichten. In den seltensten Fällen stehen die PatientInnen dabei selbst auf der Liste. Durch die Frage »Haben Sie nicht irgendjemanden vergessen?« kommt die Mehrheit meist noch nicht auf die Antwort. Es wird gegrübelt und überlegt und eventuell noch einer nachgelegt wie »Ach ja, meine Schwester« oder »Mein Bruder«. Erst die Frage »Und wo oder wann kommen Sie vor?« führt dazu, dass eine Fehlermeldung über den Köpfen der PatientInnen erscheint. »Wie meinen Sie das?« ist dann eine häufige Frage. Damit ist die erste entscheidende Erkenntnis gewonnen und der erste Kontakt der PatientInnen zu sich selbst erfolgt.

Daraus lässt sich also ableiten: Je achtsamer wir mit uns umgehen, umso besser erleben und leben wir auch unsere Beziehungen.

Wie uns Beziehungen prägen

Wir halten noch mal fest: Wir sind Teil eines Systems. Im Coaching und in der Psychotherapie spricht man deswegen auch von einem systemischen Ansatz, da unsere Einstellung und unser Verhalten zwangsläufig Einfluss auf unser System, d.h. unsere Beziehungen, nehmen. Es ist daher wichtig, die KlientInnen darüber aufzuklären, dass der Prozess sowohl im Coaching als auch in der Psychotherapie mit seinen Veränderungen auch Auswirkungen auf ihr System nimmt. Es geht zudem darum, diese Auswirkungen in der Arbeit mit einzubeziehen und die KlientInnen bei aufkommenden Fragestellungen und Unsicherheiten zu begleiten. Des Weiteren hat unser System natürlich umgekehrt auch Einfluss auf uns, sodass unsere Beziehungen auch ihren Teil dazu beigetragen haben, dass wir nun im Coaching oder in der Psychotherapie gelandet sind. Der systemische Ansatz verdient an dieser Stelle noch mal ein längeres Ausholen. Beginnen wir ganz vorne: Mit Mama an der Nabelschnur geht's los, es startet unsere erste innige

Beziehung, bevor wir überhaupt das Licht der Welt erblicken. Kein Wunder also, dass diese Beziehung in Therapien und im Coaching gern besondere Aufmerksamkeit erfährt. Sie bildet unsere Wurzel und unser Urvertrauen für die Welt und legt auch die Saat für alle weiteren Beziehungen. Eventuell haben wir noch einen Zwilling, dann hätten wir direkt zwei erste Beziehungen. Unsere Mutter lebt uns auf allen Ebenen eine Beziehung vor. Körperlich, emotional und psychisch. Wie ein Astronaut zu seinem Raumschiff sind wir mit ihr verbunden in den großen Weiten des Kosmos.

Mit der Zeit kommen weitere Beziehungen dazu und in den ersten Lebensjahren dreht sich im Grunde alles um das »Loskommen von der Nabelschnur« und das Erlernen der Autonomie, indem wir laufen, sprechen und die eigene Nahrungsaufnahme und -abgabe lernen müssen. Die Beziehung zu und mit uns selbst entfaltet sich dabei mehr und mehr. Anfangs noch eher unkompliziert, wird es spätestens im Jugendalter durch die Phase der Pubertät immer anstrengender und komplizierter. Anfangs sind unsere Eltern noch unsere Helden, jedoch verändert sich das immer mehr, je älter wir werden. Wir sehen sie dann immer menschlicher mit ihren eigenen Macken und Launen. Wenn Cord in seinen Sitzungen mit Jugendlichen die Beziehung zu den Eltern anspricht, bekommt er häufig die Antwort, dass er lieber nicht fragen sollte.

Spätestens mit dem Eintritt ins Berufsleben lernen wir, dass unser Umfeld nicht immer die gleiche Sicht auf uns hat wie wir selbst. Und dass es uns nicht, wie vielleicht noch unsere Eltern, in Watte packt. Nun liegt es an uns, wie wir in die Welt gehen und mit ihr umgehen. Wir werden also mit dem Thema der Eigenverantwortung konfrontiert. Je deutlicher wir von zu Hause darauf vorbereitet wurden, umso besser. Hier zeigen sich also Themen wie die Kommunikations- und Konfliktkultur, die Stabilität der eigenen Persönlichkeit durch ein gutes und gesundes Bewusstsein um die eigenen Stärken und Schwächen. Für Eltern stellt sich also die Frage: Was kann ich meinem Kind mitgeben, damit es diese Situation auch ohne mich bestens besteht? Denn irgendwann begegnet es Menschen, die unsensibel, und Momenten, die vielleicht sogar brutal sind. Bei den meisten passieren diese Dinge bereits in der Schulzeit, aber spätestens mit dem Ende der Ausbildung und dem Studium startet die Realität. Der Welpenschutz ist vorbei, wenn der Chef/die Chefin und die KollegInnen uns als gleichwertig ansehen und uns keine Sonderbehandlung, sondern dieselbe Belastung abverlangen. Und dann kommt es darauf an, wie wir uns verhalten. Konkret bedeutet das, wie wir auf Menschen zugehen und uns in unserem System positionieren. Hierfür ist also das eigene Selbstverständnis ein wesentliches Ausstattungskriterium bzw. welches Bild wir von uns haben. Was ist uns wichtig und wie möchten wir von unserem Umfeld wahrgenommen werden? Im beruflichen Kontext bringt das verschiedene Fragen mit sich: Sind wir faul und unzuverlässig, wenn wir nicht alles genauso machen, wie es unsere/-r Vorgesetzte/-r will? Sieht er/sie uns genauso, wie wir uns das vorstellen? Weiß er/sie, wer wir sind? Diese Fragen stellen sich die meisten Menschen innerhalb des Berufsalltags, vor allem dann, wenn wir von anderen abhängig sind. Die eigene Selbstsicherheit und Selbstüberzeugung beeinflussen die Antworten auf diese Fragen. Der Schlüssel für das alles liegt in der eigenen Identität begraben, die auf ganz verschiedenen Grundlagen beruht, den Genen, dem Charakter und den Prägungen aus der Erziehung, die wir genossen haben. Die meisten Menschen meinen, wir hätten nur die eine Identität. Das stimmt zwar, wenn wir das allgemein betrachten. Je mehr wir aber ins Detail gehen, umso deutlicher wird es, dass der Begriff viel tiefer und weiter reicht.

Am Anfang sind wir direkt nach der Geburt Chef des Alltags. Wir sagen genau, wo es langgeht. Die Eltern sind unsere Angestellten. Mit der Zeit erobern wir das Zuhause stufenweise. Erst mal durch das Erkennen unserer Sinne. Wir hören, tasten, fühlen, riechen, schmecken und sehen die Umgebung. Mit der Zeit drehen, robben und ziehen wir uns an allem hoch. Die nächste Disziplin ist das Laufen. Es kommen immer mehr Freiheitsgrade hinzu. Wir lernen, dass wir selbstbestimmt sind, und identifizieren uns mit allem, was wir erkennen und erfassen können. Ab diesem Zeitpunkt wird die Gegend unsicher gemacht. Waren die Dekogegenstände im untersten Regalfach vorher noch sicher und hübsch verstaut, so sind sie es ab sofort nicht mehr und wandern je nach Größe des Kindes immer weiter nach oben. Der nächste Schritt ist das Erlernen des selbstständigen Essens und Trinkens. Wir entdecken das Essen mit dem ganzen Körper und freuen uns über das, was wir schon alles können. Auch die Kontrolle über unsere Ausscheidung wird Schritt für Schritt erlernt. Alle Erfolge werden freudestrahlend und stolz verkündet. Eventuell lernen wir schon früh, dass wir nicht Alleinherrscher im Kinderzimmer sind. Spätestens mit der Geburt eines Geschwisterkindes werden wir feststellen, dass sich unsere Vorstellung von uns und unserem Umfeld verändert. Das neue Geschwisterkind benötigt genauso Aufmerksamkeit wie wir und das führt dazu, dass wir teilen müssen. Die Vorstellung von uns und unseren Eltern ist durch die neue Situation plötzlich gefährdet, weil die Realität uns etwas anderes zeigt. Die Alleinherrschaft endet und wir sind zur Anpassung gezwungen. Ein natürlicher Prozess, der uns hilft, uns einer neuen Situation zu stellen.

Spätestens hier haben wir schon mehrere Identitäten entwickelt. Anfangs hatten wir noch die Identität des Embryos als Einheit mit unserer Mutter. Direkt danach entsteht eine weitere Identität: die Beziehung zum Vater und mit der Zeit zu den anderen Familienmitgliedern. Im Laufe der Kindheit und Jugend erlangen wir weitere Identitätsanteile durch Freunde, Mitschüler und Lehrer. Wir können statt von Identitäten auch von Rollen sprechen. Damit ist nicht gemeint, dass wir irgendwas spielen. Wir erleben uns in den verschiedenen Kontexten einfach nur anders. Wenn wir z. B. Arzt sind, haben wir während der Arbeitszeit ein anderes Erleben der eigenen Person und eine andere Interaktion mit dem Umfeld, als wenn wir als Ehemann oder Ehefrau mit unserer/-m Partnerin/Partner Zeit verbringen. Die Rollen sind unterschiedlich. So kann es auch vorkommen, dass wir in dem einem Bereich unseres Lebens sehr selbstbewusst und erfolgreich und in einem anderen eher unsicher sind. Wir haben aber alle Identitäten in uns und können sie jederzeit abrufen. Das macht es manchmal nicht ganz einfach: Aus diesem Grund wird bei unserem Beispiel der Arzt nicht selten auch privat im Supermarkt angesprochen, ob er nicht mal eben was hierzu oder dazu sagen könnte. Die verschiedenen Rollen sind also nicht klar getrennt, im Alltag verschwimmen sie und zeigen die verschiedenen Anteile unserer Identität.

Als ob das nicht schon kompliziert genug wäre, kommen auch noch die Beziehungen zu unserem Umfeld hinzu. Man kann auch sagen, dass wir zu allem, mit dem wir uns identifizieren, eine Beziehung haben. Angefangen vom Stofftier über das musikalische Idol bis hin zu unserem Partner. Aber halten wir erst mal fest: Die erste Beziehung, die wir haben, ist die zu unserer Mutter. Festgelegt durch die Nabelschnur, entwickelt sie sich nach dem Durchschneiden dieser konstant weiter. Eine Beziehung endet nie. Sie kann im Außen durch Kontaktabbruch oder Tod verändert werden. Jede Beziehung ist und bleibt aber ein Teil von uns, hat uns geprägt und zu dem beigetragen, was wir heute sind. Diese Tatsache verwirrt uns häufig. Ein schönes Beispiel dafür ist schon bei kleinen Kindern zu beobachten: In den Situationen, in denen sie die Hände vor ihre Augen halten und damit ausdrücken, dass man sie nicht mehr sehen kann, wird deutlich, wie einflussreich die Vorstellung von Beziehungen sind. Das Kind denkt, die andere Person kann es nicht mehr sehen, weil das Kind sie nicht mehr sehen kann. Es hat diese Vorstellung von sich und der anderen Person und diese bestimmt seine Sicht auf die Wirklichkeit. Bei Kleinkindern ist die Qualität der Beziehung zu den Eltern und der Bezugsperson sehr wichtig. Die Welt ist noch so groß und unbekannt. Unsere Eltern führen uns durch die Welt und zeigen uns, wie sie funktioniert. Dieses Motto ist für Kleinkinder überlebenswichtig. Durch das Wachsen der Kinder auf allen Ebenen wird die Autonomie immer ausgeprägter und führt dazu, dass sie immer mehr selbst machen wollen. Das Entdecken der Welt steht im Vordergrund. Je älter wir werden, umso weniger wollen und brauchen wir Hilfe und bilden unsere eigene Identität immer weiter aus – mit jeder neuen Erfahrung und jedem Handeln, das Reaktionen unseres Umfelds erzeugt.

Die Bindungen, die wir im Laufe des Lebens durch unsere Beziehungen entwickeln, bestimmen auch die Umgangsweise mit zukünftigen Bekanntschaften und Beziehungen. Wenn uns unsere Mutter behütet und umsichtig begleitet und bei jedem neuen Kontakt Gastfreundlichkeit lehrt, fällt es uns leichter, dies ebenfalls zu leben. Neue Kontakte werden wir dann auch eher als Bereicherung erleben. Ist unsere Mutter ängstlich, übervorsichtig und misstrauisch bei neuen Kontakten, kann uns das dazu verleiten, weniger und nur unter hohen Sicherheitsvorkehrungen Kontakte aufzusuchen. Somit werden unser Sozialverhalten und unsere Offenheit schon von zu Hause geprägt. Allerdings spielen unsere eigenen Veranlagungen hierbei auch eine Rolle, z. B. ob wir introvertiert oder extrovertiert sind. Hinzu kommen die Beziehungsmodelle, die uns innerhalb unserer Familie vorgelebt wurden. Somit ist das familiäre System ein entscheidender Einfluss für unser Bild von Beziehungen.

Warum fordern uns Partnerschaften so heraus?

Nun schauen wir uns die Beziehung an, die uns in unserem Leben fordert wie kaum eine andere: die Partnerschaft. Sie ist deswegen so wichtig, weil wir von ihr auf so vielen Ebenen betroffen sind: mental, emotional, sexuell. Sobald wir eine Partnerschaft eingehen, geht es um mehr. Wir lassen eine andere Person näher an uns ran als alle anderen, öffnen uns und vertrauen ihr mehr als allen anderen. Damit machen wir uns aber auch verletzlicher als in jeder anderen Beziehung. Kein Wunder, dass wir uns hier jemanden an unserer Seite wünschen, der uns in all diesen Punkten versteht und perfekt zu uns passt.

Jeder Mensch würde von sich behaupten, dass er/sie sich eine erfüllende, glückliche und harmonische Partnerschaft wünscht. Wir sind also von Haus aus alle zunächst mit einem Idealismus ausgestattet und mit den besten Absichten unterwegs. Das ist auch gut so. Aber trotzdem geht es oft schief, weil wir mit unbewussten Themen und Blockaden kämpfen, die uns leider nicht immer ersichtlich sind. Wir gehen also mit diesem blinden Fleck auf Partnersuche. Wir wünschen uns die ganz große Liebe und eine perfekte Beziehung, vergessen dabei aber unsere eigene Geschichte.

Kommen wir z. B. aus einem Elternhaus, in dem viel gestritten wurde, streben wir vermutlich nach einer harmonischen und konfliktarmen Beziehung und haben Schwierigkeiten, unangenehme Themen anzusprechen, oder passen uns der Partnerin/dem Partner so sehr an, dass wir unsere eigenen Bedürfnisse nicht wahrnehmen bzw. hintenanstellen. Stammen wir aus einer Familie, in der die Eltern sich getrennt und wir besonders darunter gelitten haben, werden wir vielleicht weiterhin darum bemüht sein, eine Trennung und jeden Gedanken daran im Vorfeld abzuwenden. Dieses Verhalten kann aber zum Problem werden, wenn wir uns z. B. in einer toxischen Beziehung befinden und aufgrund dieses eigenen Bestrebens uns von dieser nicht trennen können. Erleben wir unsere Eltern als sehr glücklich, werden sie zu unserem Vorbild. Somit kann man festhalten, dass uns nicht nur die eigenen Beziehungen prägen, sondern auch die, die uns vorgelebt werden und wurden. Und ganz besonders die Liebesbeziehungen, denn sie geben uns eine Idee davon, wie eine Lebensgemeinschaft funktioniert. Diese Vorstellung einer Beziehung, die sich durch eine besondere Verbindlichkeit und Loyalität auszeichnet, wie wir sie stets von der Gesellschaft vorgegeben bekommen, legt somit schon den Grundstein für einen ausgeprägten Idealismus. Zusätzlich sind wir dem Bild einer glücklichen Partnerschaft durch die Medien an jeder Ecke ausgesetzt oder durch alle großen Geschichten, die natürlich auch nur von glücklichen Beziehungen berichten. Keiner nimmt sich ein Beispiel an der Ehe von Lady Di und Prinz Charles. An der ihres Sohnes, Prinz William, hingegen schon eher.

Die kriegen wir auch jeden Tag per Instagram-Story mit, wenn wir das wollen. Und wie schon im Vorfeld beschrieben, wird hier nur der rosige Alltag gezeigt, selbst wenn hinter der Fassade ein Rosenkrieg toben würde.

Wie viel Gepäck vertragen unsere Beziehungen?

Irgendwann geht's dann aber los. Mit einem großen Rucksack an Vorstellungen, Erwartungen und Anforderungen starten wir selbst einen Versuch – oder auch mehrere. Wir lassen uns auf eigene Partnerschaften ein und treffen auf einen Menschen, der den gleichen Rucksack mitschleppt, aber nicht denselben Inhalt. Beide haben aber dasselbe Ziel: Liebe und Glückseligkeit. Im besten Fall geht das gut aus und wir kommen mit unseren Inhalten und Vorstellungen gut zusammen. Es kann aber auch zu einer schwierigen Herausforderung werden, wenn sich in den Rucksäcken ein paar Altlasten verstecken, die wir vielleicht sogar selbst nicht auf dem Schirm haben. Es ist daher immer ratsam, sich seine Inhalte bewusst zu machen, also bei sich selbst hinzuschauen. Denn so viel ist klar: Wenn die Rucksäcke knallhart aufbehalten und die Inhalte nicht voreinander ausgeschüttet und angeschaut werden, rücken Liebe und Glückseligkeit weiter in die Ferne.

Stellen Sie sich vor, Sie sind mit einem Freund oder einer Freundin verabredet. Ganz platonisch. Sie haben sich lange nicht gesehen und planen etwas, auf das Sie sich beide sehr freuen. Nehmen wir an, es wäre ein Abend bei Ihrem Stammitaliener, bei dem Sie sich früher immer gern getroffen haben. Nun kommen Sie beide dort an, voller Erwartungen und Vorfreude auf einen erinnerungswürdigen Abend mit köstlicher Pizza oder Pasta, hervorragendem Wein und großartigen Gesprächen. Und dann läuft alles anders als geplant: Der Freund/Die Freundin verspätet sich, Sie sind deswegen schlecht drauf, der Service ist langsam, das Essen kommt kalt an den Tisch und der Lieblingswein ist aus. Die Stimmung ist also anders als erwartet und nach der Hälfte des Abends realisieren Sie, dass sie auch nicht mehr aus ihrem Loch rauszuholen ist. Der Wurm ist drin. Einfach so. Alle Ideen, die man sich vorher bunt und schillernd ausgemalt hat, sind schlagartig über den Haufen geworfen worden. In dem Fall ist einfach ein Abend mal nicht so gelaufen, wie man es sich vorgestellt hat. Man kann nun die Rechnung teilen, es unter »ein Abend, der nicht so gut gelaufen ist« verbuchen und geht einfach direkt nach Hause oder man einigt sich noch auf einen Absacker woanders und spricht drüber, warum der Abend nicht wie geplant oder in früheren Zeiten lief. Dieser Abend als Beispiel zeigt schon in kleinen platonischen sporadischen Beziehungen, dass Erwartungen, die existieren, eine Beziehung belasten und die Stimmung belasten können, wenn sie uns nicht bewusst sind. Die Frage ist am Ende: Wie geht man damit um? Stellen Sie sich nun bitte vor, der Abend steht sinnbildlich für diese eine lebenslange romantische Partnerschaft, von der alle immer sprechen und meinen, sie komme stets mit guter Laune und Feuerwerk daher. Dann wäre die Enttäuschung natürlich größer, denn die Erwartungen wiegen schwerer als auch die Verantwortung für das Retten »des Abends«. Gehen wir in unserem Beispiel hier der Freundin/dem Freund direkt an den Kragen, weil er oder sie zu spät gekommen ist? Oder fragen wir zunächst nach dem Warum? Machen wir den schlechten Wein dafür verantwortlich, dass die Stimmung nicht feuchtfröhlich wurde, oder setzen wir bei uns und unseren Erwartungen an? Während wir uns bei diesem Beispiel nur um ein paar Ebenen Gedanken machen müssten, wie z. B., dass man beim nächsten Mal darauf achtet, dass man sich nicht verspätet und man vielleicht schneller das Restaurant wechselt, um doch noch gutes Essen und Wein zu bekommen, bringt eine Liebesbeziehung so viele weitere und vor allem lebensentscheidende Ebenen mit sich, die sich »decken« müssen. Dann geht es um viel ernstere Themen, die für beide passen und bei denen beide nicht nur gefühlt mitziehen sollten, damit die Stimmung nachher an ein Feuerwerk rankommt. Hört sich alles sehr kompliziert an. Ist es auch. Besonders, wenn man noch nicht mal seinen eigenen Rucksack-Inhalt kennt.

Insiderwissen

»Aus der Praxis geplaudert«
Im Coaching und in der Psychotherapie ist der häufigste Konfliktgrund in Partnerschaften, dass nur der Rucksack des anderen durchwühlt und kritisiert wird. Der eigene bleibt in der Ecke stehen mit dem Prädikat »gut ausgestattet«.

Oder um mal Schluss mit den Metaphern zu machen: Wir erleben es in unseren Berufen sehr häufig, dass die Themen und Prägungen, die unsere KlientInnen mitbringen, als gut und gegeben angenommen werden, aber die Verhaltensweisen und Themen des anderen die Beziehungen erschweren. Es wird also nur beim Gegenüber hingeschaut und die eigene Reflexion bleibt auf der Strecke. Aber nicht, weil wir zu stolz, sondern weil wir schlichtweg faul sind. Reflexion birgt ja die Gefahr des Erkennens von eigenen Schwachstellen und Blockaden und die Gefahr des »Daran-arbeiten-Müssens«. Wir müssten also Verantwortung übernehmen und selbst etwas tun, während wir bei dem Fingerzeig auf die/den andere/-n gemütlich sitzen bleiben und abwarten können, bis der andere sich geändert hat.

Doch was passiert wohl, wenn wir immer nur den anderen machen lassen und unseren eigenen Rucksack nicht anrühren? Wir stoßen immer wieder an unsere eigenen Blockaden, Hürden und Verletzungen, die wir neben unserem Idealismus natürlich auch mit im Gepäck haben. Und diese – nennen wir sie mal Steine im Rucksack – schleifen wir von Beziehung zu Beziehung mit und wundern uns, warum jede einzelne scheitert. Und seltsamerweise immer am selben Punkt.

Judith fällt dazu Christian ein. Er kam ins Coaching, weil er immer wieder auf denselben Typ Frau reingefallen ist: gut aussehend, witzig, gesellig. All seine Beziehungen sind bisher daran gescheitert, dass die Frauen ihm fremdgegangen sind oder sie irgendwann das Interesse an ihm verloren haben. Er fragte sich, warum er sich immer die falschen Frauen aussucht. Er war völlig überfordert, denn er wollte doch einfach nur eine glückliche und funktionierende Beziehung führen. Vielleicht verspüren Sie nun den Impuls, ihm von Frauen abzuraten, die, sagen wir mal, »zu gesellig« sind. Schaut man aber in Christians Rucksack, wird schnell klar, dass es hier nicht nur an der Loyalität der Frauen mangelt. Christians Beziehungsidealismus kennzeichnet sich in erster Linie durch das Aussehen der Partnerin. Eine glückliche und perfekte Beziehung macht er somit an der Optik der Partnerin fest. Hört sich vielleicht zunächst etwas oberflächlich an, aber diese Präferenz ist bei näherem Nachfragen den Eltern seines bestens Freundes aus Schulzeiten geschuldet. Christians Eltern waren früh geschieden und beide hatten zunächst keine/-n festen Partner/-in, als er noch jung war. Er beneidete in der Zeit immer seinen besten Freund, dessen Eltern stets sehr glücklich und gesellig waren. Beide waren zudem sehr attraktiv und achteten besonders auf ihr äußeres Erscheinungsbild. Auch bei ihnen zu Hause war alles immer sehr aufgeräumt und geschmackvoll eingerichtet. All das nahm er unbewusst wahr und speicherte es unter »So sieht eine glückliche Familie aus« ab. Dieses Bild hatte er also unbewusst immer dabei und war dafür verantwortlich, dass Christian sich eher zu den seines Erachtens »makelloseren« Frauen hingezogen fühlte. Er ist selbst auch gut aussehend, allerdings nimmt er das an sich nicht wahr. Sobald er in einer Beziehung mit einer hübschen Frau landet, überkommt ihn irgendwann die Eifersucht und Angst, dass sie »ihn ja nicht meinen kann«. Er wird also mit der Dauer der Beziehung stets unsicherer und misstraut seiner Partnerin zunehmend. Egal wie ernst sie es mit ihm meint, kann er diesen Gefühlen nicht vertrauen und meint, die Frau gibt das einfach nur vor oder sie muss sich irren. Diese Unsicherheit geht so weit, dass er der Frau irgendwann unterstellt, sie würde ihn betrügen. Ohne dass es dafür Anzeichen gäbe. Damit wirft er der Partnerin Falschaussagen und Unaufrichtigkeit vor, obwohl dem vielleicht gar nicht so ist. Zusätzlich klammert er, weil er seine Partnerin nicht verlieren will und immer wieder ihre Zuneigung bestätigt haben möchte. Die Folge: Seine Angst wird zur Realität. Die Partnerin verliert tatsächlich irgendwann das Interesse, Christian immer wieder ihre Gefühle zu beteuern, und gibt sich dem Szenario hin, von dem Christian eh bereits ausgeht: einen anderen Mann an sich heranzulassen.

Christians Verhalten beschrieb ein Verhaltensmuster, das sich über kurz oder lang in all seinen Beziehungen irgendwann gezeigt hat. Er mag dieses Verhalten an sich selbst nicht, kann aber in den Momenten »einfach nicht anders«. Seine Reaktionen passieren einfach so, automatisch und unkontrollierbar. Das ist meistens ein Hinweis darauf, dass sie aufgrund von alten Verletzungen hervorgerufen und durch einen sogenannten Trigger ausgelöst werden. In Christians Fall ist dies vielleicht die Angst, nicht gut genug zu sein, sodass sich daraus ein mangelndes Selbstbewusstsein entwickelt hat. Dazu aber später mehr im zweiten Teil. Wichtig ist an der Stelle, zunächst zu erkennen, dass uns ein Beziehungsidealismus in die Überforderung führen kann. Wir sind so sehr von unserer Vorstellung getrieben, wie ein/-e perfekte/-r Partner/-in oder eine glückliche Beziehung auszusehen hat, dass wir diese, selbst wenn sie so eintritt, sogar selbst sabotieren – natürlich unbewusst –, wenn wir unentdeckte Blockaden und Muster mit im Gepäck haben. Wir machen dann schnell den anderen/die andere dafür verantwortlich und vergessen unsere eigenen Themen und Trigger. Aber das größte Problem von allen ist: Wir bleiben nicht bei uns. Wir geben nicht nur die Verantwortung oder »Schuld« lieber an den/die andere/-n ab, wenn etwas nicht nach unseren Vorstellungen läuft, sondern – und das ist im Grunde viel tragischer – auch die Verantwortung dafür, dass wir glücklich sind bzw. werden.

Um die eigenen Themen zu erkennen, brauchen wir Abstand. Wenn wir zu nah dran sind – und das sind wir für gewöhnlich, denn wir stecken ja in uns drin –, fehlt uns der Blick für das große Ganze: für uns und unser Leben. Stattdessen fällt es uns leichter, den Blick von außen auf den Partner/die Partnerin zu richten. Wie beim Rucksack: Wir können schlecht in unseren eigenen Rucksack schauen, wenn wir ihn auf dem Rücken haben. Aber in den Rucksack des anderen zu gucken, fällt leicht. Die Rolle des Psychotherapeuten oder Coach ist also, den KlientInnen eine Anleitung zu geben, wie sie/er den Rucksack abnehmen und hineinschauen kann, um die eigenen Themen zu erkennen und ggf. zu bearbeiten. Denn wenn Christian z.B. nie in seinen eigenen Rucksack schaut und dort mal »aufräumt«, wird er in jeder nächsten Beziehung das gleiche Problem haben. Die Verantwortung für eine glückliche Beziehung – wie wir sie uns vorstellen und wünschen – liegt somit immer bei uns.

Erkenntnis to go

!

Die gute Nachricht ist: Ich muss nicht alle anderen ändern, nur mich selbst.

DIE MINDSET-MACHT

Wir alle haben unsere eigene persönliche Festplatte mit Programmen, die sich im Laufe des Lebens von selbst installiert haben – durch unsere Erziehung und die Erfahrungen, die wir gemacht haben. Hinzu kommen unsere Wertvorstellungen, Konzepte und Ideologien. Das alles zusammen formt unsere Brille, mit der wir die Welt betrachten. Es ist unser Mindset.

Insiderwissen

Eigentlich braucht es häufig nur ein Umdenken. Das Mindset oder die Denkweise der KlientInnen ist meist der Schlüssel zu jeder Veränderung. Den zu finden ist leicht, ihn aber auch zu benutzen, der viel schwerere Part.

Denken Sie noch »in der Box« oder trauen Sie sich auch mal raus? »Thinking out of the box« oder die Fähigkeit, über den Tellerrand zu schauen und Dinge mal anders zu machen, imponiert uns oft und wird von unserer Gesellschaft besonders gefeiert. Denken wir mal an die vielen Awards oder an Namen wie Einstein, Steve Jobs oder Elon Musk. Uns begeistern Menschen, die nicht nur um die Ecke denken, sondern bis zur nächsten Epoche. Dafür ist es aber nötig, alte Denkmuster und Gewohnheiten zu verlassen, und das erfordert, sich darauf auch vor allem und zuallererst einzulassen.

Erkenntnis to go

!

Wer will, findet Wege. Wer nicht will, findet Ausreden.

Darum geht es im Coaching. Wenn man für sich etwas verändern will, geht das natürlich nicht, wenn sich eigentlich nichts verändern darf. Es braucht Mut. Zum einen, um sich einzugestehen, was vielleicht in der Vergangenheit weniger gut gelaufen ist, und zum anderen, um sich auf neue Wege einzulassen. Denn keiner kann uns vorher versprechen, dass der neue Weg mindestens genauso gut sein wird wie der bisherige. Es geht ums Ausprobieren. Häufig sitzen Judith dann aber KlientInnen gegenüber, die zu jedem Ansatz stets ein »Nein, das geht aber nicht, weil …« entgegnen. Das Mindset ist bei diesen Personen starr und fest verankert. Meistens erlebt Judith das bei KlientInnen, die in ihrem Leben der Sicherheit einen hohen Stellenwert geben. In diesem Fall ist Sicherheit gleich Gewohnheit und gewohnte Gedanken- und Verhaltensweisen zu verlassen, erfordert Mut und mehrere Schritte auf unbekanntes Terrain. Aber jetzt mal die Frage an Sie: Am Ende unseres Lebens wollen Sie doch nicht einfach nur irgendwann angekommen sein und sich sagen hören: »Joah, war ganz nett. Ich bin vor allem gut und sicher durchgekommen.« Wollen Sie nicht lieber sagen: »Puh, ich bin ganz schön rumgekommen. War vielleicht manchmal holprig, aber alles in allem war's ein geiler Ritt.« In ihren Coachingsitzungen ermutigt Judith ihre KlientInnen genau dazu: sich das einzugestehen, was sie dorthin bringen würde. Wir schauen uns also nicht nur die aktuelle Problematik an, sondern holen alles raus: vergessene Wünsche und Träume, die wir abgelegt haben unter »Jetzt bin ich erwachsen und darf dem nicht mehr nachgehen«.

Judith: »Dazu plaudere ich gern mal aus dem Nähkästchen: Als ich ein Kind war, habe ich aus allem ein Mikro gebastelt. Mal musste die Kerze her, mal der Pfannenwender oder der Schuhanzieher. Und dann bin ich damit zu allen gerannt, die mir über den Weg liefen, und hab sie für ein Interview verpflichtet. Zudem habe ich das Audioformat immer schon geliebt und war total stolz, als ich meinen ersten Walkman bekam. Mit 14 hat unsere Mutter diese Leidenschaft gefördert und mich beim Kreisradio zum Bürgerfunk angemeldet. Ich durfte die Aufzeichnungen begleiten, beim Schnitt mitmachen und später erste Interviews führen. Irgendwann machte ich mein erstes Praktikum beim Radio und wurde anschließend freie Mitarbeiterin. Nach der Schule tauschte ich also gern Ranzen gegen Aufnahmegerät und ging meiner Liebe aus Kindheitstagen weiter nach, indem ich lokale Größen vors Mikro holte. Dann wurde ich erwachsen und abgelenkt von dem, was ich geliebt habe. Ich machte eine kaufmännische Ausbildung und ein Studium. Nicht, weil ich es liebte, sondern weil man es eben so machte. Viele Jahre später habe ich die Liebe zum Mikro und der Audioproduktion wiederentdeckt und eine moderne Ausdrucksmöglichkeit gefunden: einen eigenen Podcast. Und ich hab sogar den besten Gesprächspartner von allen dafür mit begeistern können und direkt zum Stammgast verpflichtet: meinen Bruder Cord. Wir kommen nun als ›Psycho‹ und Coach also regelmäßig und öffentlich zurück in die anfangs erwähnte Küche aus Kindertagen und plaudern in ›Psycho trifft Coach‹ über unsere Themen aus Praxis und Privatleben. Mal mit, mal ohne Gäste.

Ich erzähle diese persönliche Geschichte an dieser Stelle aber nicht, um neue Hörer zu gewinnen, sondern um aufzuzeigen, dass die kleinen Dinge aus der Kindheit sehr viel über uns offenbaren. Die Szenen mit dem Mikro von mir als Kind hätte unsere Mutter auch schnell unter der Kategorie ›Kinderspielchen‹ abtun können. Dann wäre ich darin nicht gefördert worden und wäre dieser Leidenschaft nicht weiter nachgegangen. Stattdessen hätte mich meine Mutter vielleicht zum Klavierunterricht geschleppt. Gegen meinen Willen. Aber weil es halt gut aussieht, wenn das Kind Klavier spielen kann. Und was ist nun das Fazit von der Geschicht'? Manchmal muss man sich fragen, was die eigene Leidenschaft ist und was eine gesellschaftliche Pflicht!«

Frage an sich selbst

Was haben Sie als Kind so richtig geliebt und wie kommen diese Fähigkeiten und Leidenschaften in Ihrem heutigen Leben noch vor? Wenn nicht: Wie könnten Sie diese integrieren?

Damit sich Judith die Leidenschaft aus ihrer Kindheit ins Erwachsenenleben holen konnte und sich gemeinsam mit Cord unter die Podcast-Produzenten getraut hat, brauchte es aber auch die eigene Erlaubnis dafür und das Fallenlassen von selbst erlegten Verboten im Kopf. Es geht also vor allem um den Mut, seine gewohnten Gedankenmuster und vor allem Glaubenssätze hinter sich zu lassen, um neue Wege und Lösungsansätze zu erkennen und einzuschlagen. Bei den meisten erleben wir aber, dass das Mindset unflexibel und fast wie »eingefroren« ist. Diese KlientInnen haben z. B. feste Prinzipien und äußern Sätze wie »Ich bin ja so und so« und »Das kommt für mich gar nicht infrage«. Wenn man dann nach dem Warum fragt, können sie ihre Argumente auch hieb- und stichfest begründen, denn ihre Gedanken beschäftigen sich nur mit den Gründen, warum etwas nicht geht. Diese Wege im Kopf sind sie schon tausendmal »abgelaufen« und können sie deswegen direkt aus dem Ärmel schütteln. Gedanken, die in die andere, auch konstruktive Richtung führen, sind unbekannt und erfordern es, gewohntes Terrain zu verlassen. Dahinter entdecken wir häufig Ängste oder übernommene Glaubenssätze.

Insofern können in uns Glaubenssätze schlummern, die uns als versteckte Gegner des Glücks blockieren und daran hindern, das zu tun, was wir eigentlich wollen. Alle wollen glücklich sein und fragen sich, wer verdammt noch mal die Anleitung dafür versteckt hat. Dabei ist das oft nur eine Frage der Einstellung. Es ist die Frage, wie »Glück« in unserem Mindset verankert ist bzw. welche anderen Programme dies blockieren.

Unsere Mutter hat uns auch einige Glaubenssätze vererbt. Sie war als alleinerziehende Mutter von drei Kindern und Hauptverdienerin der Familie besonders beansprucht. Überforderung war bei uns zu Hause somit ständig präsent. Ob es ums Spielen, die Hausaufgabenbetreuung oder das gemeinsame Abendessen ging, unsere Mutter hatte nur sehr wenig Zeit und Aufmerksamkeit für jeden Einzelnen von uns übrig. Als wir dann älter wurden, teilte sie uns auch ihre Sorgen mit und wir verstanden, dass das Leben unserer Mutter ein täglicher Kampf war. Wir zogen irgendwann aus, führten unser eigenes Leben. Die Überforderung aber nahmen wir mit. Wir wurden von unserer Mutter schon früh zur Selbstständigkeit erzogen, haben also früh gearbeitet, während andere Ferien hatten. Unsere Mutter hatte unbewusst Glaubenssätze in uns geprägt: »Das Leben ist schwer« und »Man muss viel arbeiten, um sich bestimmte Dinge leisten zu können«. Denn wenn wir mal etwas haben wollten, konnte unsere Mutter uns natürlich nicht jeden Wunsch erfüllen. Also arbeiteten wir für eine erste tolle Kamera, den Führerschein, den Computer etc. Und als wir auszogen, haben wir eigentlich auch von Beginn an auf eigenen Füßen gestanden. Das hatte zur Folge, dass wir neben unserem Studium oder der Ausbildung noch arbeiten mussten. Was uns eigentlich nichts ausmachte, denn wir kannten Stress ja von zu Hause. Einerseits war das auch gar nicht schlecht, weil wir damit unser Ziel nicht aus den Augen verloren haben und viel dafür getan haben. Andererseits powerten wir die ganze Zeit durch und befanden uns ständig in der Überforderung. Von links und rechts hörten wir immer wieder und auch heute noch: »Mensch, mach doch mal weniger.« Aber selbst wenn wir uns nichts sehnlicher gewünscht hätten, als genau das zu machen, wäre es uns fremd vorgekommen. Vielleicht steckte bei uns auch die Angst dahinter, es dann genauso schwer zu haben, wie es unsere Mutter hatte. Was wir aber nicht sahen, war, dass wir es uns selbst schon so schwer machten. Irgendwann haben wir dann auch durch unsere berufliche Aus- und Weiterbildung und das Arbeiten an eigenen Themen herausgefunden, dass wir uns hier in einem alten Glaubenskonzept befinden, das eigentlich nichts mit unserem Leben zu tun hat, sondern aus der Geschichte unserer Mutter stammt. Und auch wir arbeiten selbst heute noch daran, nicht manchmal doch wieder in diese alten Verhaltensmuster zu verfallen.

Damit wollen wir aber vor allem darauf hinaus, dass wir aus eigener Erfahrung wissen, dass es eine bewusste Entscheidung ist, sein Mindset anzuschauen, um es dann auf »Glücklichsein« umzuprogrammieren.

Glück ist nicht gern gesehen

Unsere Gedanken und Gewohnheiten haben uns fest im Griff. Es fängt schon im Kleinen an. Nehmen wir mal an, wir treffen einen alten Bekannten auf der Straße und er fragt uns, wie es uns geht. Selbst wenn wir uns gerade in einem absoluten Hoch befänden, würde es sich vermutlich komisch anfühlen, zu antworten: »Mir? Du, mir geht's gerade scheißegut. Ich bin so richtig glücklich. Fühlt sich verdammt gut an. Und bei dir so?« Vermutlich würden wir eher antworten: »Ja, ganz gut. Aber die Arbeit stresst mal wieder.« Stress kommt einfach immer noch besser an als Glück. Wir sind – zumindest in Deutschland – auf Bescheidenheit programmiert. »Bloß nicht klotzen« oder »Sei kein Angeber« sind Sätze, die uns sofort in den Sinn kommen, wenn wir mal raushauen, was uns alles Gutes passiert. Machen wir lieber auf Instagram. Da geht das klar. Am Tisch bei Freunden aber eher nicht. Da erzählen wir lieber nicht, wie weiß der Sand auf den Malediven war und wie toll unsere Freundin oder unser Freund halb nackt aussieht oder dass wir gerade die beste Zeit unseres Lebens haben.

Erkenntnis to go

!

In unserer Gesellschaft will keiner was vom Glück des anderen wissen. Wir müssen es uns also selbst erst mal erlauben, glücklich zu sein.

Wir kennen es ja selbst, wenn es eine andere Person macht. Dann fragen wir uns automatisch, was wir denn falsch gemacht haben und warum es uns nicht genauso geht. Bestes Beispiel ist das Durchschlafen des eigenen Kindes. Das ist das ungeschriebene Gesetz in der Krabbelgruppe, dass man nicht erzählt, wenn das Baby schon früh durchschläft. Das führt nur zu Neid und weiterem Frust bei allen Müttern, deren Augenringe so düster sind wie ihre aktuellen Aussichten auf eine erholsame Nacht. Stattdessen wird nur davon berichtet, wie schlimm es einem geht und wie heftig die Nächte sind. Wir sind also gesellschaftlich darauf programmiert, Probleme anstelle von Wohlbefinden zu fokussieren. Das Gleiche erleben wir bei der Arbeit. Da hat man nicht den Höhenflug neben dem Kollegen, der vor Übermüdung kaum die Kaffeetasse halten kann oder sich seit Jahren abstrampelt. Man schmückt auch nicht die große Liebe in allen Farben aus, während die Freundin oder der Freund neben einem sitzt, die/der seit Jahren unglücklich Single ist. Wenn wir also draußen ständig auf der Hut sind, bloß nicht allzu glücklich zu sein, werden wir dafür bestimmt nicht später in den Keller gehen. Mit anderen Worten: Unsere Gedanken sind von diesen kulturellen Gepflogenheiten geprägt. Wir sind es gewohnt, unser Glück kleinzureden bzw. zu rechtfertigen. Auch vor uns selbst. Diese Gewohnheit muss also zunächst erst mal erkannt und umprogrammiert werden.

Tool
to go

Zählen Sie jeden Tag drei Dinge auf, über die Sie glücklich sind. Versuchen Sie, immer wieder andere zu benennen. Sie werden merken, dass sich Ihr Fokus ändert und Sie die Dinge viel bewusster wahrnehmen, die Sie glücklich machen.

Wir entscheiden also, ob wir glücklich oder genervt aufstehen und auch so wieder ins Bett gehen. Eventuell kommen Ihnen nun Gedanken in den Sinn wie z. B. »Ich könnte glücklich sein, wenn mein Onkel nicht krank wäre oder ich mich nicht gerade von meiner großen Liebe trennen musste oder immer noch in einem Job stecke, in den ich mehr investiere, als am Ende rauskommt.« Natürlich gibt es immer wieder Gründe, die uns nicht beim Glücklichsein ankommen lassen. Wir wissen das selbst am besten. In der Psychotherapie und im Coaching werden wir immer wieder mit scheinbar unlösbaren Unglücksfällen konfrontiert. Und so geht es uns allen. Wir alle bringen unser »Päckchen« mit und haben schon die ein oder andere Krise hinter uns. Manche Krisen schlimmer als andere. Es ist nur die Frage, welche Gedanken zurückbleiben und von welchen wir uns beherrschen lassen. Wir entscheiden somit selbst, welche Gedanken am Ende zu festen Glaubenssätzen und Programmen auf unserer Festplatte werden.

Glaubenssätze sind Annahmen über uns und die Welt, die irgendwann – im Laufe unseres Lebens – zu einer festen Überzeugung in uns wurden, sodass sie uns als fester Bestandteil unserer Gedanken im Alltag begleiten und steuern. Es gibt Glaubenssätze, die uns bestärken und antreiben, so was wie »Ich geb nicht auf« oder »Ich krieg das schon hin«, aber auch andere, die uns eher blockieren und bremsen, z. B. »Dafür bin ich zu alt«, »Das schaff ich niemals« oder »Immer mach ich alles falsch«. Man kann auch von Stimmen sprechen, die uns jeden Tag gut oder nicht so gut zureden. In der Persönlichkeitsentwicklung im Coaching oder in der Verhaltenstherapie wird diesen Stimmen auf den Grund gegangen bzw. es wird erst mal geschaut, welche überhaupt da sind und wie laut sie sich äußern. Insofern macht man sich bewusst, welche und wie viele Stimmen einem da jeden Tag was erzählen wollen – und ob wir das eigentlich auch immer gern hören wollen. Danach stellt man sich die Frage: Woher stammen diese Stimmen bzw. Gedanken eigentlich?

Glaubenssätze und Überzeugungen formen sich durch unsere Erlebnisse und Erfahrungen oder können auch von Menschen übernommen werden, die einen besonderen Einfluss auf uns hatten wie z. B. Eltern, Geschwister, Lehrer, Freunde. Somit können diese Überzeugungen auch nicht unbedingt meinen eigenen Ansichten entsprechen, sondern von anderen adaptiert worden sein. Wichtig ist, das für sich zu erkennen. Zudem sind Glaubenssätze nicht rational zu begründen, sondern sie werden häufig von Emotionen genährt, wie z. B. Ängsten. Sie verstecken sich gern hinter Sätzen wie »Wenn du das machst, passiert was ganz Schlimmes« oder »Wenn ich mich so verhalte, werde ich nicht gemocht oder geliebt« und verleiten uns zu Handlungen und Entscheidungen, die wir eigentlich – im Grunde unseres Herzens – gar nicht wollen. Am Ende sind wir in einem Job gefangen, z. B. in der Firma unserer Eltern oder in einer gehobenen, aber nicht zufriedenstellenden Position, weil alle anderen gesagt haben, dass man so ein Jobangebot ja nicht ausschlagen darf. Es sind also nicht nur unsere Eltern, die uns ihre Glaubenssätze vererben, sondern unser ganzes Umfeld trägt dazu bei und prägt unser »Programm«.

Wer bestimmt unser Mindset?

Ist Ihr Glas halb voll oder halb leer? Sehen Sie das Gelbe vom Ei oder eher das Haar in der Suppe? Wenn Sie die Antwort für sich direkt parat haben, schieben wir die nächste Frage hinterher: Was würden wohl Ihre Eltern auf dieselbe Frage antworten? Welche Einstellung herrschte in Ihrem Elternhaus? In 90 Prozent der Fälle stimmen die Antworten überein, denn die Überzeugungen unserer Eltern werden nicht selten von uns übernommen. Übrigens auch die eines ganzen Landes, denn unser Heimatland mit all seinen Ideologien und Wertvorstellungen prägt uns. In Deutschland herrschen z. B. Recht und Ordnung. Worüber regen wir uns also meistens auf? Über Verstöße gegen diese Überzeugungen bzw. Werte. Zum Beispiel, wenn der Müll nicht getrennt, uns die Vorfahrt genommen wurde oder wenn sich jemand in der Schlange im Supermarkt einfach vorgedrängelt hat. Oder haben Sie z. B. schon mal eine unvollständige Bewerbung abgegeben? Vermutlich nicht. Und wenn, gab es im Anschluss sehr wahrscheinlich keine Einladung zum Vorstellungsgespräch. Wir teilen also in einer Gesellschaft dieselben Werte, die wiederum Überzeugungen mit sich bringen, wie z. B. »stets korrekt zu sein«.

Es gibt darüber hinaus auch generationengebundene Werte. Schauen wir z. B. mal ein paar Jahrzehnte zurück: Anfang bis Mitte der 1940er-Jahre mussten die Menschen schauen, dass sie sich und ihre Familie retten – in einem Krieg, den sich manche von ihnen selbst nicht ausgesucht hatten. Diese Zeit hat somit natürlich zum einen Opfer gefordert und Narben hinterlassen. Zum anderen resultierte daraus ein übergeordneter Wert: die Existenzsicherung. Ein paar Jahre später ging es dann um den Wiederaufbau, sodass die Kinder dieser Kriegsgeneration den wirtschaftlichen Aufschwung zum Ziel hatten. Der vordergründige Wert dieser Epoche war also neben Gesundheit und Existenz die finanzielle Sicherheit.

Was wird diese Generation wohl ihren Kindern mit auf den Weg geben? Genau, Sätze wie »Lern was Anständiges« (geprägt von Existenz und Sicherheit) oder »Such dir einen Job, mit dem du unabhängig bist und viel Geld verdienst« (auch geprägt von Existenz und finanzieller Sicherheit) oder vielleicht »Sorge immer gut für deine Familie und für dein Auskommen und denk auch an später« (Gesundheit, Existenz und finanzielle Sicherheit). Das ist zwar lieb gemeint, aber ihre Kinder haben nun andere Ziele, da sie in einer anderen Zeit leben. Zum Beispiel leben wir aktuell in einer Zeit der Persönlichkeitsentwicklung und Entfaltung. Die vorherrschenden Werte sind Unabhängigkeit, Selbstbestimmung, Freiheit, (persönlicher) Erfolg und Anerkennung. Wie man sieht, ist das übergeordnete Generationenziel nicht mehr ein gesellschaftlich übergreifendes Thema wie Wiederaufbau und Stabilisierung, sondern das Individuum steht im Fokus. Oder anders gesagt: Unsere Großeltern und Eltern haben geackert, damit wir uns nun ganz auf uns und unsere Bedürfnisse konzentrieren dürfen. Hört sich im Grunde ja toll an. Es wird nur problematisch, wenn wir die Sätze unserer Großeltern und Eltern verinnerlicht haben und mit uns rumschleppen, obwohl sie gar nicht zu uns oder unserem aktuellen Leben passen. Dann sprechen wir von »falschen« Glaubenssätzen.

Erkenntnis to go

!

Falsche Glaubenssätze können so tief in uns festsitzen, dass wir unbewusst Entscheidungen treffen, die nichts mit unseren Wünschen und Bedürfnissen zu tun haben.

Die Zeit, die Erfahrungen und unser Umfeld mit seinen Überzeugungen prägen uns also. Hinzu kommt, dass wir alle an einem »Modell« lernen und Vorbilder brauchen, um konkrete Vorstellungen von etwas zu bekommen und diese dann auch umsetzen zu können. Wenn Sie einem jungen Kind beibringen wollen, beim Fahrradfahren einen Helm zu tragen, werden Sie ihm vermutlich erklären, dass dieser im Falle eines Sturzes seinen Kopf schützt. Damit erklären Sie das Modell. Damit dieses Modell übernommen wird, braucht es aber auch Vorbilder. Wenn nun kein anderes Kind einen Helm tragen würde, würde Ihr Kind den Helm sicher auch schnell verweigern. Zum Glück existieren in Sachen Schutz vor Kopfverletzungen viele Vorbilder. Nehmen wir aber mal ein Modell, das uns Jahrzehnte gekostet hat und es auch immer noch tut, um es ad absurdum zu führen: Hitler. Hitler konnte zu seiner Zeit viele Menschen von seinen Werten überzeugen. So sehr, dass viele für diese Werte sogar ihr Leben gelassen haben. Das beweist, wie einprägsam Überzeugungen sein können und dass sie selbst nach Jahren und Jahrzehnten und einem überholten Kenntnisstand immer noch aktiv sein können. Solche Glaubenssätze oder Überzeugungen können bewusst oder unbewusst ablaufen, aber sie tragen zu unserem Programm und unserem Mindset bei.

Das Kind hat schon früh gelernt, beim Fahrradfahren einen Helm zu tragen. Es wurde also eine Verbindung zwischen Fahrrad fahren und Helm geschaffen. Das Kind wird nun hoffentlich zu jeder Fahrradtour von selbst den Helm mitnehmen und seine Freunde darauf hinweisen, dass sie auch einen Helm tragen sollten. Mit 15 Jahren wird es bei dem Kind spätestens zu einem Automatismus geworden sein, den es nicht mehr hinterfragt. Jetzt versuchen Sie aber mal, dem nun Jugendlichen zu erklären, dass es den Helm gar nicht mehr tragen muss, weil vielleicht etwas anderes erfunden wurde und er überflüssig geworden ist. Das wird vermutlich schwer, denn es hat diese Überzeugung bereits verinnerlicht. So erging es auch den Autofahrern, die das Fahren noch mit Handschaltung gelernt hatten und mit der Erfindung der Automatikschaltung erst mal umdenken und ein Verhalten verändern mussten, das sie seit Jahren und Jahrzehnten auf die gleiche Weise ausführten. Das sind Beispiele, die sehr konkret und greifbar sind. Mit den innerlichen Überzeugungen ist es da leider viel schwieriger, weil sie sich nicht so schnell aufdecken und infrage stellen lassen. Für ein Bewusstsein unserer aktiven, aber unnötigen und blockierenden Modelle benötigt es die bewusste Auseinandersetzung mit uns selbst. Wann sagen wir schon mal »Du, ich kann heut nicht. Ich muss mein Mindset anschauen und auf den neuesten Stand bringen«? Wir sind eine Gesellschaft, die stetigen Fortschritt und Weiterkommen anstrebt, aber unser eigenes Denken, Tun und Handeln stellen wir so gut wie nie infrage. Wir machen einfach. Weil wir es so gelernt haben, weil wir es so kennen oder schlicht: weil wir es schon immer so gemacht haben. Aber heißt das denn auch, dass es gut ist? Oder die viel wichtigere Frage: Geht's uns überhaupt gut damit? Denn dann kommen wir an den Punkt, an dem unsere Überzeugungen uns selbst im Weg stehen, uns blockieren und überfordern – ohne dass wir es mitbekommen.

Judith: »Mein Sohn war drei Jahre alt, als seine Schwester zur Welt kam. Es war sehr interessant zu beobachten, dass er genauso auf sie zuging, wie mein Mann und ich es taten. Er sprach sogar mit den identischen Worten zu ihr wie wir, sogar in der gleichen Tonalität und mit dem gleichen Blick. Wenn sie schrie, beruhigte er sie und reagierte selten genervt. Weil wir sehr darauf geachtet haben, was wir ihm vorleben, übernahm er es von uns. Wir haben ihm stets erklärt, dass seine Schwester nur so ihre Bedürfnisse mitteilen kann und komplett auf uns angewiesen ist. Dadurch verstand er sehr schnell, dass sie ihm keine Aufmerksamkeit ›klauen‹ wollte, sondern einfach zu klein und hilflos war und in manchen Momenten nicht anders bzw. sich nur so ausdrücken konnte. Das konnte er auch so weit gut akzeptieren, bis es zu folgender Situation kam: Meine Tochter fuhr zu Beginn z. B. nicht so gern Auto und hat immer wieder geschrien, wenn wir unterwegs waren. Mein Sohn saß hinten mit ihr auf der Rückbank und war jedes Mal ganz ruhig und lieb, wenn sie geschrien hat. Er hat sie sogar häufig mit beruhigen wollen. Manchmal hat er sich aber auch die Ohren zugehalten, ohne etwas zu sagen. Das war für mich besonders herzergreifend. Aber dann gab es diesen einen Moment, in dem mein Sohn sich nicht mehr beherrschen konnte und meine Tochter angeschrien hat, sie solle endlich aufhören. Das kannte ich von ihm eigentlich nicht. Aber anscheinend hat sich bei ihm zu viel angestaut und er musste seinen Ärger einfach mal rauslassen. Er brauchte einfach ein Ventil für seine Emotionen, denn natürlich setzte es ihm zu, dass er ständig neben einem schreienden Baby im Auto saß. Also habe ich ihn damals dazu ermutigt, dass er das gern rauslassen darf. Einfach mal brüllen, aber nicht in die Richtung seiner Schwester, denn sie kann einfach nicht anders und nichts dafür. Auto fahren ist für sie noch komplett fremd und macht ihr Angst, sodass sie das nicht anders ausdrücken kann, als zu weinen. Das konnte ich ihm natürlich nicht im selben Moment verständlich machen, denn da war er zu sehr in seinen Emotionen gefangen. Aber als wir später drüber sprachen, half ihm das. Ich hätte mich im Auto aber auch anders verhalten, mich der Überforderung zwei schreiender Kinder hingeben und meinen Sohn auch anschreien können, weil er seine Schwester angeschrien hat. Und in vielen Fällen passiert das, weil die Situation uns einfach überrumpelt und überfordert. Wir fahren in dem Moment Auto, müssen uns auf den Straßenverkehr konzentrieren, versuchen die Tochter zu beruhigen und dann rastet auch noch der Erstgeborene aus. Zu viele Anforderungen stürzen auf uns ein. Aber was hätte das gebracht: noch mehr Unruhe, eine weiterhin schreiende Tochter und ein zusätzlich schreiender Sohn, eine verzweifelte Mutter und ganz viel Frust und Ärger. Und was hätte ich als Mutter meinem Sohn dabei mitgegeben? Nur das Gefühl der Überforderung, aber ich wäre kein Vorbild für einen hilfreichen Umgang mit dieser herausfordernden Situation gewesen. Stattdessen habe ich mich bewusst für einen anderen Umgang entschieden, auch wenn es mir natürlich viel Präsenz, Kraft und Geduld abverlangt hat. Keine Frage. Ich habe ihn später nach der ganzen Hektik gefragt, was er sich in dem Moment gewünscht hätte, damit es ihm besser gegangen wär. Er antwortete: dass er mal wieder mit mir allein Auto fahren möchte. Das habe ich ihm dann versprochen. Die nächste Autofahrt machten wir also allein mit seinem Lieblingshörspiel und fuhren in die Waschstraße, denn von der konnte er zu der Zeit nicht genug bekommen.«

Natürlich ist das ein Paradebeispiel und funktioniert im Leben nicht immer oder nicht immer gleich gut. Aber ich wollte mit dem Beispiel vor allem darauf hinaus, dass das eigene Bewusstsein und unser eigenes Denken unser Handeln bestimmen und wir es selbst in der Hand haben, wie wir uns verhalten und mit Situationen umgehen. Auch mit denen, die uns im ersten Moment zu »überfallen« scheinen. Bleiben wir aber in diesen Momenten das Opfer und ergeben uns der Überforderung, wird sie uns immer wieder einholen können und in dem Fall auch unsere Kinder.

Natürlich möchten wir uns alle in diesen Momenten zusammenreißen und können es vielleicht (noch) nicht. Vielleicht hatten wir Eltern, die in solchen Momenten eher unbewusst und überfordert waren und von denen wir somit – natürlich auch unbewusst – gelernt haben, dass man durchaus sehr genervt reagieren kann und auch schon mal die Kinder anschreit. Dann wären wir wohl nicht in der Lage, die Bedürfnisse der Kinder in dem Moment wahrzunehmen, weil uns unsere eigenen Emotionen einfach überwältigen würden. Das Baby schreit. Schon wieder. Das ältere Kind oder eventuell weitere Kinder rufen die ganze Zeit »Mama« oder »Papa«. Wir sind in dem Moment übernächtigt, müde und kraftlos. Wir fühlen uns überfordert und ungesehen, denn niemand sieht »mal« unsere Bedürfnisse. Der Partner/ die Partnerin abends auch nicht. Wir werden gefühlt nur gefordert. Und gefühlt ist hierbei das Stichwort. Wir fühlen das, somit ist es in dem Moment unsere Wahrnehmung und das ist auch okay so. Aber wir entscheiden uns dafür, wie wir die Dinge wahrnehmen. Wir erschaffen uns unsere eigene Realität – durch die Summe unserer Erfahrungen, die heute unsere Gedanken ausmachen. Wir würden uns also in dem unbewussten Szenario einfach von unseren Gedanken steuern lassen. Und unsere Gedanken und z. B. Glaubenssätze wie »Nie sieht mich jemand« oder »Keiner nimmt Rücksicht auf mich« lösen unsere Emotionen aus. Wir sind nicht mehr in der Lage, die Situation rational einzuschätzen, und werden vielleicht noch getriggert – an alte Situationen aus unserer Kindheit erinnert, in denen unsere Bedürfnisse von unseren Eltern übergangen wurden, indem sie uns haben schreien lassen oder genervt reagiert haben, wenn wir geschrien haben. Insofern unterdrücken wir unsere Bedürfnisse meistens und sind nicht in der Lage, diese selbst an anderer Stelle auszuleben. Wenn wir uns diese Dinge nicht bewusst machen, treiben sie uns im Autopilotmodus schneller in die Überforderung, als uns lieb ist. Und am Ende sagt man vielleicht »Hätte ich mich bloß nie für Kinder entschieden« und gibt also den Kindern die Schuld. Dabei liegt das eigentliche Dilemma ganz woanders. In uns selbst. Wir fühlen uns aber vielleicht hilflos, weil wir nicht wissen, wie wir da rankommen sollen. Im ersten Schritt müssen wir das auch noch nicht. Zunächst ist es erst mal wichtig, überhaupt zu verstehen, dass man bei sich anfangen sollte, statt die Schuld den anderen oder den äußeren Umständen zu geben, und dass man sich jederzeit bewusst dafür entscheiden kann, wie man sich verhalten möchte. ZU JEDER ZEIT. Aber wie geht das?

Jetzt denken Sie vielleicht: »O Mann, wie anstrengend. Dann muss ich mir ja ständig über alles bewusst sein. Wie soll das gehen? Vor allem im Alltag mit Kindern und Job?«

Erkenntnis to go

!

Die gute Nachricht ist: Bewusstsein ist Training. Je öfter ich mein Bewusstsein schärfe, umso schneller geht es in Fleisch und Blut über und ich muss mich dazu nicht immer wieder ermutigen oder zwingen, sondern es ist dann gelernt und abgespeichert.

Bleiben wir noch mal bei den Kindern: Kinder lernen durch uns. Alles. Sie sehen uns zu, schauen sich unser Verhalten ab und adaptieren es. Sie lernen am Modell, an uns. Viele Dinge passieren dabei ganz unbewusst und auf einmal zuckt man zusammen, wenn das eigene Kind dieselben Redewendungen und Worte verwendet wie man selbst. Spätestens dann muss uns klar werden, dass wir als Eltern unter »ständiger Beobachtung« stehen und eine Verantwortung haben. Und wenn wir uns nun zurückerinnern und einmal fragen, wie das denn bei uns war, kommen wir bestimmt zu einigen Momenten zurück, die für uns heute immer noch sehr präsent sind. Wenn der Vater sich z. B. schnell aufgeregt hat und es gern mal in unsere Richtung ging oder die Mutter häufig gestresst war und nicht so auf uns eingehen konnte. Als Kind sind wir dann noch nicht in der Lage, das zu reflektieren und zu sagen: »Ach, die Mama oder der Papa meinen das nicht so. Die haben gerade einfach viel um die Ohren.« Es trifft uns als Kinder unmittelbar. Wir beziehen die Dinge zwangsläufig auf uns und können das nicht differenzieren. Also lernen wir z. B., in manchen Momenten ruhig zu sein, weil die Mama sonst wieder schimpft. Der Glaubenssatz »Ich darf nicht auch noch Ärger machen« oder »Ich muss mich zurücknehmen« kann dadurch entstehen und in uns abgespeichert werden. Und auf einmal bin ich 35 Jahre alt, sitze vor meinem Chef und spüre das Gefühl aus meiner Kindheit, das mit diesem Glaubenssatz verbunden ist. Also blockiert mich ein Glaubenssatz aus alten Tagen, der mit meinem aktuellen Leben rein gar nichts mehr zu tun hat. Aber er ist da und »verfolgt« mich vielleicht in vielen Situationen und ggf. in entscheidenden Situationen – ohne dass es mir bewusst ist.

Viele unserer KlientInnen konnten aufgrund solcher alter und »falscher« Glaubenssätze keine glückliche Beziehung führen oder sind in ihrem Leben nicht zu dem Erfolg gekommen, der ihnen eigentlich zugestanden hätte. Aber das werden wir in Teil zwei anhand der Fallbeispiele noch näher veranschaulichen und erläutern.

Wie können wir unser Mindset einem Update unterziehen?

Es ist eine Tatsache, dass unser Mindset unsere Realität erschafft. Und wir bestimmen, wie viel Macht wir diesem Mindset geben. Ob wir – ohne jegliche Verantwortung – im Autopilotmodus durchs Leben cruisen oder ob wir in den Drivers Seat wechseln und richtig Gas geben. Steht der Schalter auf »Autopilot«, lassen wir uns mit verbundenen Augen durchs Leben lenken und regen uns auf, wenn wir zwischendurch Hindernisse rammen. Da hat der Autopilot wieder mal nicht aufgepasst. Wir geben also für alles, was nicht gut läuft, die Verantwortung ab. Ist ja ganz bequem. Aber leider auch für alles, was besser laufen könnte. Und das ist die Krux. Häufig lassen wir uns in diesem Autopilotmodus von alten Glaubenssätzen und Überzeugungen leiten, die von uns nie hinterfragt wurden. Wir haben sie irgendwann einfach angenommen und übernommen.

Eine Klientin kam zu Judith, weil sie sich mehr Selbstbewusstsein und sich auch eine funktionierende Beziehung wünschte. Sie war Single und sehr schüchtern. Nach mehreren Sitzungen im Coaching fand sie heraus, dass sie von sich selbst die Überzeugung hat, sie wäre dick und hässlich. Sie war aber alles andere als das. Doch trotz aller Bemühungen, ihr das verständlich zu machen, konnte sie es nicht annehmen. Und auch keine Komplimente. Durch eine innere Arbeit und spezielle Tools kam sie hinter diesen blockierenden Glaubenssatz. Sie wurde früher in der Schule von Mitschülerinnen gehänselt, weil sie als Kind etwas korpulenter war. Diese Annahme hat sie für sich übernommen, sodass diese zu einem festen Glaubenssatz und zu einem Teil ihrer Identität wurde. Sie hat mit allen Mitteln im Außen dagegen gearbeitet: Sport, Diäten etc. Aber sie wurde dieses minderwertige Gefühl einfach nicht los. So ist das leider mit den Glaubenssätzen. Sie prägen und bestimmen uns und wenn wir ihnen nicht auf den Grund gehen, werden sie uns stets weiterbegleiten. Selbst wenn die eigentliche Realität schon eine andere geworden ist.

In der Psychotherapie schauen wir genau hin, welche Grundüberzeugungen aktiv sind und uns beeinflussen. Der Weg zur Selbsterkenntnis ist an manchen Stellen mühsam, da diese Überzeugungen nicht immer offensichtlich sind. An unserer Sprache sind sie stellenweise aber gut abzulesen. Die sogenannten automatischen Gedanken sind vorbewusste Prozesse, die wir halb bewusst wahrnehmen. Wenn wir z. B. was vergessen haben und uns das auffällt, sagen wir eventuell zu uns selbst: »Was bin ich für ein Trottel?!« Dies ist eine Selbstabwertung, die wir aussprechen. Es fällt uns vielleicht nicht auf, aber unser Umfeld spiegelt es uns dann ggf. mit Äußerungen wie »Bist du nicht«. Mit hoher Wahrscheinlichkeit wissen wir dann nicht, was sie meinen, und erst durch das Klären im Gespräch wird uns bewusst, was wir da getan und gesagt haben.

Unser Glaube und unsere Überzeugungen sind stark an unseren

bisherigen Erfahrungen im Leben orientiert. Sie werden ständig mit diesen verglichen und auf Aktualität gescannt. Wenn wir glauben, wir seien nichts wert, werden wir kein Kompliment annehmen können und vermutlich versuchen, es zu relativieren oder gar ganz abzutun. Der Gedanke dazu könnte dann lauten: »Die Person kann mich ja gar nicht kennen, wenn sie so über mich redet.« Dies führt dazu, dass Beziehungen mit der Zeit auseinanderzugehen drohen, wenn wir zwar immer wieder ein konstruktives Feedback erhalten, wir uns aber so nicht sehen können oder wollen. Wenn uns unsere Grundüberzeugung zu der Meinung führt, wir seien nichts wert und alles, was uns gelinge, könne doch jeder oder sei einfach reiner Zufall, dann haben wir keine Chance auf das Anerkennen des Gegenteils. Unsere Vorstellung von uns verhindert das. Vielleicht wurde sie in der Vergangenheit auch durch Aussagen anderer gebildet oder verstärkt. Wenn über uns immer wieder Annahmen getroffen wurden oder Bemerkungen gefallen sind wie z. B. »Er/sie hat immer schon gut gegessen« oder »Das konnte er/sie noch nie gut«, werden wir diese Sätze irgendwann auch glauben und als Teil unseres Selbstbildes übernehmen. Ganz nach dem Motto: »Wenn die das so oft sagen, muss ja was dran sein.« Sie treffen aber vielleicht gar nicht auf uns zu. Jede Korrektur dieser Annahme wird von unseren »falschen« Glaubenssätzen ausgehebelt. Und so wird es schwer, positive Äußerungen und Komplimente zu unserer Person als wahr anzusehen.

Tool to go

Führen Sie ein Komplimente-Tagebuch. Tragen Sie dort jedes Kompliment ein, das Ihnen gemacht wird. Und beobachten Sie, welches Kompliment Sie gut annehmen können und welches weniger. Machen Sie sich zudem auch selbst jeden Tag ein Kompliment. Dabei ist alles erlaubt, auf das Sie stolz sind: wenn Sie jemanden zum Lachen gebracht, etwas Besonderes geleistet oder eine lang aufgeschobene Aufgabe erledigt, einen Konflikt geschlichtet, sich ein bewusstes Zeitfenster gegönnt haben oder einfach, weil Sie sich an einem Tag besonders gern im Spiegel betrachten.

It's all about Fokus

Fokus ist das wichtigste Werkzeug, um eine Veränderung herbeizuführen. Unser Fokus bestimmt unsere Realität. Es ist wie bei einem Fernglas: Wir können nicht zu jeder Zeit den Rundumblick haben. Somit müssen wir uns entscheiden, worauf wir in welchem Moment unsere Aufmerksamkeit richten wollen. Ein »falscher« Fokus kann uns das Leben erschweren und uns in eine Überforderung treiben. Im vorangegangenen Beispiel würde die Klientin den Fokus z. B. eher auf Situationen, Momente und Aussagen richten, die sie in ihrem Selbstbild der Unattraktivität bestätigen. Wenn sie z. B. von einem hübschen Mann nicht beachtet wird oder ihr ein Kleid nicht passt. Wir nehmen in diesen Momenten also nur die Dinge war, die zu unserem »Programm« und unseren Überzeugungen passen und uns darin bestätigen. Das liegt an unserem Fokus, der von unserem Mindset und den darin enthaltenen Glaubenssätzen bestimmt wird.

Kennen Sie das, wenn man z. B. mit Freunden in Urlaub fliegt und die Meinungen komplett auseinandergehen? Der andere meint, der Flug war zu holprig, das Mietauto zu teuer, das Essen zu fettig, der Pool zu klein, der Strand zu voll, das Wetter zu windig usw. – während Sie das alles ganz anders empfunden haben. Man hat dasselbe erlebt, aber hat es unterschiedlich wahrgenommen. Für beide Parteien war das Erlebte real, es wurde aber jeweils subjektiv anders erlebt. Warum hat dieselbe Ausgangssituation zu zwei so unterschiedlichen Wahrnehmungen geführt? Die Antwort ist: Die Mindsets sind unterschiedlich. Unsere Wahrnehmung wird von unserem Mindset bestimmt, das wiederum unseren Fokus vorgibt. Und jeder bringt ein anderes Mindset mit. Vielleicht herrscht bei dem Freund oder der Freundin, der/die dem Ganzen nichts Gutes abgewinnen konnte, ein großes Misstrauen – etwa schon Reiseveranstaltern gegenüber. Es könnte sein, dass bei ihr/ihm dieses Misstrauen schon bei den Eltern vorhanden war und Glaubenssätze wie »Alles Abzocke« die Urlaube geprägt haben.

Wie soll sie/er also jemals gelernt haben, den Urlaub mit allen Annehmlichkeiten auch als solchen anzunehmen, zu genießen und den Fokus auf das Gute zu lenken?

Erkenntnis to go

!

Unser Mindset bestimmt unseren Fokus, der wiederum unsere Realität bestimmt.

Jetzt könnte man ja sagen, dass man mit diesem Freund oder dieser Freundin einfach nicht mehr in den Urlaub fährt. Problem gelöst. Leider ist das nicht so einfach. Denn unsere Umgebung und das Mindset anderer kann auch immer auf uns abfärben bzw. Spuren bei uns hinterlassen. Genauso wie uns die Glaubenssätze unserer Eltern oder unserer Umgebung in unserer Entwicklung prägen, bleibt das auch im Erwachsenendasein so – selbst wenn wir denken, wir wären eigentlich schon geformt und gefestigt. Unsere Mutter hat häufiger mal den Spruch »Zeig mir deine Freunde und ich sag dir, wer du bist!« benutzt, der nichts anderes ausdrücken will, als dass uns unser Umfeld zwangsläufig beeinflusst. Es macht natürlich etwas mit uns, wenn wir viel Zeit mit Leuten verbringen, die eher eine negative Einstellung zum Leben haben. Es bringt uns immer wieder von unserem Fokus weg, der im besten Fall vielleicht sogar sehr positiv ist. Die Folge: Wir sind nicht mehr bei uns. Vielleicht fällt es uns auf, wir ärgern uns oder versuchen, die anderen an unseren positiven Gedanken teilhaben zu lassen. In beiden Fällen kostet es uns aber eines: Kraft. Wir werden von uns abgelenkt und im schlimmsten Fall »umprogrammiert«.

Kennen Sie diese Gespräche, die Sie beflügeln und Ihnen das Gefühl von Grenzenlosigkeit schenken? Als ob Sie alles erreichen könnten, wenn Sie nur wollten? Das ist Inspiration. Uns werden neue Wege und Sichtweisen eröffnet. Wir lassen uns von unserem gewohnten Gedankenweg kurz abbringen und erhalten eine andere Sicht auf die Dinge. Wir schauen über den Tellerrand. Deswegen ist Austausch so wertvoll. Es ist der Reiz des »Netzwerkens«. Es eröffnet neue Möglichkeiten und schafft vielfältige Ressourcen. Und so, wie uns ein positives Mindset zu neuen Gedanken und Wegen ermutigt, kann uns ein negatives Mindset herunterziehen bzw. es uns erschweren, die guten Seiten des Lebens wahrzunehmen. Somit sollte man gut hinschauen, mit welchen Leuten man sich umgibt und welche Qualität die Gedanken und Gespräche in dieser Beziehung häufig haben: Sind sie konstruktiv oder destruktiv? Kreisen die Gespräche häufiger um das Problem oder eher um die Lösung? Das ist auch häufig der Unterschied zwischen glücklichen und unglücklichen Beziehungen. Wie sehen sich die Partner in der Partnerschaft? Als Team, in dem beide Partner sich gegenseitig und aber auch als Team weiterbringen wollen und aneinander glauben? Im Gegensatz zu Partnerschaften, in denen Missgunst zwischen den Partnern herrscht, der eine dem anderen nichts gönnt und beide Partner gegeneinander arbeiten statt miteinander. Es herrscht eher ein Kampf als ein Miteinander. Es ist also die Sichtweise auf die Beziehung, die die Dynamik vorgibt. Und die Sichtweise resultiert wieder aus unserem Mindset, unserem Programm, das sich über den Lauf unseres Lebens entwickelt hat.

Unsere Sicht auf die Dinge wird aber nicht nur von unserem Umfeld geprägt, sondern zusätzlich von den Dingen verstärkt, mit denen wir uns umgeben. Wenn wir stets melancholische oder aggressive Musik hören, zieht uns das runter. Schauen wir nur Krimis und Horrorfilme, können wir vermutlich nicht mehr entspannt einschlafen. Deswegen ist es auch so wichtig, sich Höhepunkte und Aussichten im Alltag zu schaffen, die einem ein gutes Gefühl geben. Vor allem in Krisenzeiten. Denn wenn es uns eh schon nicht gut geht, geht es darum, sich selbst zu »trösten« und zu verwöhnen und uns so durch die schwere Zeit zu helfen. Nur wir wissen, was uns guttut, und nur wir sind dafür verantwortlich, uns das zu verschaffen.

Erkenntnis to go

!

Nur wenn ich gut zu mir bin, kann ich auch gut zu anderen sein.

Die Herausforderung im Alltag ist, bei allem, was »an unsere Tür klopft«, auch sich selbst zu betrachten. Wenn der Kollege fragt, ob wir zusammen mittagessen wollen, und ich eigentlich mal eine Runde joggen gehen und für mich sein wollte, dann kann ich mich entscheiden: Ist mir das Joggen wirklich wichtig und sage ich ab? Oder will ich mit dem Kollegen mitgehen, denn ich habe mich schon lang nicht mehr mit ihm unterhalten und eigentlich bin ich auch zu müde fürs Joggen. Das ist jetzt eher ein simples Beispiel. Es gibt im Leben natürlich Phasen, die uns das Leben sehr erschweren, aber wir haben es in der Hand, ob uns diese Phasen komplett umhauen oder ob wir trotzdem noch die guten Dinge sehen wollen. Wenn ich meinen Job verloren habe, komme ich aber vielleicht abends zu meiner Familie nach Hause, die mich tröstet und mir dabei hilft, eine Lösung zu finden. Falls ich gerade in keiner glücklichen Beziehung bin, genieße ich alle Freiheiten und kann mich nur auf mich konzentrieren und auf die Dinge, die mich glücklich machen.

Bei alleinstehenden KlientInnen, die vor allem schon länger Single sind, beobachtet Judith im Coaching häufig, dass der Fokus nur noch auf dem Alleinsein und der Einsamkeit liegt. Es ist natürlich verständlich, dass die Sehnsucht nach einem Partner oder einer Partnerin groß ist. Aber die Annahme, dass sie nur glücklich in einer Beziehung wären und alleine nicht, ist ein weiterer blockierender Glaubenssatz. Denn insofern wären sie allein unvollständig und nicht in der Lage, glücklich zu werden. So vergehen Jahre des »Wartens«, die relativ ungenutzt bleiben, weil der Fokus nur auf dem liegt, was nicht gut läuft.

Also geht es dann darum, den KlientInnen einen neuen Fokus zu geben: darauf, was sie als Person ausmacht, was *sie* glücklich macht und wie sie sich in ihrem Leben weiterentwickeln möchte. Meistens schreiben Judith diese KlientInnen dann einige Monate nach dem Coaching, dass sie nun in einer glücklichen Beziehung sind. Denn sie haben den Fokus weg von dem genommen, was in ihrem Leben fehlt, hin zu dem, was in ihrem Leben da ist. Und das Fehlende kam automatisch dazu.

Sobald man sich seinen eigenen Fokus genauer anschaut und diesen bewusst ausrichtet, bemerkt man eventuell an einem Punkt, dass man viele Beziehungen nur noch aufrechthält, weil man diese schon so lang pflegt. Viele Freundschaften werden somit lange »mitgeschleppt«, obwohl sie uns und unsere Überzeugungen gar nicht mehr widerspiegeln. In solchen Momenten benötigt es auch eine systemische Überholung unserer Kontakte und Beziehungen bzw. das genaue Hinterfragen solcher. Im Zweifelsfall müssen wir uns von einigen Menschen trennen, wenn sie uns nicht guttun oder unseren Überzeugungen nicht mehr entsprechen. Im besten Fall sucht man natürlich erst das Gespräch mit der/den betroffenen Person/-en, um zusammen die gemeinsame Beziehung zu reflektieren und eventuell damit auf ein neues Level zu heben.

Schwierig wird es natürlich, wenn es die Familie betrifft, die Familie aber nicht über Gefühle spricht. Es gibt ja durchaus die Familien, in denen alles unter den Teppich gekehrt wird. Hat man solch ein Verhaltensmuster von zu Hause »mitgenommen«, entdeckt spätestens der Partner die angesammelte Müllhalde. Dann fallen gern mal Sätze wie: »Du redest ja gar nicht über deine Gefühle.« Insofern erschwert es zukünftige Beziehungen, die dann gern in der Überforderung und im Paarcoaching oder der Paartherapie landen. Es ist insofern wichtig, diese unbewussten Verhaltensmuster zu erkennen, damit sie nicht auch wieder von den eigenen Kindern unbewusst übernommen werden und damit ein Teufelskreis destruktiver und ungewollter Verhaltensmuster über Generationen hinweg aufrechterhalten wird.

Fokus in unserer Arbeit ist das essenzielle Beförderungsmittel zum Ziel unserer KlientInnen. Er ist entscheidend für unsere Gedanken, unser Erleben und unser Handeln. Somit macht man im Coaching und der Psychotherapie im ersten Schritt eine Bestandsaufnahme von dem vorhandenen und aktiven Mindset. Wir ermutigen unsere KlientInnen, die eigenen Gedanken zu beobachten und in verschiedenen Lebenssituationen den eigenen Fokus zu überprüfen.

Tool to go

Fragen Sie sich mehrmals am Tag, welche Gedanken und welche Handlungen Ihren Fokus bilden: Sind Sie eher destruktiv oder konstruktiv? Können Sie gut bei sich und Ihren Bedürfnissen bleiben oder ist Ihr Fokus häufig bei anderen? Werden Sie in Ihren Handlungen schnell abgelenkt oder können Sie gut bei einer Sache bleiben? Was bestimmt häufig Ihren Fokus (Handy, Arbeit, etc.)? Welcher Fokus herrscht häufig in Gesprächen mit Kollegen oder Freunden? Machen Sie sich hierzu Notizen, gehen Sie Verhaltensmustern auf den Grund und versuchen Sie, Ihren Fokus bewusst darauf zu richten, was Sie in Ihrem Leben im Grunde lieber mehr »ins Auge fassen« wollen.

Multitasking ist übrigens der Gegenspieler des Fokus und der beste Freund der Überforderung. In den 90ern und noch bis zu den 2010ern feierte Multitasking als neuartige Methode für eine besondere Effizienz in der Berufswelt seine Hochphase. Man hat also eine Möglichkeit entdeckt, mit der man mehrere Dinge auf einmal hinbekommen konnte und somit viel produktiver war. Man konnte also in derselben Zeit viel mehr Aufgaben erledigen als zuvor. Damit schnellte vielleicht die Produktivitätsrate und das Bruttoinlandsprodukt in die Höhe, brachte aber auch ein neues Problem auf den Plan: Burn-out. Multitasking ist natürlich an vielen Stellen sinnvoll, kann aber auch zum Verhängnis werden. Daher erfordert es ein gutes Bewusstsein, um es nicht zu einem Verhaltensmuster werden zu lassen, aus dem man irgendwann nicht mehr herauskommt. Übrigens kommt es bei Menschen, die Multitasking für sich zum Alltagswerkzeug gemacht haben und bestens beherrschen, gern zu dem Phänomen, dass sie es kaum noch schaffen, sich nur auf eine einzige Handlung zu konzentrieren. Sie fühlen sich dann unproduktiv oder unterfordert. Es geht dann um das Lernen der Achtsamkeit und sich zu erlauben runterzufahren.

Cord ist übrigens ein ehemaliger Meister des Multitaskings. Enge Freunde können bestätigen, dass er es einst fertigbrachte, am Herd zu stehen und einen Eintopf zu kochen, parallel die Küchenwand mit Pinsel und Farbe auszubessern und nebenbei noch mit einem Kollegen zu telefonieren. Mit der Zeit wurden die Bereiche, in die er sich so stürzen wollte, komplexer und er wurde mehr als einmal daran erinnert, dass es Grenzen gibt. Cord hat daraufhin seinen Fokus angepasst und richtet sich mittlerweile geordnet und bewusst aus: darauf, was ihm Kraft gibt und was ihn eher Kraft kostet.

> Cord: »Solange ich die Dinge gerne mache und sie mich erfüllen, geben sie mir Energie. Dann bleibe ich in meiner Lebendigkeit. Ich kenne es allerdings auch gut aus meiner Vergangenheit, dass ich Dinge gemacht habe, um etwas zu kompensieren. Erst als ich das Muster erkannt habe, konnte ich auch bewusst daraus aussteigen. Und damit auch aussteigen aus der Überforderung.«

Von allen zuvor beschriebenen Herausforderungen bildet unser Mindset die wichtigste Grundlage für unser Erleben. Es kontrolliert unsere Wahrnehmung und entscheidet somit darüber, ob wir die Welt schwarz oder weiß sehen und ob oder wie viele graue Nuancen dazwischenliegen. Unser Mindset ist die große Festplatte, die unsere Programme wie Erfolg, Liebe, Beziehungen, Partnerschaft und Glück beinhaltet und steuert. Das Gute daran: Wir allein haben Einfluss auf unsere Einstellung, d. h., nur wir haben auf unsere Festplatte Zugriff und können sie »bearbeiten«. Natürlich nur, wenn wir das wollen. Dann widmen wir uns unserer persönlichen Entwicklung und können viele neue, bislang ungeahnte Features entdecken, die uns eine ganz andere Lebensqualität offenbaren. Im folgenden zweiten Teil dieses Buchs nehmen wir Sie mit in Fälle von Menschen, die genau das ausprobiert haben und dadurch für sich lebensverändernde Erkenntnisse gewonnen haben.

TEIL ZWEI:

DIE AUSWIRKUNGEN

Und plötzlich ist sie da: die Überforderung. Zwangsläufig schlägt sie irgendwann mal zu und hält uns mal kürzer, mal länger in Atem. Überforderung ist aber auch ein natürliches Gefühl, das uns darauf aufmerksam macht, wenn wir an unsere Grenzen geraten. Somit hilft uns die Überforderung, indem sie Alarm schlägt, wenn uns irgendwas zu viel wird, und uns damit die Chance gibt, unser aktuelles Leben zu hinterfragen. Nachdem wir uns bisher vor Augen geführt haben, welche Themen uns damit herausfordern und uns heutzutage häufig in die Überforderung treiben können, schauen wir uns nun die Auswirkungen dieser Herausforderungen an, wie sie uns in unseren beiden Berufen sehr oft begegnen. Wir nehmen Sie also mit in authentische Praxisfälle aus dem Coaching und der Psychotherapie und zeigen mögliche Lösungswege auf, die, wenn Sie sich hier und da in den Geschichten wiedererkennen, vielleicht ein guter Ansatz zur Veränderung sein könnten.

WIR VERLIEREN UNS SELBST AUS DEN AUGEN

Zunächst gilt der Fokus uns selbst. Wir betrachten unsere eigenen Themen, die uns blockieren und uns das Leben erschweren. Sei es, weil wir uns schlecht abgrenzen können, vergessen haben, was wir eigentlich wollen, den Fokus verloren haben, uns stets selbst was vormachen oder uns isolieren, um bestimmten Themen aus dem Weg zu gehen. In diesen Momenten geht es darum, sich die eigenen Themen bewusst zu machen und bei sich zu bleiben. Weil wir aber oft und gern zu viel Gepäck mit uns herumschleppen, fällt es uns schwer, die eigentlichen Herausforderungen zu erkennen und etwas zu verändern. Wie wir aber genau das schaffen und wieder zurück zu uns finden und auch dort bleiben, zeigen uns die folgenden Fallbeispiele.

Wir machen es allen recht und können nicht Nein sagen

Das Problem, sich nicht abgrenzen zu können

Wenn der Superheld ganz selbstlos die wehrlosen Menschen aus einem brennenden Haus rettet, wird er gefeiert. Die Berufsgruppen, die diesem Konzept am nächsten kommen, sind die sozialen Berufe. Von helfenden Händen im Alltag bis zum Notfall auf dem OP-Tisch. In der Gesellschaft sind dies Helden, die ganz selbstlos andere unterstützen. Der Begriff selbstlos sagt es sehr deutlich. Ich habe keine Zeit und keinen Blick auf mich selbst. Ich orientiere mich an den anderen, die hilfsbedürftiger sind. Cord hört das sehr oft in der Praxis: »Ich will niemandem den Therapieplatz wegnehmen. Es gibt bestimmt noch andere Menschen, die viel eher Hilfe brauchen und denen es viel schlechter geht.« Die Krux ist nur: Sobald mein Umfeld mitbekommen hat, dass ich zu der helfenden Menschengruppe zähle, werde ich auch eingespannt. Ruckizucki kommen die Sätze mit »Könntest du mal eben …« oder »Wenn du

Zeit hast, könntest du dann …« und der Superheldenkittel wird angezogen. Nicht selten fällt einem dann später nicht mehr ein, was man gerade machen wollte. Die Infos stehen nicht mehr zur Verfügung, da der Fokus bei den anderen, anscheinend hilfsbedürftigeren Menschen liegt. Die gibt es auch, nur stellt sich in dem Kontext immer die Frage, welche Rolle oder Identität ich gerade einnehme. Wenn ich gerade als Arzt im Krankenhaus tätig bin und jemand medizinische Hilfe braucht, ist diese Reaktion durchaus angebracht. Sollte ich aber keinen Pieper bei mir tragen und mich trotzdem so fühlen, lohnt sich ein genauerer Blick auf mein Verhalten und meine Denkmuster. Vielleicht sind in dem Fall falsche Glaubenssätze in mir aktiv, die mir das Gefühl geben, ich müsse mich erst mal um alle anderen kümmern, bevor ich mich um mich kümmern darf. Es gibt durchaus KlientInnen, die Glaubenssätze wie »Ich muss es mir verdienen, geliebt zu werden« oder »Ich werde nur wahrgenommen, wenn ich mich für andere einsetze« mit sich herumschleppen. Diese Gedanken sind natürlich nicht an der Oberfläche, sie steuern die KlientInnen unbewusst. Die Ursachen können unterschiedlich sein, liegen aber im Programm der KlientInnen begründet. Somit wurden diese Einstellung und unsere helfende Identität irgendwann im Laufe unseres bisherigen Lebens entwickelt und geprägt. Es gibt Menschen, die stärker sozial veranlagt sind als andere. Für diese Menschen ist vermutlich »Mitgefühl« oder soziales Engagement ein fundamentaler Wert und Teil ihrer Identität. Dagegen ist auch überhaupt nichts einzuwenden. Nur dann, wenn die eigene helfende Eigenschaft zur Blockade wird und den eigenen Bedürfnissen häufiger im Weg steht. Wahrgenommen wird das aber leider oft erst, wenn die Überforderung bereits zugeschlagen hat. Die Betroffenen haben dann das Gefühl, nur noch zu funktionieren und fühlen sich »ausgenutzt« oder ausgelaugt.

Im Coaching und in der Psychotherapie ist das nicht selten der Zeitpunkt, zu dem sich die KlientInnen bei uns melden.

Nathalie, 37 Jahre, meldet sich bei Judith. Sie hat von einer

Freundin den Tipp bekommen, mal ein Coaching auszuprobieren. Sie kommt sehr erschöpft in die erste Sitzung. Wir besprechen zunächst ihre aktuelle Situation und wie es ihr geht. Sie ist Mutter von zwei Kindern. Das erste war ein Wunschkind, das zweite kam ungeplant ziemlich schnell hinterher. Sie war vorher immer sehr zielstrebig und wusste genau, was sie will. Sie hat ihr Wirtschaftsstudium erfolgreich beendet und ist dann ziemlich schnell in einem großen Unternehmen zu einer hohen Position aufgestiegen. Dann lernte sie ihren Mann kennen. Die beiden haben sich direkt verliebt und wollten eine Familie gründen. Allerdings wollte Nathalie lieber nur ein Kind, um sich auch noch beruflich frei entfalten zu können. Das erste Kind kam auf die Welt und Nathalie war überglücklich. Sie hat es genossen, bei ihrem Sohn zu bleiben. Nur für ihn da sein zu können und mal zu entschleunigen. Allerdings fand sie die Aussicht super, nach einem Jahr wieder in den Job einsteigen zu können. In diesem Jahr wurde sie mit ihrem zweiten Sohn schwanger. Die Karriere wurde also noch mal nach hinten verschoben. Nathalie war für ein zweites Kind allerdings noch nicht bereit. Sie genoss noch die Ankunft ihres ersten Kindes und wollte grundsätzlich kein zweites Kind. Doch nun machte ihr das Leben einen Strich durch die Rechnung. Ihr Mann und sie einigten sich darauf, dass sie weiterhin zu Hause bleiben würde, da der Mann mehr verdiente und das Modell auch aus anderen Gründen für die Familie besser funktionieren würde. Zur selben Zeit wurde ihre Mutter krank. Die Eltern mussten deswegen umziehen und brauchten viel Hilfe und Unterstützung. Ein Jahr später sitzt Nathalie nun vor Judith und kämpft mit den Tränen.

Judith fragt Nathalie, wie sie sich gerade fühle, und schickt voraus, dass sie bei ihrer Antwort auf keinen Rücksicht nehmen müsse. Sie dürfe einfach mal alles rauslassen. »Ich fühl mich total hilflos. Aber ich hab ja keine Wahl. Alle brauchen mich und meine Hilfe. So hab ich mir mein Leben aber nicht vorgestellt und ich weiß einfach nicht, wie ich da reingeraten bin beziehungsweise wie ich da wieder rauskommen kann«, antwortet

Nathalie. Nun fließen die Tränen. Die zweite Frage an Nathalie lautet, was sie sich wünscht oder was ihr helfen würde, um sich besser zu fühlen. Sie antwortet, dass sie sich wieder selbst spüren möchte. Sie hat überhaupt keine Ahnung mehr, was sie will und wer sie eigentlich ist. Sie erkennt sich kaum noch. Sie liebt zwar ihre Söhne von ganzem Herzen und ist mittlerweile glücklich, dass die Kinder da sind. Aber sie ist nur noch für alle anderen da. Der Mann kommt abends spät nach Hause und arbeitet oft auch am Wochenende. Wenn er mal die Kinder betreuen kann, kümmert sich Nathalie um ihre Eltern. Gemeinsame Paarzeit gibt es kaum noch. Das bemängelt Nathalies Mann stark, sodass sie sich auch hier unter Druck gesetzt fühlt. In den wenigen Momenten, in denen beide mal Zeit für sich hätten, ist Nathalie dann so erschöpft oder traurig, dass die Beziehung natürlich auch darunter leidet. Sie fühlt sich wie in einem Teufelskreis, aus dem es keinen Ausweg gibt. Ihr Leben scheint fast ausweglos. Zumindest, bis die Kinder größer oder in Betreuung sind und für die Eltern gesorgt ist. Also könnte man jetzt sagen: einfach mal Zähne zusammenbeißen und durch. Es kommen auch wieder bessere Zeiten. Natürlich hält das Leben nicht nur Sonnenschein für uns parat, sondern auch triste Phasen. Das ist völlig okay und meistens schafft man es von selbst da durch. Aber wenn wir über einen längeren Zeitpunkt unglücklich sind und unsere Ressourcen nicht mehr finden und abrufen können, lohnt sich ein zweiter Blick.

Im Coaching und in der Psychotherapie schaut man vor allem, ob es einfach nur mal gerade schwer ist oder ob der Situation ein wiederkehrendes Verhaltensmuster und/oder blockierende Persönlichkeitseigenschaften zugrunde liegen. In dem Fall würde die Person immer wieder in die gleiche Lage geraten. Vielleicht kennen Sie die Frage aus Ihrem Umfeld: »Warum gerate ich denn immer wieder an die gleichen Männer oder Frauen?« Das ist ein sehr guter Hinweis darauf, dass die Situationen »selbst geschaffen« sind. Natürlich unbewusst, durch z.B. unterschwellige Glaubenssätze und Verhaltensmuster. Das eigentliche Problem liegt nicht bei den anderen, sondern in mir begründet. Höchste Zeit also, den Rucksack abzunehmen und reinzuschauen.

Bei Nathalie konzentrieren wir uns auf die Ressourcen. Denn aus ihrer Erzählung geht schnell hervor, dass ihre Ressourcen erschöpft sind und sie sich vielen Stressoren ausgesetzt fühlt. Also schauen wir uns erst mal ihr aktuelles Leben an. Alle Dinge, die sie jeden Tag so macht. Wir klassifizieren sie in Stressoren und Ressourcen, also in Dinge, die sie Kraft kosten, und in Dinge, die ihr Kraft geben. Haushalt, Eltern-Orga, E-Mails und WhatsApp-Absprachen stressen Nathalie z. B. sehr, Zeit allein mit ihren Kindern und entspannte Abende mit ihrem Mann geben ihr hingegen Kraft. Die Liste ist natürlich noch länger, vor allem die Stressorenliste. Wir betrachten nur ihr aktuelles Leben. Zum Abschluss der Liste wollen wir noch ihre *Hidden Treasures* herausfinden und notieren.

Tool to go

Hidden Treasures (unsere »vergrabenen Schätze«) meinen die Dinge, die wir mal geliebt haben, aber nicht mehr machen, weil wir keine Zeit mehr dafür haben oder sie schlichtweg vergessen haben.

Nathalies *Hidden Treasures* liegen tief vergraben. Es braucht ein wenig, diese auszubuddeln. Meistens hilft es, seine eigenen Gedanken dafür zu beobachten und sich zu fragen, welche schönen Erinnerungen aus dem eigenen Leben immer wieder mal an die Oberfläche schwappen. Denn wenn wir überfordert sind, blitzen gern die Momente auf, zu denen wir uns zurücksehnen. Zum Beispiel eine Szene aus dem letzten Urlaub, von einem geselligen Abend mit einem Freund oder einer Freundin oder aus einem anderen Moment unseres Lebens, der uns einfach gerade wieder so »vor die Füße fällt«, den wir wieder vor Augen haben. Wir nehmen die Erinnerung vielleicht gar nicht bewusst wahr, sondern nur das Gefühl, das damit einhergeht: die Sehnsucht. Zurück bleibt also nur das frustrierende Gefühl, den äußeren Umständen hilflos ausgeliefert zu sein. Wir fühlen uns noch schlechter. Dabei sind diese Szenen hilfreich, denn sie liefern uns Hinweise auf unsere *Hidden Treasures*. Auf die Momente im Leben, die uns gute Gefühle und somit Ressourcen bescherten. Meistens gibt uns auch die Erinnerung mitsamt dem Gefühl, das mit ihr verknüpft ist, den entscheidenden Hinweis darauf, was wir momentan vermissen. Kennen Sie die Momente, in denen Ihnen eine bestimmte Person einfällt, bei der Sie sich unbedingt mal wieder melden wollen? Und zwar eindeutig zu trennen von den Personen, bei denen Sie sich mal wieder melden *sollten*! Das passiert nicht ohne Grund. Unsere Gedanken verlaufen assoziativ. Deswegen verfällt man auch gern in Gedankenspiralen, aus denen man gefühlt nicht mehr rauskommt. Unsere Gedankenabläufe funktionieren als Assoziationsketten. Wir hören z. B. ein Lied, das uns an eine alte Zeit aus unserem Leben erinnert, vielleicht gefolgt von einer Partyszene, dann treten die Leute in Erscheinung, die damals dabei waren. Und dann denken wir eventuell: »Ach, das war dieser Abend, an dem ich es fast nicht nach Hause geschafft hätte.« Sie fragen sich also, wie Sie es doch geschafft haben. Vielleicht, weil Ihr alter Schulfreund das Taxi organisiert hat. »Was ist wohl aus dem geworden?« Der hatte immer diese Baumwollhemden an. »Ach, ich sollte mal die Herbstklamotten aus dem Keller holen. Es wird langsam frisch.« Zack. Und auf einmal haben Sie eine Gedankenstrecke von einem alten Song über alte Partyabstürze und Schulfreunde hin zu Ihrem Woll-Cardigan im Keller zurückgelegt. Und das war nur ein kurzes Beispiel. Gedankenketten verlaufen über Assoziationen, die uns häufig nicht bewusst sind. Sie hinterlassen aber Gefühle. Zum Beispiel das Gefühl von Wehmut oder Trauer oder vielleicht das Gefühl von Zuneigung und Vertrauen. Das sind die Gefühle, die man eigentlich in Verbindung mit seiner Kindheit verspüren sollte.

Wir halten aber nun fest: In der Überforderung werden die Gedanken wichtiger denn je. Die Assoziationen sind Ausdruck unserer Gefühle und gleichzeitig Grund für unsere Gefühle.

Nathalie schreibt ein Gedanken-Tagebuch und gibt damit ihren Gedanken einen Namen – oder anders gesagt: hat sie besser im

Blick. Sie soll einfach mal schauen, wie ihre Gedanken und Assoziationsketten verlaufen. Daran lassen sich nicht nur die *Hidden Treasures* erkennen, sondern auch versteckte Glaubenssätze und Merkmale bestimmter Verhaltensmuster. Bei ihrem nächsten Besuch berichtet sie, dass ihr die Aufgabe nicht leichtgefallen ist. Das ist völlig normal und wir beobachten es bei unseren Klienten häufig. Das Schwierigste ist, die unbewussten Gedanken und Automatismen erst mal an die Oberfläche zu holen. Das braucht eine besondere Aufmerksamkeit oder besser gesagt: Achtsamkeit. Diese erfordert wiederum die Wiederholung oder Übung, damit sie irgendwann in Fleisch und Blut übergeht bzw. es nicht mehr schwerfällt.

Bei einem Blick auf Nathalies Tagebuch fällt direkt auf, dass sie mit sich in der Du-Anrede spricht. »Du musst heute unbedingt daran denken …« / »Du hast das vergessen« / »Kannst du nicht *einmal* eine Sache richtig machen?« Bei anderen Klienten sind die Ich-Formulierungen ausgeprägter: »Ich darf nicht vergessen … « / »Ich will heute unbedingt Sport machen« etc.

Insiderwissen

Du-Formulierungen in den eigenen Gedanken sprechen für Sätze, die von außen stammen und (noch) nicht fest verinnerlicht und in meinem Programm zu eigenen Glaubenssätzen geworden sind. Diese Sätze habe ich vermutlich übernommen, sie entstammen aber eigentlich nicht meiner eigenen Überzeugung. Ich-Sätze stehen für meine eigene Überzeugung, können allerdings auch versteckte Du-Sätze sein, die mittlerweile von meinem eigenen Programm fest integriert wurden.

Nathalie hat aber auch die Erinnerungen festgehalten, die ihr immer wieder in den Sinn kommen. Es sind Situationen aus ihrer Singlezeit. Sie wohnte damals allein, konnte sich ohne Absprache einrichten und genoss ein Leben ohne Einschränkungen und Rücksichtnahmen. Sie machte nur ihr Ding und es fühlte sich super an. Sie fühlte sich frei. Zuvor war sie immer in Beziehungen und wenig später kam schon ihr Mann und holte sie von ihrer eigenen Insel ab. Sie hatte in ihrem Tagebuch aber eher Bruchstücke aus dieser Zeit festgehalten. Der abendliche Nachhauseweg von der Arbeit. Sie spazierte ganz entspannt und allein und wenn es die Zeit erlaubte, ging sie noch mal für ihr Lieblingsgericht einkaufen oder traf sich spontan noch auf ein Feierabendbierchen mit einer Freundin. Dinge, die sie heute nicht mehr macht. »Wissen Sie, damals hörte ich auch ständig Musik. Wenn ich unter der Dusche war, im Auto, beim Kochen. Eigentlich immer. Ich liebte es. Das mache ich heute aber auch nicht mehr. Es stresst mich eher.« Bei Nathalie zeigt sich nun die Assoziationskette, die in Gang gekommen ist. Wir sind nun in einer Zeit in Nathalies Leben angekommen, in der sich die freie, glückliche, unabhängige und entspannte Nathalie aufgehalten hat. Judith fragt Nathalie, wo sich diese Nathalie-Version heute aufhält. »Ach, das war mal. Die Nathalie gibt's nicht mehr. Die ist nun Mutter und hat dafür keine Zeit mehr«, antwortet Nathalie rasend schnell, was dafürspricht, dass sie die »alte Nathalie« wirklich komplett abgeschrieben hat. Jetzt kommt aber die gute Nachricht: Diese Leichtigkeit und Unabhängigkeit, die sie damals gespürt hat, ist ein Gefühl in ihr, das sich jederzeit wieder abrufen lässt. Es braucht nur die richtigen Momente, die diese Gefühle erzeugen, und die muss Nathalie wieder in ihr Leben lassen bzw. bewusst in ihr Leben integrieren.

Erkenntnis to go

!

Wir wissen am besten, wie wir uns glücklich machen können.

Nathalie formuliert nun aus ihrem Gedanken-Tagebuch ihre *Hidden Treasures*. Dinge, die sie liebt, aber nicht mehr macht: 1. für sich kochen. 2. allein spazieren gehen. 3. sich spontan verabreden. Wir schauen, wie sie diese Dinge in ihrem Alltag wiederbekommen kann, und arbeiten ein Modell für sie heraus: Sie möge einmal in der Woche für sich kochen. Ihr Lieblingsgericht oder worauf sie gerade Lust hat. Die Familie kann daran teilhaben, muss sie aber nicht. Sie kann es auch mit einem eigenen Abend für sich verbinden, den sie mit ihrem Mann abspricht und einmal in der Woche fest einplant. Zudem möchte sie jeden Samstagmorgen mit einem Spaziergang in der Natur als festes Ritual das Wochenende beginnen. Währenddessen will sie den Fokus auf sich legen, beobachten, wie es ihr geht und wie sich ihre Woche rückblickend anfühlt. Sie macht den Spaziergang in der Zeit, in der die Kinder und ihr Mann noch schlafen. Und zu guter Letzt will sie mit ihrem Mann zwei Spontanjoker im Monat verabreden, die sie zu jeder Zeit ziehen kann, wenn er keine festen Termine hat, um sich z. B. mit einer Freundin auf ein Bier oder fürs Kino zu verabreden. Zudem haben wir festgehalten, dass sie die aktuellen Ressourcen in ihrem Leben, die wir zu Beginn definiert haben, mehr fördern will und die Stressoren reduzieren. Demnach möchte sie mehr fokussierte Nachmittage mit ihren Kindern verbringen und den Haushalt zu festen anderen Zeiten organisieren und noch strenger mit ihrem Mann aufteilen. Mit ihren Eltern sucht sie das Gespräch und möchte mit ihnen gemeinsam eine Lösung finden, die den Eltern Unterstützung bietet und ihr selbst auch noch Freiraum ermöglicht.

Während wir diese Pläne verabreden und festhalten, wirkt Nathalie zögerlich und unsicher. Sie äußert, dass sie Angst hat, dass ihr Mann und ihre Eltern das nicht mitmachen. Nun wird deutlich, dass sich die äußeren Umstände eigentlich schnell ändern lassen. Es bedarf aber der inneren eigenen Zustimmung dieser Maßnahmen. Und häufig sind Glaubenssätze aktiv, die das zu boykottieren versuchen.

Nathalie glaubt z. B., dass sie eine schlechte Ehefrau wäre, wenn sie so viel fordert und ihr Ding macht. Sie kann sich auch schlecht mit dem Gedanken anfreunden, dass sie den Haushalt tagsüber liegen lässt und sich nur mit den Kindern beschäftigt. Es wäre doch wichtig, dass es schön und sauber ist, wenn der Mann nach Hause kommt. »Wer sagt denn das?«, fragt Judith. »Das ist doch so«, antwortet Nathalie. Wieder fragt Judith: »Wer sagt das?«, und möchte von Nathalie wissen, ob sie das mit ihrem Mann jemals so abgesprochen hätte. Sie verneint. Im Gegenteil. Ihr Mann hat sie chaotisch kennengelernt und mag diese Seite sogar sehr gern an ihr. Judith fragt nun, was ihr Mann wohl in diesem Moment zu ihr sagen würde. »Der sagt mir immer, dass ich mal lockerer werden soll. Ich wäre ständig so angespannt.« Die beiden kommen zu ihrem Glaubenssatz zurück, dass sie nicht so viel fordern darf und das Haus abends blitzeblank aussehen muss. Von ihrem Mann stammt der Anspruch also schon mal nicht. Nathalie überlegt weiter. »Ich mache mir selbst diesen Druck, aber eigentlich will ich das nicht.« Judith motiviert Nathalie zu überlegen, ob sie dieses Verhalten von irgendwoher kenne? Auf einmal schaut sie Judith mit weit aufgerissenen Augen an. »O mein Gott. Ja, von meiner Mutter. Meine Mutter war immer so.«

Wir werfen einen Blick zurück und Nathalie erzählt, dass ihre Mutter die typische Hausfrau und Mutter war. Stets angepasst. Dem Vater wurde der Rücken freigehalten und sie selbst hat ihn sich vollgepackt. Sie hat alles organisiert und gemacht. Sie hat gekocht und gebacken und abends sah das Haus aus wie aus dem Ei gepellt, inklusive der Kinder. Judith fragt Nathalie, welche Sätze ihr von ihrer Mutter bekannt vorkommen. »Ihr müsst ganz brav sein, wenn der Papa kommt« oder »Frauen verdienen kein Geld, sondern halten das Haus in Ordnung«; und an Nathalie gerichtet: »Benimm dich anständig.« Nathalie hat noch einen älteren Bruder, der schon früh von seinen Eltern in seinen Leistungen gefördert und ständig dafür gelobt wurde. Nathalie musste eigentlich nur hübsch aussehen. An sie wurden keine großen Anforderungen gestellt, außer dass sie keinen Ärger macht. Deswegen ist sie früh von zu Hause ausgezogen und hat ihr Ding gemacht. Sie wollte unbedingt Karriere machen und eigentlich keine Kinder, höchstens eins. Sie wollte auf keinen Fall das Leben ihrer Mutter leben. Nun laufen ihr wieder Tränen übers Gesicht. »Und genau da bin ich gelandet. Ich lebe das Leben meiner Mutter«, sagt sie völlig frustriert. Eigentlich hat sie sich bewusst gegen die Werte ihrer Mutter entschieden und einen entgegengesetzten Weg gewählt und verfolgt: hin zur Selbstbestimmung und zu eigenem Erfolg. Zudem strebte Nathalie nach Anerkennung, die sie durch ihren Ehrgeiz und die Karriere erreichen wollte. Im weiteren Verlauf stellt sich heraus, dass sie diese Anerkennung immer gesucht hat, weil sie sie zu Hause nicht erhalten hat. Dort bekam nur ihr Bruder diese für seine Leistungen. Und nun hat sie das Gefühl, dass sie unbewusst in die Fußstapfen ihrer Mutter getreten ist und in dem Leben gelandet ist, gegen das sie sich doch mit allen Mitteln gewehrt hatte. Mit *einem* Kind hätte sie noch ihre berufliche Karriere verfolgen können, aber nun, mit zwei Kindern, empfindet sie das als fast unmöglich. Zudem hat sie dieselbe Anzahl an Kindern wie ihre Mutter. Mit einem Kind hätte sie sich besser von ihrer Mutter abgrenzen können. Zu Zeiten ihres Studiums und ihres Jobs konnte sie sich immer gut von ihrer Mutter distanzieren, da sie ein ganz anderes Leben gelebt hat. Nun lebt sie auch die Mutter-und-Ehefrau-Rolle. Ihre Identität hat sich also verändert. Und das Modell, das ihr zu dieser neuen Identität ein halbes Leben lang zu Hause vorgelebt wurde, ist zwangsläufig in ihrem Programm abgespeichert. Insofern übernimmt sie unbewusst Glaubenssätze und Verhaltensweisen ihrer Mutter, auch wenn sie das im Grunde gar nicht will. Hinzu kommt der Beziehungsidealismus der Eltern, den sie übernommen hat. Der Glaubenssatz hinter diesem Beziehungsidealismus könnte lauten: »Wenn ich eine gute Hausfrau und Mutter bin, bin ich auch eine gute Ehefrau und es wert, geliebt zu werden.« Das ist dann Nathalies Motivation für die gute Organisation von Haus und Kindern, die aber eigentlich nur von ihr stammt. Der Mann würde sie sogar darin unterstützen, zu Hause mal fünfe grade sein zu lassen. Aber das kann Nathalie nur schwer aushalten. Sie hat dann das Gefühl, zu versagen oder bestimmte Dinge aufs Spiel zu setzen.

Es ist wie mit dem Geschäftsmann oder der Geschäftsfrau, die das Handy selbst im Urlaub nicht aus der Hand legen können, selbst wenn kein Grund dazu besteht und sie sich im Grunde auch nichts sehnlicher als das Abschalten wünschen. Ihre Verhaltensmuster und die dahinterliegenden Glaubenssätze halten sie davon ab, sich von diesen subjektiven Zwängen zu befreien. Und so bleiben sie in ihrem inneren Gefängnis sitzen. Keiner zwingt sie dazu. Und der einzige Weg, dort rauszukommen, ist, sich die eigenen Blockaden bewusst zu machen. Es wird nämlich keiner auf dem Ritterross dahergeritten kommen (auch nicht in Form des Partners/der Partnerin) und die Gefängnismauern einreißen. Wenn wir ganz viel Glück haben, finden wir aber in unserem Partner/unserer Partnerin, unter unseren Freunden und/oder in der Familie jemanden, der oder die bestimmte Verhaltensmuster von uns erkennt und uns diese spiegelt. Das ist ein Geschenk. Es liegt dann nur an uns, es mit Kusshand anzunehmen, davon ausgehend, Dinge zu verändern oder die Hinweise einfach nur zur Kenntnis zu nehmen, wenn uns nichts stört oder blockiert. Wichtig ist nur, sie nicht als Angriff zu verstehen, sondern als Möglichkeit, das eigene Selbst einmal von außen wahrzunehmen.

Die wichtige Frage für Nathalie lautet nun: Wie kann sie sich aus diesem Gefühls-und-Gedanken-Chaos befreien, das sie gar nicht betrifft und das aus alten Zeiten, nämlich von ihren Eltern, stammt? Die erste große Hürde wurde schon genommen: das Erkennen. Der zweite Schritt ist die bewusste Beobachtung der Verhaltensmuster. Wann laufen sie ab und wodurch werden sie ausgelöst? Welche Gedanken beschäftigen sie dabei? Kann sie wiederkehrende Gedanken ausmachen? Auch hier empfiehlt sich ein Tagebuch. Erst der letzte Schritt ist die Veränderung. Und die Veränderung passiert fast automatisch, wenn Nathalie die Momente und Muster wiederholt wahrnimmt. Denn sobald sie klar erkennt, dass sie gerade wieder nach einem alten Muster handelt, kann sie frei wählen, ob sie sich dem hingibt oder einen anderen Weg wählt. Es ist vielleicht 18 Uhr und der Mann kommt gleich. Sie nimmt wahr, dass sie im Kopf das Haus durchgeht, ob alles sauber und aufgeräumt ist. Ihr fällt die Wäsche ein, die schon fertig gewaschen, aber noch nicht aufgehängt ist. Das müsste sie sonst machen, wenn der Mann schon da ist. Aber dann will sie mit allen am Tisch in Ruhe sitzen und zu Abend essen. Jetzt ist sie an dem Punkt, der ihr Handeln auslösen würde. Sie kann sich nun bewusst entscheiden, die Wäsche nicht zu versorgen und z. B. den Mann später zu fragen, ob er das übernehmen würde, oder ihr Muster in diesem Moment bewusst anzunehmen, weil die Wäsche nicht länger in der Waschmaschine liegen bleiben kann und sie danach als Familie den Feierabend ohne Unterbrechung genießen können. Die Veränderung ist aber schon passiert, denn Nathalie weiß, dass sie aus ihrem alten Muster heraus handelt, und entscheidet sich bewusst dafür, statt wie zuvor unbewusst und im Autopiloten nur die To-do-Liste abzuarbeiten und nachher unzufrieden und abgekämpft beim Abendbrot zu sitzen.

Wir empfehlen aber immer, genau hinzuschauen und zu hinterfragen, was man selbst wirklich will. Denn Verhaltensmuster fühlen sich leider immer danach an, als wäre es das, was man will. Man muss sich dazu vorstellen, dass sie in unserem System jahre- oder jahrzehntelang aktiv waren und zur Gewohnheit wurden. Und mit Gewohnheiten zu brechen, erfordert bewusstes Training, wie wir anhand der Beispiele mit dem Rauchen aufhören oder mehr Sport machen schon gesehen haben. Natürlich schreit alles nach einer Zigarette oder danach, auf der Couch zu bleiben. Wenn man also aus alten Mustern oder dem eigenen Gefängnis ausbrechen will, braucht es ein klares Vorgehen und eine Strategie. Die Brechstange hingegen schafft nur kurzfristigen Erfolg. Deswegen raten wir am Anfang zu kleinen Schritten, um sich mit der Veränderung nicht in die nächste Überforderung zu begeben.

Es geht also um eine klare Zielrichtung. Was will man für sich verändern und wo will man am Ende rauskommen? Dieser Punkt ist im Coaching der essenzielle Moment und erhält das größte Augenmerk. Denn wenn hier nicht genau hingeschaut wird, bleibt der oder die Klient/-in ziellos und kann keinen klaren Weg einschlagen.

Nathalie findet für sich heraus, dass sie gern wieder die »alte Nathalie« herausholen will, die zuvor genau wusste, was sie will und stolz auf sich und ihre Leistungen war. In ihrer Ehe ist sie in die

Rolle der kleinen Nathalie zurückgefallen, die stets brav und angepasst sein musste. Gepaart mit den Glaubenssätzen und dem Beziehungsidealismus ihrer Eltern ist es nur verständlich, dass sie sich und ihre eigenen Bedürfnisse komplett aus den Augen verloren hat. Es blieb nur das Gefühl zurück, sich selbst nicht mehr wiederzuerkennen – wie sie es zu Beginn der Sitzung beschrieben hat. Dazu benötigt sie die Fähigkeit, sich abzugrenzen und die alten Themen aus der Vergangenheit hinter sich zu lassen. Wir updaten also ihre Festplatte und alle Programme, die zuvor immer sofort angesprungen sind. Im Coaching gibt es hierfür ein ganz spezielles Tool: das Innere Team, worauf wir später noch zu sprechen kommen.

Auch Cord begegnet der Abgrenzungsproblematik in seiner Praxis sehr häufig. Menschen wie Nathalie landen in der Regel dann bei ihm, wenn sie die Signale des Körpers und der Psyche ignorieren. Ihr Körper reagiert in den oben beschriebenen Situationen mit Müdigkeit, Erschöpfung und Suchtverhalten. Ihre Psyche reagiert mit Traurigkeit, Kontrollzwängen, Versagensängsten und dem allgemeinen Selbstunsicherheitsgefühl. Werden diese Signale alle ignoriert, können sie an Intensität zunehmen und schließlich zur Diagnose einer psychischen Erkrankung wie einer depressiven Episode führen. Der Leidensdruck ist spätestens dann sehr hoch und reduziert die allgemeine Lebenszufriedenheit stark. Spätestens hier hat sich die Überforderung sichtbar gemacht. Wir werden den Anforderungen an uns selbst und denen unseres Umfelds nicht mehr gerecht. Die Verzweiflung nimmt zu. Wie eine Teufelsspirale verstärken sich die Symptome und geben uns das Gefühl der Hilflosigkeit, was wiederum das Überforderungsgefühl verstärkt. Unsere Psyche und unser Körper sind dann genauso kaputt wie ein Auto, das stehen bleibt, weil der Tank leer ist. Die Zusammenhänge zu durchschauen, wäre für Nathalie allerdings nun sehr schwierig bis unmöglich. In der Psychotherapie würde Cord die gleichen Techniken anwenden wie Judith, nur mit dem Unterschied, dass die Behandlung und Einschätzung der Symptomveränderungen hinzukommen. Dazu wird in der Regel ein Gefühls-Tagebuch angelegt, was die Beobachtung und Selbstwahrnehmung schärfen soll. Ganz nach dem Motto: »Vor dem Verändern bitte erst mal verstehen.« Das Gefühls-Tagebuch wird dann in den Sitzungen besprochen und bei Unklarheiten weiter vertieft. Die Gefühls- und Verhaltensänderung geschieht im Anschluss durch Hausaufgaben. Es werden Situationen im Alltag aufgesucht, die eine gezielte Symptom- und Gefühlsveränderung provozieren. Wenn Nathalie z. B. sagt, dass es ihr schwerfällt, die alltäglichen Aufgaben im Haushalt liegen zu lassen, auch wenn sie sehr erschöpft ist, wäre es eine gute Übungssituation, eine solche Situation gezielt (selbst reguliert und entschieden!) zu verändern. Wenn Nathalie die Situation unter gleichen Bedingungen mehrmals ausführt, wird sie aufgrund der auftretenden erlebten erhöhten Selbstwirksamkeit eine andere, deutlich positive Stimmung spüren.

Was aus Nathalie geworden ist Nathalie konnte ihre alten Glaubenssätze nach und nach ablegen und ging mit ihrem Mann in ein sehr offenes und konstruktives Gespräch, in dem sie ihm ihre Erkenntnisse mitteilte. Sie haben verabredet, sich nun öfter auszutauschen und sich gegenseitig ihre Bedürfnisse besser mitzuteilen. Dafür reservieren sie sich von nun an jeden Samstag mittags zwei bis drei Stunden, in denen die Oma mit den Kindern spielt, während sie Dinge unternehmen, die sie zu Beginn ihrer Beziehung gern gemacht haben, wie z. B., durch die Stadt zu schlendern und anschließend einen Wein auf dem Marktplatz zu trinken. Zuvor hat Nathalie schon ihren eigenen Morgen-Walk hinter sich gebracht und auf dem Rückweg Brötchen fürs Familienfrühstück besorgt. Sie identifiziert weiterhin wöchentlich ihre Stressoren und optimiert davon ausgehend ihren Alltag. Sobald der jüngste Sohn einen Kita-Platz hat, möchte sie wieder in ihren Job zurück und strebt als berufliches Ziel in den nächsten fünf Jahren eine Führungsposition an. Sie hat mit ihrem Mann ein eigenes Familienglück-Konzept erstellt, das alle Bedürfnisse berücksichtigt. Sie spürt seither viel mehr Gelassenheit und eine stärkere Abgrenzungsfähigkeit, weil sie sich nun nur noch von ihren eigentlichen Bedürfnissen leiten lässt.

Wie hilft mir das? Nathalie kam mit einer eindeutigen Abgrenzungsproblematik ins Coaching, die sie in die Überforderung gezwungen hat. Sie machte es allen anderen recht und fand keinen Raum mehr für ihre eigenen Bedürfnisse. Auf den ersten Blick sah es danach aus, als müsste Nathalie einfach nur mal abschalten und öfter Nein sagen. Bei näherem Hinsehen zeigte sich jedoch, dass Nathalie Probleme mit ihrer Identität hatte. Sie zweifelte die Werte ihres Lebens an, denn sie wollte keine Vollzeit-Hausfrau und (wie ihre) Mutter werden und ist nun aber genau da gelandet. Sie hat es somit am Ende noch nicht mal geschafft, sich von der Rolle der eigenen Mutter abzugrenzen, dabei war dies immer ihr primäres Ziel im Leben. An der Stelle ist interessant, dass Nathalie sich durch die äußeren Umstände, als sie noch beruflich aktiv und erfolgreich war, stets in der Sicherheit wiegen konnte, dass sie die Glaubenssätze und Modelle ihrer Eltern nicht übernommen, sondern sich von ihnen abgegrenzt hat. Als sie sich jedoch in der gleichen Rolle wie ihre Mutter wiederfand und es mit den identischen Umständen zu tun bekam, zwei Kinder haben und zu Hause bleiben, verfiel sie automatisch in Verhaltensmuster ihrer Mutter. Unfreiwillig und unbewusst. Einfach, weil ihr »Programm« es im Kindesalter als Modell vorgelebt bekommen und abgespeichert hat. Und das sitzt so tief, dass Nathalie es über einige Jahre noch nicht mal wahrgenommen hat. Es gilt nun, sich von diesen alten Glaubenssätzen und Überzeugungen abzugrenzen und zu lösen, die sie so stark im Griff haben, und ihr eigenes Modell von Beziehung und Familie zu entwickeln. Wenn das gelingt, kann Nathalie sich eine eigene Identität kreieren und in dem Zuge auch die Mutterrolle völlig wertfrei annehmen und sie entsprechend mit ihrer Familie so gestalten, dass sie ihren eigenen Werten und Vorstellungen optimal entspricht. Wenn wir es immer nur den anderen recht machen, stresst uns das und bringt uns immer weiter von dem weg, was wir eigentlich wollen, sodass wir am Ende im ungünstigsten Fall gestresst sind und uns selbst aus den Augen verlieren. Unsere eigenen Bedürfnisse liegen dann irgendwo vergraben und haben Platz gemacht für die Bedürfnisse der anderen. Ein Teufelskreis, der uns irgendwann überfordert. Wenn es schon so weit gekommen ist, sollte man sich erst mal seine Stressoren und Ressourcen anschauen, um die belastenden Stellen und Muster zu erkennen. Im zweiten Schritt spüren wir unseren eigentlichen Bedürfnissen mithilfe des Gedanken- oder Gefühls-Tagebuchs nach. Und wenn wir darüber hinaus noch Blockaden an uns feststellen, schauen wir eine Etage tiefer nach verstaubten Glaubenssätzen, die in uns schlummern und uns fest im Griff haben. Sobald wir uns von unseren Stressoren freigeschaufelt und uns für unsere Wünsche geöffnet haben, erkennen wir unsere Bedürfnisse besser und schlussendlich auch die Momente, in denen wir uns abgrenzen sollten.

Tools to go

Finden Sie heraus, was Sie stresst und was Sie stärkt

Die umgekehrte To-do-Liste

Fragen Sie sich jeden Tag, was Sie heute gemacht haben. Klassifizieren Sie diese Dinge in Stressoren und Ressourcen.
Vergeben Sie jeder Tätigkeit einen Wert von 0 bis 10, der aussagt, wie sehr Sie diese Tätigkeit selbst gern machen wollten oder ob Sie die Aufgabe nur für andere oder weil Sie es »müssen« erledigt haben. (0 = gar nicht → 10 = vollkommen)

Zurück zu den Hidden Treasures

Das Gedanken-Tagebuch

Begeben Sie sich auf die Suche nach den Dingen, die Sie mal geliebt haben, aber leider nicht mehr machen, weil sie in Vergessenheit geraten sind – wie bei einem alten geliebten Song, den man aber irgendwann wieder neu für sich entdeckt. Führen Sie hierzu ein Gedanken-Tagebuch und nutzen Sie die

Assoziationsketten der Gedanken, die vor allem in Überforderungsmomenten Bilder aufblitzen lassen, die wertvolle Hinweise auf Ihre *Hidden Treasures* liefern.

Integrieren Sie die neuen Kraftquellen in Ihr Leben

Die Ressourcen-Tankstelle

Benennen Sie mindestens drei neue Ressourcen, die Sie durch die Punkte 1 und 2 für sich erarbeitet haben und die sich – ggf. auch in leicht angepasster Form – ideal in Ihr aktuelles Leben integrieren lassen. Terminieren Sie diese Dinge bewusst in Ihrer nächsten Woche und, sollte es Ihnen Spaß gemacht haben, setzen Sie sich einen nächsten Termin für diese Tätigkeit. Und immer so weiter.

Alte Glaubenssätze und Blockaden aufspüren

Das Mindset-Update

Falls sich ein Teil in Ihnen nicht mit den neuen Aussichten anfreunden kann oder seine Zweifel daran hat, sollten Sie sich bzw. diesen Teil fragen, wer er ist und warum er diese Blockaden spürt. Stammt dieses Verhalten wirklich von Ihnen oder kommt Ihnen dieses Verhalten von einer anderen Person bekannt vor? Beobachten Sie dieses Verhalten an Ihnen in Zukunft genauer und schauen Sie vor allem, ob der Teil in diesem Moment Ihrem wirklichen Wunsch entspricht oder welche Motivation dahintersteckt. Steuern Sie dann gern mal dagegen und prüfen Sie einfach mal, wie es Ihnen damit geht.

Abgrenzung will gelernt sein

Das bewusste Nein-Training

Wenn Sie nun besser und bewusster darüber Bescheid wissen, was Ihren Bedürfnissen entspricht und was Sie ansonsten eher für andere tun, aber nicht unbedingt wollen, geht es nun darum, das auch zu kommunizieren. Das ist für viele die schwerste Hürde. Üben Sie also das Neinsagen. Fangen Sie bei Personen an, die Sie gut kennen und bei denen Sie sich das

»erlauben« können. Starten Sie mit kleinen Neins, indem Sie kleinere Gefallen ablehnen oder mal äußern, wie Sie sich manche Situationen wünschen würden. Sie werden zunächst in überraschte Gesichter schauen. Aber nur zu Anfang, denn Ihr Umfeld ist Ihr neues Verhalten noch nicht gewöhnt und muss sich auch erst umstellen. Menschen, die Sie lieben, werden Sie aber darin unterstützen. Sie werden feststellen, dass es mit der Zeit immer besser klappt und auch bei den anderen gut ankommt. Bleiben Sie daher am Ball – und vor allem: Bleiben Sie bei sich. Schreiben Sie sich Ihre Neins auf und versuchen Sie, diese von Tag zu Tag oder von Woche zu Woche zu steigern. Und erweitern Sie den Personenkreis, sodass Sie irgendwann auch »Nein« zu Ihrem/Ihrer Chef/-in (leichter) sagen können.

Wir wissen nicht (mehr), was wir eigentlich wollen

Das Problem, die eigentliche Motivation im Leben nicht zu kennen

Es ist wirklich erschreckend – oder sagen wir mal: traurig –, wie viele KlientInnen zu uns in die Praxis kommen und nicht (mehr) wissen, was sie eigentlich wollen. Eigentlich geht es ihnen gut, aber irgendwie auch nicht. Sie haben sich in ihrem Leben ganz gut eingerichtet und schon so viel aufgebaut, dass sie ihre Unzufriedenheit nicht verstehen. Eigentlich müssten sie doch glücklich sein. Eigentlich. Denn irgendwie passt dieses Leben nicht mehr richtig. Es zwickt und zwackt an manchen Stellen, aber wo genau, ist schwer zu sagen. Vielleicht weiß man auch, wo, aber nicht, was man daran ändern soll. Meistens wird dieses »Haken« oder Schleifen im Getriebe über eine sehr lange Zeit hingenommen und wir sehen die KlientInnen erst, wenn der Leidensdruck so hoch ist, dass Symptome hinzugekommen sind, oder wenn die KlientInnen zur Handlung aufgerufen werden, z. B., wenn wichtige Entscheidungen ins Haus stehen wie ein neuer Job, ein Umzug, eine Trennung etc.

Eines Tages kam Michael, 52 Jahre, zu Judith. Er wirkte sehr gelassen, souverän und freundlich und hatte in seinem Leben beruflich schon viel erreicht, einige wichtige Führungspositionen innegehabt und schon auf fast allen Kontinenten gelebt. Seine Frau ist immer mitgezogen. Kinder waren nie ein Thema. Beide liebten und genossen die Freiheit, Selbstbestimmtheit und Unabhängigkeit. Irgendwann waren sie sich aber einig, dass sie trotz allem einen festen Ruhepol brauchen. Also haben sie sich einen »Hafen« gesucht, in dem sie ankommen können. Michael hat an diesem Wohnsitz daraufhin eine eigene Firma aufgebaut, das stand auch immer auf seiner *Bucket List*.

Tool to go

Eine »Bucket List« (auf Deutsch »Löffelliste«) beinhaltet alle Dinge, die man in seinem Leben gern noch machen möchte. Es lohnt sich auf jeden Fall, sich mal die Frage zu stellen, was man in seinem Leben noch erleben möchte, und auch, warum man es noch nicht gemacht hat bzw. was es noch braucht, um es umzusetzen.

Michaels Frau ist in die Firma mit eingestiegen. Über die Zeit ist diese sehr stark angewachsen, auf über 80 Mitarbeiter. Nun saß Michael vor Judith. Eigentlich möchte man ihm nur die Hand schütteln und zu seinen Erfolgen gratulieren. Ihn vielleicht sogar ausfragen, wie er das gemacht hat. Michael saß aber da und war todunglücklich. Auf Judiths Frage, was ihn unzufrieden mache, sagte er nur: »Irgendwas fehlt. Aber ich weiß nicht, was.« Keine seltene Antwort. Michael war eigentlich sehr dankbar für seinen positiven Lebensverlauf und verstand sich selbst nicht. Er hatte alles, was er sich immer gewünscht hatte. Und trotzdem fehlte irgendwas. Er war eigentlich wegen einer Entscheidungsfindung ins Coaching gekommen, die ihn so sehr überforderte, dass er sich Hilfe gesucht hatte. Ihm war klar, dass es die Firma war, die ihn unglücklich machte, und er spielte mit dem Gedanken, alles hinzuschmeißen. Aber dann würden im Zweifel sehr viele Menschen ihren Job verlieren und es wäre alles weg, wofür er so lang und hart gearbeitet hat.

Die Entscheidung bringt somit weitreichende Konsequenzen mit sich und Michael trägt hierbei eine große Verantwortung. Im Coaching wird Michael die Entscheidung natürlich nicht abgenommen. Er muss sie schon selbst treffen, alles andere wäre Beeinflussung und unverantwortlich. Es geht eher darum, Michael nach seiner ursprünglichen Motivation für den Aufbau der Firma zu befragen und mit ihm andere Lebensphasen zu beleuchten, die dieses aktuell vorhandene »schwere Gefühl« nicht hatten. Dann schauen wir uns an, was damals anders war. Meistens kommt man dann schon darauf, was fehlt, und sammelt wichtige Erkenntnisse, die Michael bei seiner Entscheidung weiterhelfen. Dazu nutzen wir ein absolut unverzichtbares Tool im Coaching: die Werte-Arbeit.

Insiderwissen

Werte sind das Fundament unserer Persönlichkeit. Sie sind unser Kompass im Leben. Das, was uns ausmacht und antreibt. Jede Entscheidung, Handlung, Begegnung oder auch fast jeder Konflikt lassen sich auf unsere elementaren Werte zurückführen. Daher ist es sehr wichtig, diese zu kennen. Kennen Sie Ihre?

Das Erste, was Judiths KlientInnen vor der ersten Sitzung bekommen, ist ein Fragebogen, in dem ihnen relevante Fragen zu ihrem Leben gestellt werden. Das hat den Vorteil, dass Judith sich besser auf die Klienten vorbereiten kann und sie in den Sitzungen mit den KlientInnen bereits an vielen Antworten ansetzen kann. Eine Frage beschäftigt sich mit den Werten und gilt den Dingen, die den KlientInnen im Leben besonders wichtig sind. Wenn der Fragebogen dann zurückkommt, stehen da gerne allgemeingültige Werte, wie z. B. Liebe, Gesundheit, Vertrauen und Loyalität, und in der darauffolgenden Sitzung stellt sich heraus, dass die KlientInnen sich mit der Frage nach den Werten am schwersten getan haben. Auch wenn natürlich jeder den Begriff »Werte« kennt und etwas damit anfangen kann, ist es nicht so leicht, die eigenen und persönlichen Werte aus dem Ärmel zu schütteln. Und da sind wir auch schon beim Problem angekommen. Wir orientieren uns hier wieder im Außen, um uns selbst eine Antwort geben zu können. Liebe, Vertrauen und Loyalität würden wir alle als Antwort hinschreiben können. Jeder wünscht sich Liebe, Vertrauen und Loyalität. Die Frage ist aber eher: »Was zeichnet mich schon mein Leben lang aus? Welche Werte sind für mich schon immer unverzichtbar gewesen? Welche Werte müssen für mich existieren, sonst wäre ein Leben für mich nicht lebenswert?« Häufig nehmen andere diese Werte schneller an uns wahr.

Wenn Judith Cord die Frage nach seinen Werten stellt, lautet die Antwort: »Durchhaltevermögen, Familienbewusstsein, Ausdauer, Humor und Einfühlungsvermögen, wenn es möglich ist.« »Als deine Schwester würde ich auch spontan noch auf Kreativität tippen, oder?«, ergänzt Judith. »Das stimmt. Das wird mir immer wieder rückgemeldet, und wenn ich so hinschaue, was ich alles bisher gemacht habe, muss ich da zustimmen. Ich habe schon als Kind Comics gemalt, Hörspiele, Kurzfilme und Kurzgeschichten produziert, Livekrimi-Dinner organisiert und mache, wenn die Zeit bleibt, Musik und mit dir einen Podcast«, stellt Cord fest.

Jeder Mensch besitzt ca. fünf Werte, die für ihn »lebensnotwendig« sind und ihn als Person ausmachen. Zum Beispiel kennen wir alle die Art von Menschen, die besonderen Wert auf Ordnung legen. Diese Menschen sind wahrscheinlich auch auffällig pünktlich und ausgesprochen ehrlich. Dann könnte man nun annehmen, dass sie Zuverlässigkeit als großen persönlichen Wert definieren würden. Ordnung, Pünktlichkeit und Ehrlichkeit sind dann Bedürfnisse, die sich aus diesem Wert ableiten.

Neben diesen fünf gibt es vermutlich auch weitere Werte, die ein Mensch für sich beanspruchen kann, aber die ersten fünf sind meist die Grundpfeiler der eigenen Persönlichkeit und unverzichtbar. Wie wir schon festgestellt haben, sind sie sowohl durch unseren Charakter und unsere Persönlichkeit geprägt als auch durch unsere Erziehung, unsere Entwicklung und unser Umfeld. Somit haben die Werte der Eltern einen besonderen Einfluss auf uns und formen uns in gewissem Maße mit. Aber auch unser Umfeld und die Erfahrungen, die wir machen, können unsere Werte mitbestimmen. Bin ich z. B. in einem sehr elitären Umfeld, etwa in einer Privatschule, groß geworden, macht das natürlich etwas mit mir. Entweder identifiziere ich mich damit oder ich distanziere mich bewusst davon. Das steht auch im Zusammenhang mit meiner Persönlichkeit und Erlebnissen, die mich weiterhin beeinflussen. Man merkt also schon: Die eigenen Werte sind sehr individuell. Gleichzeitig teilen wir mit Menschen, die uns nahestehen, gewisse Werte. Sie führen uns zusammen, in Freundschaften, aber auch bei der Partnerwahl. Es ist daher sinnvoll, sich in seiner Partnerschaft einmal zu fragen, welche Werte man grundsätzlich teilt und welche nicht. Meistens sind die Letzteren auch ein Auslöser für Konflikte, auch für wiederkehrende Konflikte. Aber dazu später mehr.

Im Coaching ermittelt man also zunächst fünf Werte und priorisiert sie von Top 1 bis Top 5. So erhält man auch Kenntnis darüber, welche Werte besonders hoch im Kurs stehen und welche nicht unbedingt eine tragende Rolle spielen. Der Top-1-Wert sollte in unserem Leben demnach gut repräsentiert sein, denn er ist – wenn man so will – das Wichtigste für uns. Ist mein oberster Wert z. B. Selbstbestimmung, sollte mir mein Job auch die Möglichkeit geben, diese in besonderem Maße ausleben zu können. Menschen mit dieser Priorität sind meistens selbstständig oder in führenden Positionen.

Unsere Werte geben uns also einen ganz entscheidenden Aufschluss darüber, was uns in unserem Leben wichtig und was unverzichtbar ist, und damit auch über unsere Entscheidungen. Menschen, die z. B. Kreativität als einen besonderen Wert für sich definieren, werden vermutlich nicht in einem Amt sitzen, sondern eher gestalterisch tätig sein. Werte können auch gegensätzlich sein, z. B. kann uns gleichzeitig Freiheit und Sicherheit wichtig sein. Somit lebt man vermutlich in einem Bereich den einen Wert stark aus und in einem anderen Lebensbereich den anderen. Man spricht dann gern von »verschiedenen« Seiten, die man hat und auslebt.

Neben Freiheit und Unabhängigkeit könnten bei einer Person Verbundenheit oder Geborgenheit bzw. Familie als weitere Werte zur gleichen Zeit vorkommen. Dies könnte die Person dazu veranlassen zu heiraten und Kinder zu bekommen. Insofern würden die Heirat und Kinderplanung der Freiheit und Unabhängigkeit auf den ersten Blick entgegenstehen, aber von den weiteren Werten motiviert sein, die natürlich auch »gehört« werden wollen. Zusätzlich ist es häufig so, dass wir nicht alle Werte stets parallel ausleben. Vielleicht haben wir früher der Punkerszene angehört oder sind häufig auf Festivals gewesen. Die damaligen Bedürfnisse und Dinge, die wir ausgelebt haben, entsprechen auch einem Teil oder Wert von uns, den wir vielleicht heute nicht mehr ausleben. Viele KlientInnen führt Judith im Coaching gern zu solchen Dingen zurück, indem sie sie fragt, was sie früher gerne gemacht haben bzw. was sie so richtig begeistert hat. Wenn sie sich dann erinnern, ermittelt sie dann gemeinsam mit dem Klienten/der Klientin den Wert dahinter und schaut, wie wichtig er heute noch ist oder ob er fehlt. Wenn ein Wert längere Zeit nicht gelebt werden konnte, entsteht gern das diffuse Gefühl, dass »irgendwas fehlt«, aber man kann es nicht näher benennen.

Ein weiteres Beispiel aus dem Coaching: Eine vierfache Mutter hatte einen klaren Fokus in ihrem Leben: die Kinder. Da der Mann sehr gut verdiente, ging sie nicht arbeiten und kümmerte sich vor allem um die Familienorganisation. Sie war aber auch unglücklich, denn sie hatte das Gefühl, gar nicht mehr zu existieren und nur noch zu funktionieren. Wir haben erst mal anhand ihrer Werte geschaut, was sie ausmacht und was ihr im Leben eigentlich wichtig ist. Danach haben wir uns vergessenen Ressourcen gewidmet. Es stellte sich heraus, dass sie eine deutlich ausgeprägte Leidenschaft für Kunst hatte und früher sogar ein eigenes Atelier hatte, in das sie sich gern zurückzog, und malte. Zudem hatte sie früher viel geschrieben – Gedichte, Kurzgeschichten – und davon geträumt, eines Tages ihren eigenen Roman zu veröffentlichen. Nun war sie Ende 40 und hatte all das aufgegeben, denn jetzt gab es die geliebte Familie, aber leider fand sie keine Zeit mehr für sich. Sie hatte also für sich den Glaubenssatz »Bevor es mir gut geht, muss ich erst mal alle anderen glücklich machen« entwickelt, den wir oft bei Klienten erleben. Ziel im Coaching ist es dann, die eigenen Bedürfnisse wieder Stück für Stück an die Oberfläche zu holen und in sein Leben zu lassen. Im Fall dieser Klientin ging es also darum, ihre Vorliebe für die Kunst wieder sinnvoll in ihr Leben zu integrieren und ihr dafür realistische Zeiträume zu schaffen.

Tool to go

Fragen Sie sich selbst einmal, welche Momente Sie in den »Flow« bringen oder vielleicht früher gebracht haben? Der »Flow« beschreibt einen Zustand, in dem wir Zeit und Raum vergessen. Wir gehen also einer Tätigkeit nach, die uns ganz und gar erfüllt.

Aber was sind Bedürfnisse und wie entstehen sie eigentlich? Bedürfnisse leiten sich aus unseren Werten ab und sind flexibel. Das heißt, im Gegensatz zu unseren Werten kommen und gehen sie wieder. Wenn – wie vorhin ausgeführt – Selbstbestimmung z. B. mein Top-1-Wert ist und ich nun ein Familienleben führe, weil ich hierbei dem Wert Verbundenheit auf Platz 3 gefolgt bin, wird in mir sicherlich regelmäßig das Bedürfnis nach Ruhe oder sogar Flucht aufkommen. Das haben zwar viele Eltern, aber Menschen mit einem besonderen Selbstbestimmungsverlangen werden bei einem längeren Mangel verzweifelter und frustrierter als Menschen, die, sagen wir mal, den Wert Verbundenheit auf Platz 1 haben und denen Selbstbestimmung nicht so wichtig ist.

Cord sieht solche Fälle von vernachlässigten Bedürfnissen auch schon in anderer und eher banaler Form, die sich dann aber zu blockierenden und sogar lebensbedrohlichen Symptomen ausweiten können. Das fängt schon bei den Grundbedürfnissen an. Wenn ich als Jugendlicher für Klausuren lerne und nicht ausreichend trinke, kann es sein, dass ich müde werde, mir wird schwindelig und ich kann mich schlechter konzentrieren. Wenn ich das weiter ignoriere, kann das im Einzelfall bis zu Synkopen führen. Das ist ein Zustand, in dem mir schwarz vor Augen wird und ich umkippe. Weitere körperliche Symptome können etwa Kopf- oder Bauchschmerzen sein, die mir deutlich machen, ich grüble zu viel oder nehme mir zu viel an, was ich nicht richtig »verdauen« kann. Im schlimmsten Fall führt die Ignoranz solcher anfänglich elementaren Bedürfnisse über die Zeit bis zu Herzinfarkten, die die Betroffenen selbst in den Momenten auch nicht immer realisieren. Wenn der Arzt dann auf der Intensivstation mitteilt, dass man gerade den zweiten Geburtstag feiern kann, schauen die Betroffenen nicht selten sehr überrascht. Gefolgt von der Aussage, dass man wieder losmüsse, weil ja die Arbeit nicht warten kann. Daraufhin führt der Arzt gerne aus, dass man gerade dem Tod von der Schippe gesprungen ist und man ab sofort anders mit sich umgehen sollte. Für sich sorgen und seinen Bedürfnissen Raum zu geben, wird dabei von den Betroffenen aber häufig als Luxusproblem eingestuft. Die Quittung kommt aber leider immer.

Wenn ich jedoch über meine Werte und infolgedessen über meine Bedürfnisse Bescheid weiß, verstehe ich auch mein Verhalten besser. Man kann sich z. B. mal die Frage stellen: Was bringt mich wiederholt auf die Palme? Häufig zieht sich ein roter Faden durch unsere Themen und dieser Faden verbindet unsere Werte. Wenn es mir z. B. immer wieder auffällt, wenn mich die Leute morgens nicht begrüßen oder sie mir zu meinem Geburtstag nicht gratulieren, sich in der Supermarktschlange vordrängeln oder mir den Parkplatz klauen, dann könnte das darauf hinweisen, dass mir Respekt sehr wichtig ist. Es kann natürlich auch Wertschätzung oder Anerkennung sein. Das ist eine individuelle Frage und natürlich von KlientIn zu KlientIn sehr unterschiedlich. Deswegen ist es z. B. auch sehr wichtig, sich als Coach in diesem Tool, dem Werte-Findungsprozess, ganz rauszunehmen und sein Gegenüber nicht zu beeinflussen. Häufig nehmen schon solche Beispiele Einfluss auf den Klienten, denn dieser denkt sich dann: »Stimmt, das kenn ich von mir auch.« Und vermutlich würden jetzt viele sagen, dass sie es auch nicht toll finden, wenn sie jemand nicht grüßt oder ihnen den Parkplatz klaut. Aber es ist die Frage, wie sehr ich es an mich heranlasse. Menschen mit einem stark ausgeprägten Bedürfnis nach Respekt werden solche Dinge schneller auffallen und sie nicht so schnell loslassen wie andere. Sie werden sich vermutlich schneller beschweren oder sich noch längere Zeit darüber aufregen. Wenn ich nun aber darüber Bescheid weiß, dass Respekt einer meiner großen Werte ist, kann ich das in vielen Situationen bewusst kommunizieren und rege mich nicht so schnell auf, denn ich fühle mich von meinen Gefühlen nicht so »überrumpelt« bzw. fremdgesteuert. So kann ich z. B. in Konflikten mit meinem Partner genau das offenbaren und sagen, was mich konkret stört. Wenn der Partner also die nächste große Verabredung einfach so für beide ausgemacht hat und mich nicht gefragt hat, ob ich dazu überhaupt Lust habe, fühle ich mich vermutlich in meinem Wert »Respekt« verletzt und werde traurig oder wütend reagieren. Bin ich mir aber über mein persönliches Werte-Programm bewusst, kann ich mich selbst besser steuern und auch andere darüber informieren. Somit könnte ich meinem Partner sagen, dass er bei mir in dieser Sache einen wunden Punkt getroffen hat, da ich mich übergangen gefühlt habe, und es mir helfen würde, wenn er mich in Zukunft lieber einbezieht.

Aber zurück zu Michael und unserem Ausgangsfall. Er hat in seinem Leben einfach nur gemacht, ist immer den aktuellen Impulsen oder vielleicht auch Angeboten gefolgt. Nach seinem Studium folgte direkt ein Jobangebot aus Hongkong. Damals war er jung, unabhängig und ambitioniert. Also musste er nicht lange überlegen und packte seine Sachen. Dort hat er seine Frau kennengelernt. Die beiden teilten ihre Leidenschaft für die große weite Welt und Karriere und sie reisten gemeinsam weiter von Kontinent zu Kontinent. Es ging beiden super und sie vermissten eigentlich nichts. Gelegentlich vielleicht deutsche Produkte oder den Kontakt zu alten Freunden und zur Familie. Aber ansonsten fühlten sie sich sehr wohl – was ein gutes Zeichen dafür ist, dass man bereits intuitiv seinen Werten folgt und diese auslebt. Eines Tages aber kam der Anruf aus der Heimat, dass es Michaels Schwiegermutter nicht gut gehe. Beide waren auch langsam »reisemüde« und wollten gern ankommen – mit eigenem Heim und mehr Stabilität. Dann könnten sie auch mehr Zeit mit der Familie verbringen. Danach ging alles Schlag auf Schlag. Michael gründete seine eigene Firma und war auch dabei sehr erfolgreich. Seine Frau genoss die Nähe zur Familie und das neue, »richtige« Zuhause, das sie mit ihren Mitbringseln und Schätzen aus der ganzen Welt zu ihrem sehr persönlichen Wohlfühlort machten. Der Kontakt zu ihren alten Freunden nahm wieder zu und der Schwiegermutter ging es schnell viel besser. Alles in allem hatten sie ihr Leben also nun in solide Bahnen gelenkt und sich ein neues Lebenskonzept geschaffen, von dem sie ursprünglich dachten, dass es sie genauso glücklich machen würde wie ihre vorherige Wanderlust. Doch das tat es nicht. Die Frage nach dem Warum stand auf einmal im Raum. Wie ein Elefant, den sie von ihrer Weltreise mitgebracht hatten.

Wir definierten also zunächst Michaels Werte. Nach Priorität sortiert lauteten diese: Freiheit, Individualität, Lebensfreude, Anerkennung und Geborgenheit.

Dann schauten wir uns seinen Lebensverlauf im Detail an und wie er seine Werte bisher ausgelebt hatte. Michael erkannte dabei ziemlich schnell, dass er in der »ersten Hälfte seines Lebens« den ersten vier Werten gefolgt ist. Aber auch die Geborgenheit fehlte nicht, denn die lebte er in der Beziehung zu seiner Frau, die stets an seiner Seite war. Als wir den Blick auf sein aktuelles Leben richteten, zeigte sich, dass er hierzu nur durch die letzten beiden Werte motiviert wurde: Anerkennung und Geborgenheit. Der Aufbau der eigenen Firma wurde durch den Wert Anerkennung motiviert. Aber auch durch die Werte seiner Eltern. Wie schon zuvor beschrieben, prägen uns auch die Werte unserer Erziehung, sodass wir von fremden Glaubenssätzen gelenkt werden. Habe ich z. B. Eltern, die sehr viel Wert auf Anerkennung legen, geht es vielleicht viel um Außenwahrnehmung und weniger um die eigenen Bedürfnisse. Das sollte man nicht unterschätzen, denn wenn ich in meiner Kindheit und Jugend von dieser Einstellung umgeben war, hinterlässt das Spuren und prägt mein Mindset – ob ich will oder nicht. In den meisten Fällen führt es dazu, dass man diese Einstellung unbewusst annimmt. In anderen Fällen spielen vielleicht Besitz und Geld eine große Rolle. Insofern wird in diesen Familien vermutlich ein großer Leistungsdruck herrschen, der direkt auf die Kinder abfärbt. Michael wuchs in solch einer Familie auf. Die Eltern stammten aus ärmeren Verhältnissen und waren daher sehr auf Erfolg und Sicherheit bedacht. Sie arbeiteten sehr hart, mussten sich alles mühsam aufbauen, hatten es aber irgendwann geschafft, ihr eigenes Unternehmen mit vielen Mitarbeitern aufzubauen. Dafür nahmen sie aber auch in Kauf, Michael weniger zu sehen, und waren ihr Leben lang »eingespannt«. Michael distanzierte sich zunächst von diesem Lebensmodell, indem er das Gegenteil lebte und sich von den Werten Freiheit und Individualität sowie Lebensfreude leiten ließ. Dennoch gab es in Michael den übernommenen Glaubenssatz der Eltern, dass Erfolg zu Sicherheit führt und dafür harte Arbeit nötig ist. Es entstand ein Leistungsdruck. Er wählte den Weg der Karriere und entschied sich gegen Kinder. Er ließ sich also von falschen Glaubenssätzen und einem daraus resultierenden Leistungsdruck leiten. Falsch insofern, als sie nicht zu Michael gehören, sondern von den Eltern stammen. Als er mit seiner Frau zurückkam und sich um die eigene Firma, die Familie und Freunde kümmerte, folgte er vor allem seinen Werten Anerkennung und

Geborgenheit. Aber es wird schnell klar, wo das Problem verborgen liegt: seine Top-3-Werte Freiheit, Individualität und Lebensfreude fand er in diesem neuen beständigen Lebensmodell nicht wieder bzw. nur bedingt.

Als Michael das mit Judith für sich herausgearbeitet hat, freute er sich, dass er endlich eine Erklärung für seine aktuelle Gefühlslage bekam. Er hatte es bislang nur nicht in Worte fassen können. Somit haben wir gemeinsam etwas »Greifbares« geschaffen, womit er etwas anfangen und was er weiterhin anwenden kann. Trotzdem hatte er keine Idee, wie er die Ergebnisse nun auf sein Leben übertragen sollte. Wenn er seinen eigentlichen Werten wieder folgen würde, würden sehr viele Menschen ihren Job verlieren. Zudem war seine Frau nun auch sehr glücklich in der Nähe der Familie und Freunde und sie hatten sich so viel aufgebaut, das nicht direkt wieder niedergerissen werden sollte.

Seine Situation schien für ihn ausweglos. Er hatte sich ungewollt in eine Sackgasse manövriert. Nun machte er sich große Vorwürfe dafür, dass er die Rückkehr überhaupt in Kauf genommen hatte, und war nach der Erkenntnis fast deprimierter als zuvor. Dieses Gefühl ist sowohl im Coaching als auch in der Psychotherapie ganz normal und ein wichtiger Meilenstein im Prozess, denn es ist die Voraussetzung für jede Veränderung. Es geht nun nicht darum, Michaels ganzes Leben infrage und wieder auf den Kopf zu stellen, sondern die mangelnden Werte in anderer Form in sein aktuelles Leben zu integrieren.

Insiderwissen

Dieses Missverständnis ist übrigens der häufigste Grund dafür, dass manche Menschen ihr Leben von heute auf morgen radikal verändern. Sie übertragen ihre Unzufriedenheit auf ihre aktuelle Gesamtsituation, sodass sie »blind« alles über Bord werfen, um die nötige Veränderung herbeizuführen. Aber im Grunde ist das eine verständliche Konsequenz, wenn wir »im Dunkeln tappen« und nicht genau wissen, was uns eigentlich stört oder was wir uns wünschen. Dann ändern wir lieber

direkt alles, um das Problem auf jeden Fall mit zu erwischen. Sind wir uns allerdings bewusst über unsere Werte, Motivationen und Bedürfnisse, dann kennen wir die feinen Stellschrauben, an denen wir drehen müssen, um die entscheidende Veränderung herbeizuführen.

Wichtig ist also, dass Michael für sich aus dieser Erkenntnis mitnimmt, dass nicht nur sein »altes Leben« funktionieren kann. Vielmehr geht es darum, sich klarzumachen, welche Werte ihm aktuell besonders fehlen und wie er diese in sein aktuelles Leben integrieren kann. Er nennt seinen Top-1-Wert Freiheit als größten momentan empfundenen Mangel, was übrigens auch nicht selten ist. Wir überlegen, in welchen Momenten er Freiheit bisher in seinem Leben gespürt hat. Er erklärt, dass er sich in fremden Kulturen frei fühle und er Probleme mit jeder Form von Besitz habe, weil dieser ihn in gewisser Weise »fesselt«. Judith hakt nach, was eine mögliche Änderung in seinem Leben sein könnte. Daraufhin fällt ihm ein, dass er schon immer mal auf einem Hausboot auf dem Wasser leben wollte. Gemeinsam überlegen Michael und Judith im Coachingprozess, wie er das umsetzen könnte. Er äußert, dass er sich ein Hausboot aktuell als Hobby und Ausgleich gut vorstellen könne, z. B. an einer nahen Küste wie Holland. Damit hätte er auch mal die Möglichkeit, sich aus dem Familiengeschehen rauszuziehen und die Weite und Ruhe zu genießen, denn das wäre ihm auch sehr wichtig. Wir haben also in kürzester Zeit weitere von Michaels Bedürfnissen herausgearbeitet, etwa Ruhe und Weite, und mit diesem Szenario unbewusst einen weiteren Wert »gefüttert«: seinen Wunsch nach Individualismus. Nun bleibt das große Problem aber noch ungelöst: seine Firma. Hier schauen wir uns Michaels größte Sorgen bzw. Blockaden an, die ihm seine Entscheidung so schwer machen. Am meisten fürchtet er um die Zukunft seiner Mitarbeiter. Viele von ihnen haben einige Jahre sehr viel geopfert, um die Firma mit aufzubauen.

Diese Sorge ist durchaus nachvollziehbar und sogar sehr menschlich, da Michael um das Wohl seiner Mitarbeiter besorgt ist. Allerdings wird hierbei gern ein Fehler gemacht: Man denkt nur schwarz und weiß. Entweder geht es um die anderen und ich bleibe auf der Strecke oder ich entscheide mich für meine Bedürfnisse und die anderen müssen darunter leiden. Es gibt aber in den meisten Fällen auch ein Dazwischen. Und es wäre ja auch nicht ratsam, dass Michael unter diesen Umständen unglücklich bleibt, nur um die anderen nicht zu enttäuschen. Also versuchen wir, ein Szenario zu entwickeln, das möglichst allen Seiten entsprechen kann. Zuvor löst Judith Michael aber mal ganz bewusst von der Firmensituation und stellt ihm die Wunderfrage, die lautet:

Tool to go

Die Wunderfrage
Wenn du morgen früh aufwachen würdest und all deine Probleme hätten sich wie durch ein Wunder in Luft aufgelöst, was wäre dann anders?

Judith lässt Michael dabei die Augen schließen, um die Vorstellungskraft zu aktivieren und auf die assoziative bzw. emotionale Ebene zu wechseln. Denn im Gespräch sind wir vor allem im rationalen Modus, »im Kopf« sozusagen. Nachdem Michael einige Minuten mal nur bei sich war und der Frage nachhängt, zeigt sich in seinem Gesicht ein leichtes Lächeln. Er macht anschließend die Augen auf und sagt: Dann gäbe es die Firma nicht mehr und ich würde mit meiner Frau wieder mehr reisen. Die Reiselust ist also weiterhin ein großes Thema. Zudem verbindet Michael mit der Firma ein hohes Maß an Verantwortung, das seinem Freiheitsdrang natürlich im Weg steht. Er möchte aber im Grunde sein altes Leben auch nicht mehr zurück, denn damals hat er viel gearbeitet und es ging ihm nur um die Karriere. Nun möchte er sich gern mehr auf die Zeit mit seiner Frau konzentrieren und Dingen nachgehen, die ihm vor allem Spaß machen, z. B. das Hausboot kaufen und nach seinen Wünschen gestalten und ausbauen. Aber wie soll er das bloß machen? Er muss doch Verträgen nachkommen, Rechnungen bezahlen und ein entsprechendes Gehalt für all das haben. Jetzt gehen wir in die konkrete Planung dieser Themen und

Sorgen, da Michael nun eine Vision davon hat, wo er wirklich »ankommen« möchte. Nur beruflich ist die weitere Reise noch nicht ganz eindeutig.

Um hier ein klareres Bild zu erhalten, nehmen wir uns Zeit für einen beruflichen Rückblick. Wie hat alles begonnen? Was hat Michael zu seinem Job motiviert? Welche Werte hatten hierauf Einfluss? Was davon ist noch aktuell und was veraltet? Zudem nehmen wir ein weiteres Tool hinzu, das Michael Klarheit bringen soll: das Ikigai-Prinzip. Ikigai stammt aus der japanischen Philosophie und bedeutet übersetzt: Lebenssinn. Demnach hat ein Mensch seinen Sinn im Leben und damit innere Zufriedenheit und Lebensfreude gefunden, sobald er seinen Ikigai kennt und lebt. Ikigai beschreibt dabei die Schnittmenge aus dem, was man liebt, was die Welt von einem braucht, womit man Geld verdienen kann und worin man gut und talentiert ist. Michael erarbeitet seine vier Bereiche. Gebündelt mit den Antworten auf die Fragen, die wir zuvor gestellt haben, ergibt sich ihm nun ein klares berufliches Bild. Er hat für sich herausgefunden, dass er sein globales wirtschaftliches Wissen und seine Expertise sowie sein internationales Netzwerk gern für nachhaltige Themen einsetzen und Start-ups unterstützen will, die sich diesen Themen verschrieben haben. Mit dieser neuen Strategie kann er eher im Hintergrund und frei bleiben, aber wertvolle Themen vorantreiben. Seine Augen strahlen. Und das ist keine seltene Beobachtung: Die KlientInnen sehen zum Ende eines erfolgreichen Prozesses häufig viel jünger aus. Sie wirken gelöst, zufrieden und innerlich aufgeräumt.

Der Erfolg zeigt sich auch schwarz auf weiß. Weil es schwer ist, einen inneren Prozess und Fortschritt konkret zu benennen, bedient man sich im Coaching gern der Skala-Frage. Zu Beginn des Coachings fragt man anhand des gemeinsam erarbeiteten Ziels, wie weit entfernt von diesem Ziel sich der Klient/die Klientin auf einer Skala von 0 bis 10 fühlt. 0 ist noch kein Schritt Richtung Ziel, also ganz weit weg, und 10 wäre vollständig angekommen. In jeder einzelnen Sitzung stellt man dieselbe Skala-Frage erneut und in den meisten Fällen bewegt sich die Klientin/der Klient sukzessive vorwärts Richtung 10. Wenn dem nicht so ist, fragt man nach dem subjektiven Empfinden des Coachingprozesses und ob bestimmte Themen oder innerliche Blockaden noch unausgesprochen sind. Das ist kein Problem, sondern einfach ein wichtiger Baustein im gemeinsamen Prozess, der sich manchmal erst im Späteren offenbaren kann.

Insiderwissen

Psychotherapie und Coaching sind sehr intime und persönliche Prozesse, die ein großes Vertrauen und eine gute Beziehung zwischen beiden Parteien voraussetzen. Manchmal kommen daher manche Themen erst später zur Sprache, weil sich dieses Vertrauen auch erst mit dem Prozess aufbaut.

Michaels Beispiel zeigt sehr gut, dass es nicht immer ein »auf der Hand liegendes« Anliegen braucht, um sein Leben genauer anzuschauen oder infrage zu stellen. Leben ist Bewegung. Zu jeder Zeit. Dinge können sich verändern. Und wir Menschen erst recht. Somit liegt vielmehr auf der Hand, dass ich eher stetig mein Leben und meine Inhalte hinterfragen sollte, als etwas einfach weiterzumachen, weil ich es die letzten 20 Jahre immer so gemacht habe. Das müssen wir uns aber erst mal erlauben und das gesellschaftliche Modell bzw. den allgemeingültigen Glaubenssatz von einem chronologischen, lückenlosen und verbindlichen Lebenslauf loslassen bzw. auflösen. Michael hat im Coaching für sich erkannt, dass er viele Glaubenssätze und Überzeugungen in sich trägt, die ihn von sich selbst und seinen eigentlichen Wünschen abhalten. Über einige wenige Sitzungen hinweg konnte er diese Ketten aber aufsprengen und aus der Überforderung heraus- und in die Selbstbestimmung zurückfinden.

Was aus Michael geworden ist Michael hat seine Firma an einen Konzern verkauft, für den er früher tätig war. Dieser übernahm auch die Mitarbeiter. Durch den Exit konnte Michael sich seinen Traum vom Hausboot erfüllen. Seine Frau hat die Ergebnisse des Coachings, die Michael mit ihr geteilt hat, auch für sich genutzt und ihren langen Wunsch nach einem eigenen Onlineshop umgesetzt. Somit hängt die finanzielle Existenz nun nicht mehr allein an Michael und der Fokus des Paares liegt auch nicht nur auf Michaels Firma. Die beiden reisen mindestens dreimal im Jahr und haben sich einen Zweitwohnsitz in Südafrika zugelegt.

Wie hilft mir das? Die Werte sind der rote Faden unseres Denkens und Handelns, sogar unserer Beziehungen. Wenn wir unsere Werte kennen, erkennen wir auch den Sinn in unseren Entscheidungen und in unserem Weg. Viele Werte werden aber gern verdrängt oder vernachlässigt, weil andere Werte in den Momenten relevanter sind. Zurück bleibt das Gefühl, dass irgendwas fehlt. Kennt man seine Werte, kann man dem fehlenden Gefühl auf die Schliche kommen und diesem Mangel entgegensteuern.

Michaels Fall kommt im Coaching häufig vor. Das Leben, das man sich aufgebaut hat, wird hinterfragt. Die Ziele, die man sich früher vorgenommen hat, fühlen sich, nun, wo sie erreicht sind, anders an als in der Vorstellung. Aus diesem Grund ist ein regelmäßiger Schulterblick auf die aktuelle Ausrichtung und das Vorkommen der eigenen Werte und Bedürfnisse eine sinnvolle Maßnahme. Denn wir verändern uns im Laufe unseres Lebens, lernen durch Erfahrungen, erhalten neue Impulse oder sind den Umständen des Lebens ausgesetzt. Und wenn man wirklich etwas an seinem Leben ändern möchte, und die Betonung liegt hier ganz klar auf »wirklich«, dann geht das nicht ohne eine bewusste Offenheit und Flexibilität im Kopf. Dass man etwas »immer so gemacht« hat oder etwas »doch nicht klappen kann«, hilft an der Stelle nicht weiter. Kennen Sie den Moment bei einer Wohnungsbesichtigung, wenn einem ganz viel Vorstellungsvermögen abverlangt wird? Auch wenn Sie das Endergebnis noch nicht komplett vor Augen haben, geht es erst mal darum, offen für alles Neue und jede Veränderung zu sein. Es mag einem vielleicht unmöglich vorkommen, aber reißen Sie ruhig die Wände im eigenen Kopf ein. Nur so schaffen Sie Platz für neue Räume und Möglichkeiten. Sie sind der Architekt Ihres eigenen Lebens. Niemand anders. Und Sie wissen am besten, auf welche Räume es ankommt. Kein anderer kann das für Sie entscheiden. Also runter von der alten verstaubten Couch und ran an den Vorschlaghammer.

Geben Sie Ihrem Lebensgefühl einen Namen

Tools to go

Die Skala-Frage

Wie würden Sie Ihr aktuelles Leben beschreiben?
Auf einer Skala von 0 bis 10, wobei 0 ›nicht lebenswert‹ bedeutet, 5 ›ganz gut, könnte aber besser sein‹ meint und 10 so genial ist, dass Sie es sich nicht besser vorstellen können.
Wenn Sie unter 5 liegen, fragen Sie sich bitte, ob das Gefühl einem aktuellen Ereignis zuzuschreiben ist oder es ein grundlegendes Gefühl Ihres Lebens ist bzw. einen längeren Zeitraum beschreibt? Im zweiten Fall sollten Sie einen näheren Blick auf Ihr aktuelles Leben riskieren.

Vertrödeln Sie nicht Ihr Leben

Das Lebensmaßband

Skizzieren Sie auf einem Blatt Papier alle Lebensjahre in Form eines Maßbands, die für Sie eine übliche Lebenserwartung darstellen, z. B. 90 Jahre. Jetzt markieren Sie die Stelle, an der Sie stehen. Streichen Sie nun alles durch, was vor dieser Zahl steht. Machen Sie sich bewusst: Diese Lebenszeit liegt hinter Ihnen. Sie ist bereits vergangen und kann nicht mehr verändert werden. Sie ist verstrichen, abgelaufen, weg. Es liegt nun nur noch der Abschnitt vor Ihnen, der nicht durchgestrichen ist. Vielleicht ist es mehr als die Hälfte Ihres Lebens, vielleicht aber auch weniger. Und nun liegt es an Ihnen, wie Sie diese Lebensjahre füllen. Fragen Sie sich, wie sich die durchgestrichenen Lebensjahre im Rückblick anfühlen. Haben Sie die Jahre bewusst und glücklich ausgekostet oder einfach nur »gemacht«, während die Jahre ins Land gingen? Wollen Sie die vor Ihnen liegenden Jahre genauso verbringen? Was wollen Sie anders machen? Jetzt ist der Zeitpunkt, alles noch mal auf null zu setzen und genau das zu machen, was Sie wollen und was Ihnen wichtig ist.

Was ist Ihnen wirklich wichtig?

Die Werte-Arbeit

Was zeichnet Sie und Ihr Leben aus? Welche Werte begleiten Sie schon Ihr Leben lang und sind für Sie unverzichtbar? Wählen Sie fünf Werte aus der Tabelle im Anhang aus, ohne lange darüber nachzudenken. Anschließend bringen Sie diese Werte in eine Reihenfolge von Top 1 bis Top 5 Ihrer persönlichen Werte-Hitliste. Überprüfen Sie danach noch mal Ihr Bauchgefühl, ob die Werte und ihre Reihenfolge stimmen. Nachdem Sie Ihre Werte ermittelt haben, können Sie diese nun überall anwenden und nachvollziehen. Fragen Sie sich z. B.: Welche Werte teile ich mit meinem Partner oder dem besten Freund/der besten Freundin? Welche Werte teile ich mit dem Unternehmen, für das ich arbeite? Sind die Konflikte, die ich häufiger mal habe, auf einen Wert oder mehrere meiner Werte zurückzuführen?

Welche Rolle spielen Ihre Werte in Ihrem aktuellen Leben?

Die Werte-Tabelle

Unterteilen Sie nun Ihr Leben in die Bereiche, die darin vorkommen bzw. die es ausfüllen – die Reihenfolge sagt aus, wie sehr diese Bereiche Sie zeitlich in Anspruch nehmen (Job, Partnerschaft, Kinder, Freunde, [Ursprungs-]Familie, Hobbys, etc.). Prüfen Sie nun, inwiefern jeder Ihrer fünf zuvor bestimmten Werte in diesen Bereichen vorkommt. Sie werden mit diesem Tool sehen, wie gut Ihre Werte in Ihrem Leben vertreten sind und in welchen Lebensbereichen mögliche Defizite herrschen. Der Bereich, der die meiste Zeit Ihres Lebens einnimmt, sollte im besten Fall fast alle Werte abbilden. ABER: Nicht alle Werte müssen in jedem Bereich vorkommen. Manche Werte sind eher privat einzuordnen, andere gehören ganz klar in den Job. Gehen Sie in diesem Tool daher vor allem intuitiv vor und hören Sie auf Ihren Bauch. Sie werden durch die Werte-Arbeit sehr viel Klarheit gewinnen und einen einflussreichen Baustein für eine erfolgreiche Kommunikation in Beziehungen erhalten. Die Werte geben zudem Aufschluss über die Bedürfnisse, die sich aus ihnen ableiten. Sollte es Ihnen mal nicht gut gehen, fragen Sie sich, welches Bedürfnis in diesem Moment zu kurz kommt bzw. welcher Wert in dieser Situation nicht vorkommt oder gar verletzt wird. Im Umkehrschluss bekommen Sie die Antwort darüber, was Ihnen helfen würde. Gehen Sie diesen Bedürfnissen und Werten nach, wenn Sie sich melden, und richten Sie im besten Fall Ihr Leben nach Ihnen aus.

Verlieren Sie nicht aus den Augen, was Ihnen wichtig ist

Der Schulterblick

Wir biegen im Leben gern mal links oder rechts ab, wenn sich ein gutes Angebot ergibt oder weil auch wir uns manchmal verändern. Wir kommen in dem Moment dann von unserem eigentlichen Weg ab, und das oft, ohne es zu merken. Wenn wir es bewusst so wünschen und entscheiden, ist das kein Problem und beweist sogar eine hohe Flexibilität. Manchmal verlieren wir aber durch solche Ablenkungen und Abzweigungen unsere eigentlichen oder aktuellen Bedürfnisse aus den Augen. Planen Sie aus diesem Grund in Ihrem Leben regelmäßige Schulterblicke ein, sodass Sie z. B. alle zwei Jahre die Werte-Tabelle hervorholen und erneut auf Ihr Leben anwenden. Hinterfragen Sie also, ob Ihre Lebensbereiche und damit die Inhalte Ihres Lebens noch zu Ihrem aktuellen Ich passen.

Wir können uns nicht fokussieren

Das Problem, wenn wir nur noch rennen

Fokus. Wir würden so weit gehen und behaupten, dass der Mangel von Fokus die größte Hürde darstellt, um bei uns selbst anzukommen. Das Paradoxe ist, dass wir jahrzehntelang auf Multitasking getrimmt wurden. Die aufstrebende Gesellschaft, die sich seit den 60er-Jahren entwickelt hat, zog ein Problem mit sich: einen enormen Leistungsdruck, der viele Opfer forderte und Überlebende entweder mit einem Drogenproblem oder anderen chronischen Erkrankungen hervorrief. Aber viele, die den »Wir können alles schaffen«-Glaubenssatz aus dieser Zeit mitge- und übernommen haben, brauchen nun das Achtsamkeitstraining oder das Yoga-Retreat auf Mallorca, um wieder klarzukommen. Hinzu kommt, dass die Digitalisierung parallel mitwuchs und dadurch der Leistungsdruck um die stetige Präsenz ergänzt wurde. Das Aufmerksamkeitsdefizitsyndrom ist also kein Mythos, sondern die Folge unserer erfolgsgetriebenen Welt, die sich in wenigen Jahren selbst überholte und so vernetzte, dass kaum noch Schlupflöcher für Anonymität oder Unabhängigkeit blieben. Wir sind zwangsläufig Teil einer großen Kommunikationskette auf Dutzenden Kanälen und können uns dieser nicht entziehen, denn dort findet inzwischen das Leben statt. Versuchen Sie mal, sich analog mit mehreren Menschen zu verabreden, ohne damit Verwirrung zu stiften. Wenn Sie dazugehören oder etwas mitbekommen wollen, brauchen Sie heutzutage ein Smartphone und ein gutes Zeitmanagement. Und wenn wir mal gerade nicht auf den *Black Mirror* starren, sollen wir auch noch unser *Real Life* auf die Reihe bekommen bzw. genießen. Schaffen andere ja auch. Sehen wir ja bei Instagram & Co. Kein Wunder, dass es uns da schwerfällt, bei uns zu bleiben und unsere eigenen Bedürfnisse und Wünsche mitzubekommen. Das Grundrauschen, das uns stetige Präsenz abverlangt, lässt sich nur schwer abstellen. Vor allem, wenn ich auch noch unter Perfektions- und Leistungsdruck stehe. Dann werde ich mich mit großer Wahrscheinlichkeit schon bald in der Überforderung wiederfinden und Schwierigkeiten haben, dort rauszukommen. Dafür braucht es in erster Linie Fokus. Eine Fähigkeit, die wir vor diesem Hintergrund erst wieder erlernen müssen. Nur mit ihr kann es uns gelingen, selbst in lauten und hektischen Zeiten zu uns zurückfinden und auch dort zu bleiben.

Bleibt man aber ohne Abgrenzung und Fokus in der Leistung-und-Präsenz-Spirale gefangen, kann es zu einem Phänomen kommen, dass Cord aus der Praxis sehr gut kennt: das Burn-out. Es handelt sich um einen Sammelbegriff für bestimmte Umstände, die vor allem deutlich machen, dass ich mich schon längere Zeit aus den Augen verloren habe. Wir erleben aber, dass die Diagnose leider zu schnell umgangssprachlich verwendet wird.

Insiderwissen

Burn-out ist streng genommen keine eigenständige, klare Diagnose, sondern nur die Beschreibung eines Zustandes, der den Gesundheitszustand beeinflusst. Der Begriff Burn-out bezieht sich »nur« auf den Arbeitsplatz und schließt insofern private Dinge aus.

Zunächst einmal kann das jeder bekommen, der sich aus den Augen verliert. Es beginnt mit einfachen unspezifischen Phänomenen wie einem komischen Gefühl, dass etwas nicht in Ordnung ist. Wir fühlen uns mit der Zeit matt und erschöpft bei gleichzeitiger hoher Arbeitsauslastung. Mit der Zeit können Phänomene wie Unzufriedenheit, Gereiztheit und alle möglichen körperlichen Symptome hinzukommen, die die Person schon einmal bei sich wahrgenommen hat oder zu denen sie neigt. Es kann sein, dass wir Beschwerden an uns wahrnehmen, die wir vielleicht schon von unseren Eltern kennen. Reagierte meine Mutter in bestimmten Situationen mit Kopf- und Rückenschmerzen, können diese sich auch bei mir zeigen. Auch Tinnitus, Herzrasen, Magenprobleme oder Schlafstörungen können im Fall von Burn-out dazukommen. Man könnte als Faustformel festhalten, dass die Symptome und allgemein körperlichen Reaktionen umso mehr zunehmen, je mehr ich meine eigenen Bedürfnisse ignoriere und Dinge tue, die ich eigentlich nicht machen möchte. Sobald dann meine Belastungsgrenze über eine gewisse Zeit überschritten wird, beginnt diese Dynamik. Wir fallen dann zwar nicht sofort tot um, aber unser Körper nimmt Kontakt mit uns auf, um uns mitzuteilen, dass wir uns um uns kümmern sollen. Cord hat in seiner praktischen Tätigkeit unzählige Fälle begleitet, die keinen Weg gefunden haben, sich selbst zu stoppen und auf sich zu hören. Erst durch die Zunahme der körperlichen Reaktionen war das möglich. Die meisten gehen dann zum Arzt und lassen sich krankschreiben. Und Hand aufs Herz: Die Zielgruppe, von der wir hier sprechen, gehört nicht zu den Menschen, die dann laut »Juhu« schreien und sich erst mal entspannt auf die Couch legen oder den Urlaub in Balkonien antreten. Im Gegenteil. Diese Personen denken lange darüber nach oder versuchen zu verhandeln: »Meinen Sie wirklich, Herr Doktor?« oder »Im Moment kann ich nicht zu Hause bleiben. Die Firma braucht mich. Sonst führt das zu einer Katastrophe.«

Markus, 43 Jahre, war so jemand. Er meldete sich bei Judith und wollte gern ein Coaching machen, da er unter permanentem Druck, einer starker Anspannung und chronischem Stress litt. Markus wünschte sich, durch das Coaching ein besseres Zeitmanagement zu erreichen, mehr Fokus zu gewinnen und eventuell lästige Verhaltensmuster aufzudecken, die ihn immer wieder in diese Stressspirale hineinziehen.

Markus kommt also zur ersten Sitzung. Ein sehr großer Mann steht vor Judith. Er hat einen grauen Anzug und eine auffällige, aber interessante Krawatte an. Er ist auf jeden Fall ein Mann, der mitten im Leben steht und genau weiß, was er will. Als die beiden sich begrüßen, zeigt sich eine sehr sympathische und offene Ausstrahlung. Er setzt sich hin und erzählt. Er wirkt dabei sehr nervös und unsicher.

Er erzählt, dass er einfach nicht mehr kann. Es ist alles zu viel, wiederholt er immer wieder. Markus wirkt sehr durcheinander und weiß zunächst gar nicht, wo er anfangen soll. Auf so eine deutliche Überforderung reagiert Judith immer mit einer ersten Entspannungsübung. Die meisten Klienten kommen bereits gehetzt ins Coaching und haben schon wieder den nächsten Termin im Kopf, sodass es enorm wichtig ist, sie erst mal richtig ankommen zu lassen. Das ist im Grunde die erste Fokus-Übung. Die Entspannungsübung zielt darauf ab, einfach mal nur den eigenen Körper und den aktuellen Moment wahrzunehmen. Nichts anderes. Dabei startet man mit der Atmung, indem man sich auf diese konzentriert, sie bewusst und ruhig vornimmt und hierüber in eine erste Entspannung findet. Im nächsten Schritt macht man einen Body-Scan, der auch im Achtsamkeitstraining angewendet wird. Dabei geht es darum, den Körper von Kopf bis Fuß zu »durchlaufen« und wahrzunehmen, wie es einem genau in diesem Moment geht und wo man z. B. Blockaden oder Anspannungen spürt. Auf diese geht man dann deutlicher mithilfe der Atmung ein, um erste Anspannungen zu lösen. Die kurze Übung zum »Runterfahren« hat vor allem den Vorteil, dass die KlientInnen danach um ein Vielfaches ruhiger, geordneter und spätestens dann im Coaching und bei sich angekommen sind. Markus ist nun auch auch viel ruhiger und wirkt deutlich gelöster. Judith startet nun mit einer ersten Bestandsaufnahme. Er soll einfach mal erzählen, wer er ist, und sein Leben aus der Retrospektive schildern. Er beschreibt sich als fröhliches und aktives Kind und als »durchschnittlich« guten Schüler. Er wollte immer eine Ausbildung zum Schreiner machen, aber die Eltern wollten, dass er studiert und es zu mehr bringt als sie selbst. »Damals war ich so blöd und hab auf meine Eltern gehört«, ergänzt er witzelnd. »Aber sonst wäre ich auch nicht da, wo ich heute bin. Also hatten sie ja schon recht.« Während er erzählt, wirkt Markus nicht mehr so selbstbewusst und zielstrebig wie zu Beginn. Das liegt daran, dass er nun aus einem anderen Persönlichkeitsanteil oder, sagen wir, aus einer anderen Rolle heraus spricht. Dem gehen wir später noch weiter auf den Grund. Zudem fällt Judith auf, dass er immer wieder abwertende Bemerkungen über sich selbst macht.

Sie notiert sich diese Sätze, um sie später gemeinsam mit ihm näher anzuschauen. Wichtig ist nun erst mal, dass Markus ganz viel Raum erhält und mal alles loswerden kann. Judith unterbricht ihn nicht, außer für Verständnisfragen. Ansonsten lässt sie ihm eher die Möglichkeit, die Assoziationskette seiner Gedanken frei abzulaufen. Dinge, die ihr dabei auffallen, notiert sie für später.

Kurz vor seinem Abitur trennten sich seine Eltern. Sie stritten sich nur noch und konnten in keinem Raum mehr zusammen existieren. Markus stand als Einzelkind von da an zwischen den Stühlen. Auch, weil die Eltern ihn immer wieder in ihre Kämpfe einbezogen. Er fühlte sich zudem ein Stück weit für ihre Trennung verantwortlich, weil er als Jugendlicher ziemlich rebelliert hat und die Eltern erst seit dieser Zeit mehr stritten. Es war für ihn nicht einfach. Das änderte sich erst, als er – auf den Rat seiner Eltern hin – Jura studierte. Er spezialisierte sich auf Unternehmensrecht und stieg direkt nach der Uni bei einer sehr bekannten Beratungsfirma ein. »Ich hab nur noch gearbeitet und hatte keine Zeit für Freunde oder Hobbys. Während um mich herum alle heirateten, habe ich es gerade mal so geschafft, die Hochzeiten meiner Freunde in meinem Terminkalender unterzubringen.« An eine ernsthafte Beziehung war also nicht zu denken. Irgendwann, als er gerade seine erste Kanzlei aufbaute, traf er eine alte Freundin aus Studienzeiten auf einer Party wieder. Sie kam gerade von einer Weltreise zurück. Er hingegen hatte das letzte Mal mit seinen Eltern Urlaub gemacht, als er 13 war. Die beiden unterhielten sich den ganzen Abend und Markus erinnert sich bis heute sehr gern an diesen einen Abend: »Das war so ein Moment, wo die Würfel hätten anders fallen können, und ich hab's versaut. Es fühlte sich alles so leicht und unverkrampft an. Ganz anders, als ich es aus dem Job oder sonst woher kannte. Ich bewunderte ihre Gelassenheit. Und ich hätte da gern mehr draus gemacht. Aber ich war zu schüchtern. Vermutlich war ich auch gar nicht ihr Typ.« Er hat danach zwar noch sehr oft an diese verpasste Chance denken müssen, aber hetzte in seinem Leben weiter von einer Erfolgsetappe zur nächsten. Seine Kanzlei expandierte mit mehreren Sitzen in Europa. Er ging nach London. Spätestens zu dem Zeitpunkt verlor er auch die wenigen Freunde, die er noch hatte. Er arbeitete rund um die Uhr. Sein erster Zusammenbruch folgte. »Ich bin morgens aufgestanden und unter der Dusche kamen mir die Tränen. Ich konnte nicht aufhören zu weinen. Ich heulte wie ein Schlosshund und sackte komplett zusammen. Als es wieder einigermaßen ging, trocknete ich mich ab, packte mich in den Anzug und ging zur Arbeit. Die Lehre, die ich daraus gezogen habe, war, dass ich abends mal etwas eher Feierabend gemacht und auf regelmäßige Mahlzeiten geachtet habe. Und ich hab mir zwei Tage Urlaub gegönnt.« Judith unterbricht ihn das erste Mal: »Und, wie haben sich diese Tage angefühlt?« Markus antwortet sofort: »Leer. Ich wusste überhaupt nichts mit mir anzufangen. Ich hab eigentlich nur geschlafen, ein wenig Sport gemacht und meine private Post aufgearbeitet. Aber ich fand es nicht wirklich erfüllend. Also hab ich wieder mehr gearbeitet.« So vergingen die Jahre. Auf einer Fortbildung hat er dann eine Frau kennengelernt, in die er sich direkt verliebte. Sie war allerdings verheiratet. Die beiden hatten eine Affäre. Markus genoss die Unverbindlichkeit und dass sie keine großen Zeitansprüche an ihn stellte, aber gleichzeitig machte es ihn noch einsamer. Denn irgendwann wollte er doch mehr, sie aber nicht. Die Affäre endete. Zu diesem Zeitpunkt beschloss Markus, wieder nach Deutschland zurückzukommen, um sich ein Privatleben aufzubauen. Er überließ die internationalen Geschäfte seinen Partnern und übernahm wieder seine Ursprungskanzlei. »Ich hab mich auch mal dabei erwischt, die alte Freundin von dem Partyabend auf Facebook zu suchen«, gibt Markus zu. Er strebte von nun an nach mehr Nähe und einer funktionierenden Beziehung und war auch dafür bereit, weniger zu arbeiten. Gesagt, getan. Er lernte bald darauf eine Frau kennen. Sie war etwas älter als er. Die beiden verbrachten viel Zeit miteinander und Markus genoss diese sehr. Es wurde mehr daraus und die beiden versuchten den Schritt in die Beziehung. »Alles war sehr schön und ich hatte das Gefühl, endlich mehr Gleichgewicht zu bekommen. Aber eines Morgens änderte sich alles.« Seine Mutter rief ihn an, er solle sofort kommen. Sein Vater hatte einen Unfall und lag auf der Intensivstation. Markus fuhr sofort los, kam allerdings zu spät. Sein Vater starb noch, bevor er dort ankam. Er hatte ihn zuvor schon sehr lange nicht gesehen und sich immer wieder vorgenommen, sich bei ihm zu melden. Die beiden hatten eigentlich immer ein sehr gutes Verhältnis, aber sie sahen sich durch Markus' Zeitmangel nur noch sehr selten. Er wollte ihm eigentlich in den nächsten Wochen seine Freundin vorstellen. Aber nun war es zu spät.

Von diesem Moment an fiel alles in sich zusammen. Markus konnte nichts mehr, er verkroch sich nur noch in seiner Wohnung, gab wochenlang kein Lebenszeichen. Nur mit großer Mühe konnte er seine Freundin und seine Mutter an sich ranlassen. Ansonsten war er »im schlimmsten Loch seines Lebens« angekommen, so beschreibt er es selbst. »Es war, als wäre ich mitgestorben.« Bei ersten Versuchen, wieder ins Leben einzusteigen, befielen ihn Angstzustände und Panik. Also blieb er weiterhin zu Hause. Seine Freundin hat ihm eindringlich eine Psychotherapie empfohlen, aber auch davor hatte er Angst und er hatte schlicht keine Kraft mehr dafür übrig. »Ich war so richtig leer und wusste nicht, wie ich mich jemals wieder anders fühlen soll.«

Angst ist von der Grundfunktion her erst mal ein ganz gesundes Gefühl. Es weist uns auf Gefahren hin und hat das Ziel, uns zu schützen. Wenn die Gefahr realistisch ist, kann uns das Angstgefühl das Leben retten. Ist die Angst unrealistisch und situativ nicht angebracht, hindert sie uns. Wenn z. B. ein Löwe durch die Tür kommt, ist das Gefühl der Angst angebracht. Es wäre nicht ratsam, den Löwen zu streicheln. Sollte jedoch durch dieselbe Tür eine kleine Maus hereinkommen, ist die Angst situativ im Grunde nicht angebracht. Eine Maus stellt keine Lebensgefahr dar. Sollten wir in der Situation aber trotzdem Angst haben, ist die Angst nur in unseren Gedanken real. Panikzustände sind der körperliche und psychische Ausdruck von Überforderung. Wir bekommen ganz plötzlich eine starke Angst, dass uns etwas Schlimmes passieren könnte. Meistens ist es das Gefühl, umzukippen oder zu sterben. Es kann von starker innerer Unruhe, Zittern, Kälte- oder Hitzeschauern, Schwindelgefühlen, Übelkeit, Herzrasen, Atemnot, Schmerzen im Brustbereich und eventuellen Depersonalisationsgefühlen gekennzeichnet sein, die mir das Gefühl geben, neben mir zu stehen. Wir können uns die Paniksituation auch wie einen Wasserkessel vorstellen, der anfängt zu pfeifen, wenn es im Inneren zu heiß und der Druck zu groß wird. In den meisten Fällen werden wir so sehr von dem Erlebten mitgerissen, dass wir den Auslöser nicht erkennen. Wenn in einem Raum ein Rauchmelder piept, ist ja auch nicht der Rauchmelder das Problem, sondern der Rauch oder das Feuer. Die Ursache ist in den meisten Fällen sehr deutlich von außen erkennbar, nur für die Betroffenen nicht. Es kann ausgelöst werden, wenn ich mich in meiner Existenz bedroht, eingeengt oder ausgeliefert fühle. Für Markus ist es eine gute Mischung aus allem.

»Gerettet hat mich dann mein alter Kanzleipartner, der mich mit Ach und Krach auf einen Segeltörn mitnahm und mich dort zum gemeinsamen Meditieren überredet hat. Wir saßen also an Deck, blinzelten in den Sonnenaufgang und da wurde mir klar, dass ich mein Leben gerade komplett aufgebe, obwohl es so viel zu bieten hat, das ich zuvor nicht wahrgenommen habe. Also wollte ich wieder Fahrt aufnehmen mit Kurs Richtung Leben. Diesmal richtig.«

Markus ist nun auch so richtig bei Judith angekommen und sitzt deutlich entspannter im Sessel. »Und wie sah das aus?«, fragt Judith vorsichtig. Markus entwickelte mit seinem Partner ein neues Konzept, mit dem einfachen Ziel, mehr Zeit zu haben. Für einige Monate hat das super funktioniert, aber es haben sich doch wieder alte Verhaltensmuster in sein Leben eingeschlichen. Er nimmt nun auch wieder Arbeit mit nach Hause und arbeitet am Wochenende. Seine Freundin hat ihn in den ganzen letzten Jahren sehr stark unterstützt, wünscht sich aber mehr Zeit mit ihm. Markus ist mittlerweile klar geworden, dass er gern Kinder hätte. Seine Freundin ist aber älter als er und möchte keine Kinder mehr bekommen. Die beiden streiten sich daher aktuell sehr oft und finden keine gute Lösung. Das frustriert Markus zusätzlich. Um den Konflikten aus dem Weg zu gehen, arbeitet er auch wieder mehr. Er fühlt sich also wieder in seinem alten Teufelskreis gefangen. Seine Angstzustände hat er auch nicht ganz ablegen können. Sie begegnen ihm gern in ruhigeren Momenten, wenn er allein ist. Zusätzlich leidet er seit vielen Jahren unter Schlafstörungen und häufigen Kopfschmerzen, die er mittlerweile einfach akzeptiert und täglich mit Medikamenten ausblendet. Wenn er es schafft, versucht er, Sport zu machen, aber das bleibt eigentlich immer auf der Strecke.

Markus hat sich dafür entschieden, seine Symptome auf »lautlos« oder »ruhig« zu stellen. Medikamente können Betroffene unterstützen, stark belastende Phasen leichter zu bewältigen. Das Problematische daran ist nur, dass die Ursache nicht gelöst wird. Ohne Medikamente sind alle Symptome wieder da. Manche Menschen greifen sogar zur eigenen »Hausapotheke« oder besser gesagt zum Schnapsregal. Die daraus entstehenden zusätzlichen Symptome verstärken die Angstsymptome und kurbeln den eigenen Teufelskreis wie ein Karussell weiter an. Wir kommen dann gefühlt nicht mehr raus und erhöhen im Zweifel die Dosis oder die Flaschenzahl. Oft mit fatalen Folgen. Vor allem, wenn die Nebenwirkungen zu groß werden. Dann neigen Skeptiker dazu, es auf das Medikament zu schieben statt auf den nicht angemessenen Umgang damit. Diese mangelnde Einsicht nennt Cord auch mangelnde *Compliance*. Die Betroffenen können nicht erkennen und akzeptieren, dass sie Hilfe brauchen. Durch dieses Verhalten verlängert sich das Symptomerleben und im ungünstigen Falle verlagert sich die Belastung in andere Bereiche. Dann kommt zu der Angststörung vielleicht noch eine Schmerzstörung oder Depression hinzu.

Markus sitzt bei Judith, denn »er ist ja nicht krank«. Das entgegnet er auf die Frage, warum er ins Coaching statt zur Psychotherapie gegangen ist. Judith vermutet bereits ein Burn-out, das ihn eigentlich schon länger begleitet und ihm keine Chance ließ, Ressourcen für den Tod des Vaters aufzubringen.

Insiderwissen

Es ist ganz wichtig, nicht voreilig Diagnosen oder Urteile anzunehmen. Es geht nicht darum, den Anliegen der Klienten unbedingt einen Namen zu geben und sie nach Symptomen zu beurteilen, sondern sie in ihren individuellen Bedürfnissen wahrzunehmen und für den einzelnen Klientenprozess offen zu bleiben.

Trotzdem starten Markus und Judith in das Coaching, denn ein Coaching schadet nie, wenn ressourcenorientiert gearbeitet wird.

Insiderwissen

Gut ausgebildete Coaches erkennen psychotherapeutische Themen oder Grenzgebiete, bleiben auch im Prozess weiterhin sensibel dafür und sprechen das mit den KlientInnen an.

Judith weist Markus also darauf hin, dass die körperlichen Symptome, wie Angststörungen und Panikattacken sowie Schlafstörungen und Kopfschmerzen, gezielt in einer Psychotherapie behandelt würden und dort der Ursache auf den Grund gegangen würde. Markus entscheidet sich daraufhin, es parallel zum Coaching doch mal mit einer Psychotherapie zu versuchen. Judith hat Markus in seiner Eigenwahrnehmung von Beginn an ernst genommen und dadurch ein generelles Vertrauen in eine begleitete Selbstauseinandersetzung und den folgenden Prozess geschaffen, sodass er seine Meinung über die Psychotherapie noch mal überdenken und reflektieren und diese als Chance und hilfreiche weitere Ressource wahrnehmen konnte, die ihn konstruktiv weiterbringen würde. Hätte Judith Markus nach seinen Symptomschilderungen von einem Coachingprozess abgeraten und ihn abgelehnt, hätte das vermutlich in ihm das Gefühl hinterlassen, dass ihn keiner ernst nimmt und ihm keiner helfen kann. Eine Psychotherapie hilft Markus, die Symptome zu erkennen und einzuordnen. Im weiteren Verlauf würde er dann durch Hilfe zur Selbsthilfe lernen, diese durch veränderte Verhaltensweisen und Umgangsformen zu reduzieren. Wenn er z. B. immer stärker den sozialen Rückzug gewählt und zu Hause immer weniger gemacht hätte, wäre seine Körperfokussierung deutlich gestiegen und er hätte die Symptome öfter wahrgenommen. Diese Fixierung verstärkt das Erleben und kann durch den Aufbau eines konstruktiven Alltages verändert und verbessert werden. Es ist vor allem wichtig, dass die Veränderung so passiert, wie Markus sie gut und sinnvoll findet. Wenn das nicht so ist, wird die Veränderung nicht lange erhalten bleiben.

Judith und Markus vereinbaren als gemeinsames Ziel fürs Coaching, an Markus' Fokus zu arbeiten, damit ein besseres Zeitmanagement zu erreichen und seine berufliche Ausrichtung noch mal infrage zu stellen.

Ein sehr effizientes Tool bei Stresserleben ist das Kraftressourcen-Modell, das zunächst alle Stressoren und Ressourcen identifiziert und gegenüberstellt. Sinn des Tools ist es, alle Taten, die man täglich oder regelmäßig vornimmt, zu klassifizieren und zu schauen, welche Dinge einen stressen und vielleicht sogar auch Symptome wie Kopfschmerzen, Anspannung, Unwohlsein oder ein Druckgefühl erzeugen. Es geht also auch hier wieder darum, sich die Dinge bewusst zu machen, die einen fertigmachen. Im zweiten Schritt geht es um bewusstes Handeln. Dazu schaut man sich an, welche Ressourcen auf der anderen Seite stehen. Was macht einem wirklich Freude? Worauf freuen wir uns? Was haben wir früher sehr gern gemacht, aber mittlerweile vergessen oder aus Zeitmangel aufgegeben? All diese guten Dinge verlieren wir schnell aus den Augen, wenn wir im Alltag vor allem die Anforderungen an uns abarbeiten, die – wie wir festgestellt haben – mit zunehmendem Alter nur wachsen und mehr werden. Also liegt es an uns, wie stark sie uns steuern und mit welchem Mindset wir sie betrachten. Wir können in den Tag voller To-dos z. B. mit verschiedenen Einstellungen starten: Entweder mit dem Ausruf »O Mann, schon wieder so viel zu tun! Wie soll ich das alles nur schaffen?« oder mit den Fragen »Wie geht's mir eigentlich gerade? Wie kann ich diesen Tag entspannt und mit guter Energie beginnen? Ich werde mich von den Anforderungen nicht stressen lassen, denn nichts ist so wichtig, dass es mir den Tag erschweren sollte.«

Auch wenn es seltsam wirkt, rät man gerade in stressigen Situationen den KlientInnen zu To-do-Listen und Zeitmanagementtools wie z. B. der Eisenhower-Matrix, die es einem ermöglichen, Wichtiges und Dringliches von unwichtigen und zeitunkritischen Dingen zu trennen. Somit können wir besser selektieren, was wirklich getan werden muss und was *nice to have* wäre. Grundsätzlich empfiehlt es sich bei Stresserleben, wie auch schon in Nathalies Fall, ein Tagebuch zu führen und alle Taten in Stressoren und Ressourcen einzuordnen und am Ende jeden Tages die Bilanz nicht über das Verhältnis 70 : 30 (Ressourcen : Stressoren) steigen zu lassen.

Im Coaching schaut man aber vor allem darauf, ob der Stress temporär ausgelöst und z. B. einer anspruchsvollen Situation zuzuschreiben ist, die zeitlich begrenzt ist, oder ob das Stressgefühl Umständen oder Verhaltensmustern geschuldet ist, die einen grundsätzlich unzufrieden und unglücklich machen. Eine Mutter, die während einer Unternehmensgründung schwanger wird, kann insofern auch nur von den äußeren Bedingungen stark beansprucht sein. Generell ist sie aber über die Inhalte ihres Lebens glücklich und braucht in dieser anspruchsvollen Lebensphase nur ein gut funktionierendes Zeitmanagement. Während in Markus' Fall eher davon auszugehen ist, dass ihn sein gewähltes Lebensmodell stresst und die Inhalte nicht zu ihm passen. Das findet man im Coaching durch assoziative Arbeit raus. Assoziativ meint, dass sie nicht rational und analytisch begründet ist, sondern eher die emotionale Ebene und die freie Assoziation anspricht. Wir sind nämlich schnell dabei, unsere Situation rational darzulegen. Das erkennt man an Sätzen wie z. B. »Aber das Jobangebot konnte ich einfach nicht ablehnen!«, »Ich verdien wirklich gutes Geld und hab Topkonditionen!«, »Die Jobzeiten passen super zu den Betreuungszeiten der Kinder!« oder »Ich warte noch die Gehaltserhöhung ab und ansonsten bin ich weg!«. In diesen Momenten spricht der erwachsene und vernünftige Anteil aus uns, aber nicht der Anteil, der weiß, was uns wirklich Spaß macht oder was wir wirklich wollen. Um den zweiten Anteil deutlicher aus uns herauszukitzeln, braucht es daher eine Methode, die wegführt vom üblichen Gespräch und von den uns bekannten Äußerungen.

Judith verwendet zu diesem Zweck oft und gern ein Tool namens »Vision Pensionierung«, man visualisiert – wie der Name verrät – die Pensionierung. Sie wandelt es dann entsprechend der Situation der KlientInnen ab. Das Entscheidende daran ist aber im Grunde immer, das Pferd von hinten aufzuzäumen: Normalerweise schaut man ja immer nach vorn, wenn man die eigene Zukunft visualisiert. Bei diesem Tool macht man's andersrum: Man »geht« in die Zukunft und schaut zurück. Ein guter Zeitpunkt ist für viele KlientInnen der 80. Geburtstag. Judith versetzt sie durch eine Entspannungs- und Visualisierungsübung an den Tag ihres 80. Geburtstags. Um sich ganz dorthin begeben zu können, werden alle Sinne angesprochen, der Tag wird vor dem inneren Auge »erlebbar«. Das Entscheidende ist, dass die KlientInnen zu Beginn nicht wissen, dass sie zu ihrem 80. Geburtstag »reisen«. Sie sollen sich einen perfekten Tag vorstellen, an dem alle Bedingungen ideal sind und sie an ihrem persönlichen Wunschort aufwachen, sich auf einen Tag mit allen Dingen freuen, die sie gerne machen. Erst danach eröffnet man ihnen, dass sie sich in ihrer Zukunft, am Tag ihres 80. Geburtstags, befinden und sie diesen mit allen Menschen feiern, die sie zu diesem Anlass gern bei sich haben möchten. Es geht danach um die konkrete Vorstellung der eigenen Geburtstagsfeier, so wie die KlientInnen sie sich wünschen würden. Ein besonderer Mensch hält eine Rede und blickt auf das erfüllte und wunderschöne Leben der KlientInnen zurück. Alles Erreichte wird an diesem Tag gefeiert. Spätestens dann erreichen die KlientInnen Bilder, auf die sie in diesem sehr emotionalen Moment gern zurückblicken möchten, von Dingen, die ihnen im Leben wichtig gewesen wären. Diese Bilder werden von den KlientInnen gesammelt und anschließend im Coaching aufgegriffen.

Auch Markus wird in diesem Tool sehr emotional. Am meisten berührt ihn die Tatsache, dass sein Vater nicht mehr da ist, und er fragt sich, wie er sich wohl seinen 80. Geburtstag ausgemalt hätte, wenn er diesen noch erlebt hätte. Davon abgesehen sieht Markus sich an dem Tag als sehr ausgelassene Person. Als »den witzigen Opa«, so seine Worte. Als Judith ihn fragt, ob er in der Vorstellung Kinder hat, bejaht er und erzählt, dass sein Sohn eine Rede auf ihn gehalten hätte. Ein Sohn, der aktuell noch nicht existiert. Am wichtigsten wäre ihm, dieses Alter noch zu erreichen und seine Kinder und Enkelkinder so lang mitzubekommen und zu begleiten. Judith fragt weiter, worauf er in seinem Leben besonders stolz zurückgeblickt hat. »Dass ich irgendwann das Ruder rumgerissen habe«, antwortet Markus. »Wann?«, fragt Judith. »Jetzt«, antwortet Markus. »Denn wenn ich so weitermache, erlebe ich den 80. Geburtstag nicht mehr.« Er fügt hinzu, dass er nun für sich festgestellt habe, worauf es im Leben wirklich ankommt. Judith fragt, worauf es denn jetzt für ihn im Leben ankommt? Markus antwortet ohne Zögern: »Liebe.«

Die Visualisierung hat seinen eigentlichen Wünschen noch mal Nachdruck und Ausdruck verliehen. Er ist durch die intensive Auseinandersetzung mit sich selbst seinen eigentlichen Bedürfnissen Stück für Stück nähergekommen. Aber erst durch das assoziative Tool konnte er diese tief liegenden Bedürfnisse klar bebildern und benennen. Jetzt könnte man annehmen, dass Markus mit dieser Erkenntnis seinen persönlichen Durchbruch erreicht hat, da er seinen eigentlichen Bedürfnissen und Wünschen auf die Schliche gekommen ist. Aber jetzt kommt (leider) erst der schwierige Teil: sich diese Dinge auch zu erlauben und ihnen nachzugehen. Es sind ja auch noch die Anteile in Markus laut, die ihn zuvor zu der großen Leistung und der vielen Arbeit motiviert haben. Diese kann man nicht einfach so abstellen. Judith und Markus versuchen also herauszufinden, was für ihn Blockaden darstellen könnten.

Am Ende stellt sich heraus, dass Markus – mit falschen Glaubenssätzen seiner Eltern ausgestattet – unbedingt beruflich erfolgreich werden wollte. Zudem hat ihn die Trennung der Eltern so traumatisiert, dass er sich keine enge Bindung vorstellen konnte und diese Erfahrung nicht an eigene Kinder weitergeben wollte. Markus' Beziehungsidealismus führte also zu dem Wunsch, keine Beziehung zu führen. Aus diesem Grund suchte er sich unbewusst stets Frauen aus, mit denen die Beziehung in erster Linie unverbindlich bleiben konnte. Doch eigentlich wollte er gar nicht so leben. Falsche Glaubenssätze und Ängste haben ihn dazu motiviert. Er nahm an, nur erfolgreich geliebt zu werden. Also hat er alles dafür getan, Erfolg zu haben. Koste es, was es wolle. Und allem, was dem Beziehungsmodell seiner Eltern nahekam, wurde ausgewichen. Das Paradoxe ist aber, dass er sich eigentlich nach einer glücklichen und liebevollen Beziehung sehnt, danach, in dieser akzeptiert zu werden, wie er ist, und das an eigene Kinder weitergeben zu können. Wachgerüttelt hat ihn aber erst der Tod seines Vaters, sonst hätte er ewig so weitergemacht. Ohne blassen Schimmer, warum er nicht glücklich ist oder wird.

Was aus Markus geworden ist Markus ist es in diesem sehr intensiven Prozess und der besonderen Auseinandersetzung mit sich gelungen, sich und seine wirklichen Bedürfnisse besser wahrzunehmen und ihnen auch nachzugehen. Er hat sich in diesem Zuge von seiner Freundin getrennt, weil er sich klar dazu bekannt hat, Kinder zu wollen. Danach hat er sich ein Jahr eine bewusste Auszeit genommen, in der er seine Schreinerliebe wiederentdeckt hat. Mit einem klaren Phasenplan hat er sich aus der Kanzlei herausgezogen und sich mit der Restauration alter Holzmöbel selbstständig gemacht. Er startet nun seinen Tag statt mit Anzug und vollem Terminkalender in seinem kleinen eigenen Atelier mit ganz viel Freiheit und

Leidenschaft. Er hat noch keine neue Partnerin, aber bleibt auch hier zuversichtlich. Nachdem er noch mal die alte Partybekanntschaft gesucht, gefunden und kontaktiert hat, stellte sich heraus, dass die Frau mittlerweile verheiratet ist und im Ausland lebt. Aber er hat einen Versuch gewagt und kann damit nun abschließen und weiter nach vorn blicken. Das Coaching hat er inzwischen beendet, ist aber noch in der Psychotherapie, um die Trennung der Eltern und den Verlust seines Vaters aufzuarbeiten. Er ist durch diese Schritte zu guter Letzt symptomfrei geworden.

Wie hilft mir das? Es ist in manchen Momenten nicht leicht, einen Schritt aus dem eigenen Leben zu machen und mal das große Ganze zu betrachten. Das wird vor allem dann erschwert, wenn wir uns schon in einer Überforderung befinden. Markus brauchte aus diesem Grund zunächst eine Anleitung, um seine Themen ordnen und klar betrachten zu können und im Anschluss mit Fokus ein neues Ziel anzugehen. Markus stand, als er ins Coaching gekommen ist, unter enormem Perfektions- und Leistungsdruck. Er hatte das Gefühl, dass der Druck ihn von außen bestimmt und der Job ihn fest im Griff hat. Im Coaching wollte er ein paar Tricks für ein besseres Zeitmanagement und einen gezielteren Fokus an die Hand bekommen. Erst im Prozess stellte sich heraus, dass der Perfektions- und Leistungsdruck durch alte Glaubenssätze und die Werte seiner Eltern ausgelöst wurde, die er unbewusst übernommen hatte. Zudem hat ihn das Beziehungsmodell seiner Eltern so stark abgeschreckt, dass er dem Thema in seinem Leben bisher ausgewichen ist und sein daraus resultierender Beziehungsidealismus stets unverbindliche Beziehungen vorgab. Diese unbewussten Mechanismen gingen einerseits nicht auf seine eigentlichen Wünsche zurück, sondern auf die Ideale seiner Eltern, und sie entwickelten sich andererseits aus Ängsten, da er die Trennung seiner Eltern nicht wiederholen wollte. Durch einen parallelen Prozess im Coaching und in der Psychotherapie konnte Markus diesen Blockaden auf die Schliche kommen. Er konnte mit seiner Geschichte und den Spuren, die sie hinterlassen hat, aufräumen und dadurch auch seine körperlichen Symptome hinter sich lassen.

Markus' Fall ist ein sehr gutes Beispiel dafür, dass das Anliegen nicht immer eindeutig ist und dass die Überforderung zuschlägt, weil der Fokus fehlt. Markus hatte berufsbedingten Stress, einen großen Verlust erlitten, Beziehungsprobleme und körperliche Symptome. Er war gefangen in einem Wust vieler Themen, die er selbst nicht mehr ordnen und einordnen konnte. Er wusste nicht einmal, wo er anfangen sollte. Er spürte nur die Überforderung und fühlte sich von dem inneren Chaos erschlagen, das erst bei genauerem Hinsehen offenbarte, was er eigentlich brauchte und wollte. Wenn das Fass überläuft, ist es nicht immer der letzte Tropfen, der den entscheidenden Hinweis zur Lösung unserer Probleme liefert. Was wirklich im Fass schlummert, entdeckt man erst durch tieferes Eintauchen.

Tools to go

Vorzugsweise Fokus

Das Multitasking-Verbot

Wir haben alle nur 24 Stunden am Tag. Manche von uns pressen in diese Zeitspanne aber mehr Dinge, als Sie eigentlich schaffen können. Das geht nur mit Multitasking. Allerdings ist Multitasking der Feind von Fokus und jeder Form von Achtsamkeit. Es fördert zudem das Gefühl des »Rennens« und provoziert Stress. Sie haben am Ende des Tages vielleicht mehr geschafft, aber die einzelnen Tätigkeiten nicht bewusst und viel wichtiger: sich selbst nicht bewusst wahrgenommen. Multitasking ist bei vielen unserer KlientInnen zu einem Verhaltensmuster geworden, aus dem Sie sich schlecht befreien können. Die Folge: das Hamsterrad. Die Lösung: Fokus. Widmen Sie sich immer nur einem Thema. Das kann durchaus mal mehrere Handlungen umfassen, die aber zu einem selben Thema stattfinden. Lassen Sie sich von einem Thema nur bewusst ablenken. Wenn Sie z. B. im Job eine E-Mail an eine Kundin verfassen und Ihr/-e Chef/-in Sie zu sich ruft, werden Sie vermutlich die E-Mail unterbrechen. Machen Sie sich das in diesem Moment bewusst und nehmen Sie sich vor, danach die E-Mail zu beenden und abzuschicken. Sollte Ihr guter Freund anrufen, während Sie einkaufen, sollten Sie ihn besser später zurückrufen. Ruft Ihr Freund aber an, weil er Ihnen eine wichtige Zutat fürs Abendessen durchgeben will, wäre das Multitasking zu einem selben Thema und würde nicht Ihren Fokus beim Thema »einkaufen« stören. Machen Sie sich also stets bewusst, was gerade in Ihrem Fokus steht, und bleiben Sie dabei.

Planen Sie, was Ihre Aufmerksamkeit verdient

Der Fokus-Kalender

Mittlerweile gibt es Kalender, die genau das unterstützen: den Fokus nicht zu verlieren und zu planen. Geben Sie Ihrem nächsten Tag, der anstehenden Woche oder dem aktuellen Monat einen klaren Fokus. Fragen Sie sich hierfür: Was will ich morgen erreichen? Was steht klar im Fokus? Richten Sie die Planung an Ihren Bedürfnissen aus, z. B. »Ich möchte mich morgen auf eine gesunde Ernährung konzentrieren«. Dann bereiten Sie sich ein ausgewogenes Frühstück zu, gehen mittags nicht in ein Fast-Food-Restaurant und kochen abends Ihr gesundes Lieblingsessen. Sie können für sich auch ein Ziel festlegen wie: »Ich möchte im nächsten Monat meine sozialen Kontakte vertiefen!« oder »Ich möchte im nächsten halben Jahr verstärkt auf die Umwelt achten!« oder »Ich möchte bis zum Ende des Jahres eine Beförderung erreichen!«. Wenn Sie diese Ziele definieren und so Ihren Fokus festlegen, werden Sie Ihre Zeit und Aufmerksamkeit verstärkt und vor allem bewusst danach ausrichten. Fangen Sie klein an und steigern Sie sich mit Ihren Fokus-Vorgaben nach jedem erfolgten Ziel. Sofern Sie in dieser Zeit Ihren Fokus auf das vorgegebene Thema ausrichten, werden Sie Ihre Ziele klarer verfolgen, nicht aus den Augen verlieren und auch erreichen.

Erkenntnis to go

!

Wir erreichen unsere Ziele oft nicht, weil wir an ihnen scheitern, sondern weil wir uns immer wieder von ihnen ablenken lassen.

Lassen Sie sich nicht ablenken

Das Aufgaben-Management-Tool: Die Eisenhower-Matrix

Die Eisenhower-Matrix ist simpel, aber funktioniert immer. Sie verdankt ihren Namen dem ehemaligen US-Präsidenten und Alliiertengeneral Dwight D. Eisenhower, der die Matrix durch ein Zitat geprägt hat: »*I have two kinds of problems, the urgent and the important. The urgent are not important, and the important are never urgent.*« Damit hat er ein häufiges Prioritätenproblem und vielleicht das größte Problem unserer Zeit angesprochen: den Fokus. Wir haben verlernt, nur eine Sache zu tun bzw. uns auf eine Sache zu konzentrieren, weil wir uns ständig auf den »Berg« konzentrieren und darauf, ihn kleiner werden zu lassen, bis wir irgendwann fertig sind. Den Zustand »fertig« gibt es aber nicht, und wenn wir diesen Gedanken annehmen und akzeptieren, fühlen wir uns viel freier und geben jeder einzelnen Aufgabe den Fokus, den sie verdient. Denn natürlich kommt danach die nächste, aber das wird immer so sein. Wir kämpfen mit dieser neuen Akzeptanz also nicht mehr gegen den unsichtbaren Berg der eigenen Aufgaben und fühlen uns gehetzt, sondern wir können die Aufgaben als Bausteine des Wegs betrachten, der uns zu unserem Ziel führt. Und dabei geht es uns doch wieder vielmehr um einen schönen, angenehmen Weg und nicht um die schnellste, aber vermutlich auch stressigste Route. Die Eisenhower-Matrix hilft dabei, die Aufgaben jeden Tag in Dringlichkeit und Wichtigkeit einzuordnen, um nicht nur schlichtweg den Berg abzuarbeiten, sondern die To-dos zu priorisieren und mit Fokus anzugehen. Facebook oder Instagram landen übrigens gern in der Kategorie »nicht dringend und nicht wichtig«. Sie stehlen uns gern die Zeit und den Fokus, daher gehören sie in den Papierkorb. Es ist wichtig, die Matrix jeden Tag komplett neu zu befüllen und nicht z. B. Aufgaben über mehrere Tage mitzuschleppen und zu bearbeiten. Somit stellt man sich jeden Tag erneut die Frage: »Was ist heute eigentlich wichtig und was ist dringend?« Die Eisenhower-Matrix ist als Zeitmanagement-Tool aufgrund ihrer einfachen, aber effizienten Anwendung sehr beliebt und kommt auch im Coaching regelmäßig zum Einsatz. Sie können sie sich auch als App auf Ihr Smartphone oder Tablet herunterladen und haben Sie somit immer dabei.

Wir verurteilen/verleugnen uns selbst

Das Problem mit der eigenen Abwertung

Da ist die Freundin, die immer Stress hat, aber nicht runterfahren kann, oder der Bekannte, der mal wieder einer Frau begegnet ist, die ihn doch eigentlich nur ausnutzt, oder der Kollege, der seit 20 Jahren in der Firma hockt, die er eigentlich abgrundtief hasst, und nichts ändert. Alles Menschen, die sich selbst und ihre Bedürfnisse verleugnen. Da fragt man sich doch: Warum? Keiner zwingt sie, diese Art von Leben zu führen. Vielleicht wollen sie auch selbst raus aus der Situation, wissen aber nicht, wie. In diesem Abschnitt steigen wir tiefer in die Persönlichkeitsstrukturen ein, da diese Personen alle eine Sache gemeinsam haben: eine große Ambivalenz. Sie fühlen sich häufig innerlich hin- und hergerissen, sitzen zwischen zwei Stühlen oder haben ständig die Schultern mit Engel und Teufel besetzt. Am Ende gewinnt aber meistens die Partei, die nicht die eigentlichen Bedürfnisse berücksichtigt. Das kann verschiedene Gründe haben. Wir beobachten in der Praxis als Herausforderungen häufig einen zu hohen Perfektionsdruck, einen übersteigerten Beziehungsidealismus oder blockierende Glaubenssätze. Hinter all diesen Phänomenen nehmen wir in der Psychotherapie und im Coaching wiederholt eine bestimmte Angst wahr: die Angst vor Kontrollverlust. Somit können die betroffenen KlientInnen z. B. den sicheren Job nicht aufgeben oder haben den unbedingten Wunsch, anderen zu gefallen. Der Gesellschaft, den Eltern oder der Partnerin/dem Partner – und sie tun alles, um diese Beziehung nicht zu gefährden.

Cord hat in seiner Praxis sehr viele Fälle, die mit dem Thema Selbstverleugnung kämpfen. Bei vielen dieser Fälle fällt auf den ersten fachmännischen Blick das mangelnde Selbstbewusstsein auf. Gefühlt ist mindestens jeder zweite Fall in der Praxis davon betroffen. Wenn wir in unserem Leben merken, dass es nicht so rundläuft, neigen manche Menschen dazu, die eigenen Fähigkeiten und Kompetenzen infrage zu stellen. Man zweifelt an der eigenen Person. In der Praxis sprechen wir dann von einem reduzierten Selbstwertgefühl. Auf den zweiten Blick wird dann häufig deutlich, dass eine Selbstverleugnung dahintersteckt. Und die entsteht nicht selten in früher Kindheit. Fragen Sie mal Ihre Großeltern, wie viel Raum sie für individuelle Bedürfnisse hatten. Je nachdem, welcher Generation sie angehören, werden sie Ihnen sehr lebendig schildern können, dass es damals in erster Linie um die Erhaltung der eigenen Existenz ging. Sei es durch das Stillen von Grundbedürfnissen wie Essen, Trinken, Kleidung, Schlaf und ein eigener Rückzugsort oder durch die Identifikation mit der Umgebung, also mit Schule, Beruf oder Nachbarschaft. Gerade die Generationen, die den Weltkrieg direkt oder als direkte Nachfolgegeneration miterlebt haben, wissen sehr gut, dass befriedigte Grundbedürfnisse und Wohlstand Dinge sind, die nicht jedem ganz selbstverständlich vergönnt waren. Der Fokus war ein anderer als heute. Gerade die Menschen aus diesen beiden Generationen haben wirklich erst lernen müssen, sich selbst wahrzunehmen und zu überprüfen, was man selbst will. Und wenn diese Generationen ihre Schwierigkeiten hatten, ihre eigenen Bedürfnisse wahrzunehmen und nach diesen zu leben, haben sie diese Fähigkeit auch nicht ihren Kindern vorleben können. So zieht sich die Unfähigkeit des eigentlichen »Hörens auf sich« durch unsere gesamte Gesellschaft, obwohl wir heutzutage jede Freiheit und die Mittel dazu hätten. Dieses Problem nehmen wir bei unseren KlientInnen sehr deutlich wahr und empfinden die Selbstverleugnung hierbei als einen großen Stolperstein, um sich der eigentlichen Lösung anzunähern: das zu tun, was man auch wirklich will.

Eines der besten Beispiele für die Schwierigkeit und Schwere der Selbstverleugnung zeigt sich bei dem Thema Homosexualität. Dieses Thema hat in der Gesellschaft über viele Jahre hinweg keinen Platz gefunden. Menschen, die diese sexuelle Ausrichtung an sich wahrgenommen haben, hatten Angst, sich dazu zu bekennen, weil sie eine Ablehnung der Gesellschaft befürchteten. Diese Angst war leider real, denn Homosexualität galt sehr viele Jahre als »falsch«. Zur kirchlichen und der gesetzlichen Diskriminierung gesellte sich immer auch die gesellschaftliche Ausgrenzung und noch in den 80er-Jahren wurden homosexuelle Männer z. B. mit Aids in Verbindung gebracht. Unter diesen Umständen unterdrückten viele Betroffene ihre homosexuelle Orientierung und führten zum Teil heterosexuelle Beziehungen und Ehen mit Kindern, in denen sie aber im Grunde ihres Wesens unglücklich waren. Dies ist eine klare Selbstverleugnung, die mindestens zu einer inneren Anspannung und in der Folge zu weiteren Symptomen führen kann. Heutzutage ist die Welt zum Glück offener und toleranter, sodass homosexuelle Menschen endlich Raum bekommen, ihre Sexualität authentisch und ohne Scham und Angst auszuleben. Es geht immer noch um gleichgeschlechtliche Liebe, aber eins hat sich über die Jahre verändert: das gesellschaftliche Mindset. Die Gesellschaft musste verstehen und einordnen können, dass homosexuelle Menschen nichts Böses im Sinn haben oder krank sind, sondern einfach nur so lieben wollen, wie sie es wollen.

Selbstverleugnung kann bis zu Erkrankungen führen oder sich im Rahmen dieser offenbaren. Die Essstörung ist eine der bekanntesten Erkrankungen, bei denen wir uns bestimmte Bedürfnisse nicht erlauben. Entweder indem wir uns gar nicht mehr erlauben zu essen oder etwa nur eine bestimmte Anzahl an Kalorien. Sicherlich ist es nicht ganz falsch, darauf zu achten, wie viele Kalorien wir zu uns nehmen. Wenn allerdings schon eine Essstörung vorliegt, ist ein gesunder Realitätsbezug nicht mehr möglich. Alle Formen der Essstörung haben das gemeinsame Problem, dass wir die Kontrolle über uns verlieren. Obwohl die Störung genau das zum Ziel hat: eine Form von Kontrolle über sich selbst zu haben. Die Betroffenen haben häufig eine prägende oder traumatische Erfahrung gemacht oder befinden sich in einem destruktiven und verletzenden Umfeld, sodass sie über die Essstörung ein Ventil suchen, in ihrem Leben die Kontrolle wiederzugewinnen. Es gibt die Magersucht (Anorexie), die Ess-Brech-Sucht (Bulimie) und die Esssucht (Binge-Eating-Störung). Menschen mit einer Magersucht halten sich für zu dick. Jedes Nahrungsmittel stellt für sie eine Gefahr in Form von zu vielen Kalorien für den Körper da. Wie ein innerer Kritiker zieht die dunkle Wolke auf, die die Betroffenen nicht mehr loslässt und von da an dominiert. Gefühlt ist es ein Kampf gegen sich selbst, bei dem es um das Überleben geht. Die Selbstverleugnung führt mit der Zeit zur gefühlten Vernichtung bis hin zum körperlichen Zusammenbruch. Die Betroffenen sind durch den drastischen Gewichtsverlust meist so geschwächt, dass es lebensbedrohlich werden kann. Sie leiden an einer Realitätsverzerrung, sodass sie diese Gefahr nicht wahrnehmen bzw. sie sie für ihr Ziel, »nicht dick zu sein«, in Kauf nehmen. Sie erleben sich ständig als »zu dick«, sodass sie ihr faktisch bedrohlich niedriges Körpergewicht verleugnen, bis die Abwärtsspirale kaum noch aufzuhalten ist.

Eine weitere markante Diagnose in Bezug auf Selbstverleugnung ist die emotional instabile Persönlichkeitsstörung des Borderline-Typus. Die Menschen haben Schwierigkeiten, sich selbst wahrzunehmen, und infolgedessen auch, ihre Gefühle zu steuern. Oft empfinden sie nichts oder direkt viel zu viel, sodass sie von anderen gern als sehr leidenschaftlich oder überschwänglich bezeichnet werden. Die Betroffenen nehmen das selbst als eine Gefühlsüberflutung wahr, die sich wie das Einbrechen eines Staudamms anfühlt. Selbstverletzende Gedanken und das chronische Gefühl der inneren Leere sind neben der Instabilität klassische Symptome dieses Krankheitsbildes. Die Betroffenen werten sich in den meisten Fällen selbst sehr stark ab und betrachten die Welt durch eine Schwarz-Weiß-Brille. Das führt zu einer hohen Erwartung an sich selbst und an das Umfeld. Solange ich mich im Radius meiner Erwartungen bewege, ist alles in Ordnung. Sobald ich diesen verlasse, beginnt die symptomatische Ausprägung. Für das Umfeld ist dies nur schwer nachzuvollziehen, vor allem, wenn die Betroffenen wie aus heiterem Himmel extrem und situativ unangemessen reagieren. Die inneren Prozesse der Anspannung werden für viele Betroffene nicht bewusst wahrgenommen und führen dazu, dass es sich anfühlt, als würde man plötzlich »explodieren«. In Wirklichkeit spielt sich der Anstieg der Anspannung wie in einer Blackbox ab und ist nicht bewusst spürbar. Dadurch wirken die Betroffenen häufig für das Umfeld unberechenbar.

Cord hat viele dieser Fälle in Behandlung. Nina ist eine dieser Personen. Sie ist Mitte 20 und war die meiste Zeit ihres Lebens in der Psychiatrie, da sie häufig unter Selbstmordgedanken litt oder mit Erinnerungen kämpfte, die ihr immer wieder im Alltag ins Gedächtnis schießen. Man nennt so etwas Flashbacks, wenn sie Erinnerungen an Ereignisse darstellen, die uns einmal sehr belastet haben. Nina wurde in der Kindheit durch ihren Vater mehrfach sexuell missbraucht. Ihre Eltern haben sich getrennt, als sie noch sehr klein war. Ihr Vater war immer sehr nett zu ihr. Doch abends, wenn er sie zu Bett gebracht hatte, wurde aus dem Vater ein Täter, der seine Tochter sexuell missbrauchte. Nina hat sich dafür gehasst. Ihren Vater konnte sie nicht hassen, denn der größte Teil in ihr liebte ihn. Sie lernte also, sich selbst zu hassen und am besten unsichtbar zu machen. Aus diesem Grund fing sie an, nicht mehr zu essen und auch Beziehungen unbewusst schnell »kaputt« zu machen und sich von diesen zu distanzieren. Plötzlich waren die Partner nur noch nervig. »Das läuft immer gleich ab. Am Anfang sind die Kerle supernett und freundlich, aber nach ein paar Wochen verändern die sich immer. Die haben dann plötzlich keinen Bock mehr auf mich und interessieren sich nicht mehr für mich«, beschreibt Nina das Ende ihrer Beziehungen. In den Sitzungen mit Cord konnte sie nach einiger Zeit verstehen, anerkennen und akzeptieren, dass sie sich selbst verleugnet. Anders ging es erst mal nicht. Cord hat Nina als Therapeut dauerhaft das Gefühl vermittelt, dass sie als Mensch vollständig akzeptiert und liebenswert ist. Er hat ihr immer den Raum gegeben, den sie gerade brauchte. Auch zwischen den Sitzungen. Das kann in Akutphasen notwendig sein, wenn man schwer belastete Menschen begleitet. In solchen Prozessen kann es schon mal vorkommen, dass die KlientInnen Cord aus ihrer Verzweiflung, Hilflosigkeit und Überforderung heraus anrufen. So erging es auch Nina. In zwei Momenten hatte sie Cord angerufen, weil sie deutliche Selbstmordgedanken überkamen. Er konnte sie beruhigen und aus diesen destruktiven Gedanken herausbegleiten. Sie fasste mit der Zeit immer mehr Vertrauen zu ihm und lernte über mehrere Jahre, sich selbst überhaupt erst einmal wahrzunehmen, zu verstehen und irgendwann mit den verschiedenen Anteilen ihrer Identität und Persönlichkeit ein Team zu bilden.

Im Coaching nennt man diese Arbeit das »Innere Team«. Diese Arbeit ist ein großer Schwerpunkt von Judith, da es sehr effektiv den eigentlichen Kern der KlientInnen-Anliegen bearbeitet. Man muss sich das so vorstellen: Wir alle haben ein Team in uns. Verschiedene Persönlichkeitsanteile, die zu unterschiedlichen Zeitpunkten in unserem Leben und aus verschiedenen Gründen »zu uns« bzw. ins Team dazugestoßen sind. Ganz wie bei einem beruflichen Team. Jeder kennt die Redewendungen »Da spricht der Perfektionist aus mir« oder »Da wird mein innerer Kritiker laut«. Diese inneren Stimmen offenbaren die Player des Inneren Teams, doch sie werden von uns meistens nicht näher betrachtet oder gar nicht erst ernst genommen. Das Innere Kind wird vielleicht manchen schon mal als Begriff über den Weg gelaufen sein, da sich mittlerweile viele Selbsterfahrungen besonders diesem Anteil widmen. Es ist der älteste Anteil in uns und er enthält unsere ursprünglichsten Wünsche und Bedürfnisse und dazu auch stark egozentrische und emotionale Verhaltenszüge wie Wut, Frust, Verzweiflung, aber auch Leichtigkeit, Fröhlichkeit, Heiterkeit und Ausgelassenheit. Eben ganz ein Kind, das noch komplett bei sich und impulsiv gesteuert ist. Es ist eigentlich in einem sehr guten oder, sagen wir mal, unbeeinflussten Kontakt mit seinen eigenen Bedürfnissen und kann diese auch äußern. Es besitzt jedoch noch keine rationale Denkfähigkeit oder gar die Fähigkeit zur Selbstreflexion und -differenzierung, über die ein Erwachsener verfügt. Sobald wir diese Fähigkeiten erlernt haben, stößt der erwachsene Anteil zum Team. In manchen Familien früher und in manchen später. Es hängt davon ab, ob dem Kind z. B. schnell die Erwachsenenrolle aufgebürdet wurde, indem es sich schon früh sehr angepasst verhalten musste oder wenn ihm schnell Verantwortung übergeben wurde, etwa auf das kleinere Geschwisterkind aufzupassen. Es gibt auch immer wieder Fälle, in denen Kinder bei bestimmten Aufgaben für die Eltern einspringen, wenn diese sie aufgrund von psychischen und/oder physischen Krankheiten oder Störungen nicht bewältigt bekommen. Der Erwachsenenanteil ist vernünftig und rational, kann abwägen und differenzieren und bezieht nicht zwangsläufig alles auf sich, sondern kann Situationen ganzheitlich betrachten, einschätzen und entsprechend von seiner Person trennen. Sind uns aber Dinge passiert, die uns verletzt haben, bevor diese Fähigkeiten erlernt wurden, sind sie in unserem Inneren Kind abgespeichert und wurden von uns im Zweifel eins zu eins angenommen und übernommen. Es kann sogar sein, dass manche Erfahrungen für uns so dramatisch waren und so tief in uns sitzen, dass wir sie verdrängt und damit auch unser Inneres Kind komplett abgespalten haben. In der Psychotherapie wird das Symptom der Abspaltung Dissoziation genannt und es stellt einen wichtigen Kernaspekt in der Traumatisierung da. Wenn es zur Diagnose der PTBS, also der posttraumatischen Belastungsstörung kommt, ging dieser eine lebensbedrohliche Situation voraus, in der wir uns hilflos und schutzlos ausgeliefert gefühlt haben und damit total überfordert waren. Beispiele hierfür sind Gewalt-

und Missbrauchserfahrungen, dramatische Unfälle oder erschütternde Momente, die wir nicht verarbeiten konnten. Wenn wir in solch ausweglose Situationen geraten, reagieren wir alle ähnlich darauf: Wir suchen Schutz. Schutz kann uns in dem Moment auch eine veränderte Umgebungswahrnehmung bieten, indem wir die Realität selbst »verklären«. Wir sind also wieder bei der Selbstverleugnung angekommen. Wenn unsere Psyche etwas schlichtweg »nicht einfach verpacken« kann, findet sie andere Wege, um das Erlebte erträglich zu machen: mittels Dissoziation, indem sie den traumatisierten Anteil abspaltet und verdrängt, insofern aber auch einen Persönlichkeitsanteil verleugnet. Meistens ist es der kindliche Anteil, weil solche prägenden Erfahrungen oft in der frühen Entwicklung stattfinden und zu einer Zeit, in der innerlich noch keine Werkzeuge und Fähigkeiten vorhanden sind, die ein gesundes Verstehen und Verarbeiten möglich machen würden. Insofern ist die einfühlsame Begleitung von Eltern bei Kindern – vor allem bei einschneidenden Erfahrungen oder Belastungen – enorm wichtig und unverzichtbar.

Aus diesem Grund liegt der Fokus in der Persönlichkeitsentwicklung z. B. in der Psychotherapie und im Coaching heute sehr stark auf der Arbeit mit dem Inneren Kind und einer gesunden Integration dessen ins Innere Team. Das Innere Kind ist die Grundlage unserer Persönlichkeit und der ursprünglichste Anteil, in dem alle ursprünglichen Emotionen, Bedürfnisse und Ausrichtungen gespeichert sind. Verdrängte Verletzungen und infolgedessen »verstoßene« Innere Kinder versperren uns gleichzeitig den Zugang zu unseren positiven Ursprungsressourcen und hinterlassen stattdessen Ängste, die uns in unserem Leben – selbst bis ins hohe Alter – noch verfolgen oder einholen können. Im Laufe unseres Lebens kommen zum Inneren Kind weitere Player ins Team, die eigentlich eine helfende, wenn nicht sogar heilende Funktion übernehmen möchten, uns aber an anderen Stellen blockieren können. Jeder von uns kennt das berühmte und simple Beispiel des inneren Schweinehunds. Eigentlich will er ja nur unser Bestes: dass wir uns ausruhen und nicht allem nachgehen, was wir uns so fest vorgenommen haben. Andererseits hält er uns damit auch von Zielen ab, die wir gern erreichen wollen und die uns weiterbringen würden. Er mag es gern gemütlich und leistet Widerstand, wenn etwas mit Mühe verbunden ist. Aber wie wir zuvor schon gelernt haben, lohnt sich die Mühe. Sie treibt uns hoch von der Couch, raus aus der Komfortzone, ins pulsierende Leben, über uns und unsere Grenzen hinaus. Oder um es greifbar zu machen und entsprechend zu bebildern: Wie soll ein Mensch mit Flugangst ansonsten jemals die Welt bereisen, die er eigentlich so gern sehen will?

Wir halten also fest: Wir haben einige Player in uns, die wir häufig gar nicht ausmachen können. Wir laufen jeden Tag mit ihnen durch die Gegend. Sie treiben uns an oder halten uns von etwas ab, sie bestimmen unsere Gedanken und sind die Macher hinter unseren Mindsets. Spüren wir Perfektions- und Leistungsdruck, können wir das einem Anteil bzw. einem Player in uns zuschreiben, der uns mal mit lauterer oder leiserer Stimme fragt, ob wir denn auch wirklich alles gemacht haben, um perfekt zu sein. Es sind die inneren Stimmen, die wir häufig bereits kennen, aber nicht klar zuordnen können. Im Coaching nutzt man das Tool des Inneren Teams, um sich genau diese Player und die zugehörigen Verhaltensmuster überhaupt erst mal bewusst zu machen und verstehen zu können, was da in uns vor sich geht. Danach unterzieht man das Team einem Update auf das momentane Leben und die aktuellen Bedürfnisse, da viele Anteile von alten Glaubenssätzen aus vergangenen Tagen motiviert oder durch frühere Erfahrungen geprägt sind, die so gar nicht mehr nötig sind. Und je nachdem wie laut und wie oft sie in uns toben, können sie uns demnach – unbewusst und damit unbemerkt – in die Überforderung bringen, weil wir sie nicht wahrnehmen, geschweige denn verstehen. In der Persönlichkeitsentwicklung ist das Innere Team als Tool daher eigentlich unumgänglich, da es ein Grundverständnis über uns und unser Innenleben liefert. Häufig sind Teams so zerrüttet oder manche Player wurden so stark abgelehnt, dass sie sich abgespalten haben.

Dann geht es darum, eine gesunde Balance im Team und die Integration aller »Player« wieder (oder zum ersten Mal) herzustellen.

Im Fall von Nina liebt das Innere Kind in ihr den Vater und wünscht sich eine liebevolle Beziehung zu ihm. Ihr Inneres Kind versteht natürlich (noch) nicht, dass der Vater hier Falsches tut und der eigentliche Täter ist. Sie bemerkt aber in den Situationen, dass sie die sexuellen Übergriffe nicht will, und stellt somit sich selbst infrage. Sie bezieht als Kind also die Geschehnisse komplett auf sich und gibt sich die Schuld dafür, dass keine gesunde Beziehung zwischen ihr und dem Vater möglich ist. Die Reife, die Handlungen des Vaters als Misshandlung einzustufen, fehlt ihr in dem Moment. Sie kann es nicht als gesellschaftlich inakzeptables Modell einstufen, sondern nimmt es als selbstverständliches Modell einer Vater-Kind-Beziehung an. Ihr Nicht-Gefallen an der Situation schreibt sie dann einer eigenen Unzulänglichkeit zu. Sie empfindet sich demnach als nicht gut genug oder glaubt, dass sie ihrem Vater nicht gerecht werden kann. In der Therapie kann sie das mit Cord auch völlig nachvollziehen (Erwachsenenanteil). Trotzdem ist in ihr der Teil (Inneres Kind) weiterhin aktiv, der sich selbst hasst und sich eine große Schuld zugeschrieben hat. Wenn wir zwei oder mehrere Anteile in uns haben, die unterschiedliche Einschätzungen oder Motivationen mitbringen, spricht man von einer Ambivalenz. Ninas Inneres Kind spürt sie vor allem in Beziehungen und Kontakten zu Männern in Form von Ängsten und Selbstzweifeln. Hier zeigt sich dann, dass ihr inneres Kind es bis heute nicht verstanden hat, dass sie keine Schuld trägt und eigentlich eine andere Zuwendung verdient hätte. Und auch wenn sie es heute mit ihrem Erwachsenen-Ich vollständig nachvollziehen kann, bleibt das unzulängliche Gefühl bestehen und wird es auch weiterhin, wenn das Innere Team und ihr Inneres Kind nicht näher in den Blick genommen und bearbeitet werden. Im Fall von Nina hat das Innere Kind durch die sexuellen Übergriffe ein Trauma erlitten, das Symptome mit sich gebracht und ihre Persönlichkeit beeinflusst hat, sodass sie für die

Teamarbeit Cord als Experten für Traumaerfahrungen und Folgestörungen hinzuzieht. Unverarbeitete Traumaerfahrungen sollten immer in einer Psychotherapie angeschaut und bearbeitet werden. Gut ausgebildete Coaches erkennen traumatisierte Anteile und Verletzungen, die die Gefahr einer Retraumatisierung bergen, und empfehlen dann von sich aus eine Psychotherapie, die auch parallel zum Coaching stattfinden kann. Retraumatisierend kann eine Situation ein, die sehr große Ähnlichkeit mit der ursprünglich belastenden Situation hat und bei den Betroffenen die gleichen Gefühle auslöst, Gefühle wie Bedrohung, Hilflosigkeit und Ausgeliefertsein. Eine Retraumatisierung kann z. B. im Coachingprozess unerwartet auftreten, wenn die/der Coach bestimmte Signale nicht wahrnimmt und im Prozess »zu weit geht«. Es ist daher sehr wichtig, mögliche Traumata bei KlientInnen zu erkennen und im Zweifelsfall eine/-n Psychotherapeut/-in hinzuzuziehen. Denn eine Retraumatisierung führt häufig zu einer Verstärkung der Verhaltensmuster, wie z. B. der Vermeidung bestimmter Situationen oder Begegnungen, und dadurch auch zur möglichen Verschlimmerung der Symptome. Damit das nicht passiert, wird die betroffene Person bei Cord ermutigt, konstruktive alternative Verhaltensweisen zu finden. Und das schon in Gedanken und Vorstellungen, da dort der Leidensdruck meistens beginnt und das Vermeidungsverhalten ausgelöst wird. Es wird also von den KlientInnen gern alles unternommen, was von den schlimmen Erinnerungen ablenkt. Das ist gleichzeitig der Grund, wieso es nicht zur Verarbeitung des Traumas kommt. Wie bei dem Kind, das sich die Augen zuhält und annimmt, dass es dann verschwunden ist, erlebt Cord bei seinen KlientInnen gern ein ähnliches Verhalten. Ganz nach dem Motto: »Wenn ich mir die Augen zuhalte, ist nie etwas passiert.« Das emotionale Erleben bleibt dadurch allerdings erhalten und belastet die betroffene Person. Eine Traumatherapie ist ein langwieriger und schrittweiser Prozess, der hilft, das Erlebte emotional zu verarbeiten und dadurch nicht immer wieder Reinszenierungen durchleben zu müssen.

Wenn die gute alte Couch und Cord allerdings noch nicht nötig sind, landen auch bei Judith einige KlientInnen, die sich selbst verleugnen oder gar verurteilen. Zum Beispiel Maria. Sie ist Lehrerin, 36 Jahre, Single. Ursprünglich war sie Lehrerin mit Leib und Seele. Sie war mit ihrem Leben und Beruf sehr happy. Nun lernte Maria einen Mann kennen, der zwei Kinder, sechs und neun Jahre, mit in die Beziehung brachte. Parallel wechselten einige ihrer Kollegen die Schule oder fielen langfristig aus. Es gab erst mal keinen Ersatz und Maria übernahm viele ihrer Klassen und Unterrichtsstunden. Die Kinder des Mannes waren sehr betreuungsintensiv und hatten ihre Schwierigkeiten damit, Maria als neue Partnerin des Vaters zu akzeptieren. Der Vater stand dazwischen. Maria gab also ihr Bestes, die Kinder von sich zu überzeugen und ihren Freund zu unterstützen. Die Schule forderte sie aber immer mehr. Sie bekam weitere Aufgaben aufgebrummt, die eigentlich nicht zu ihrer Verantwortlichkeit zählten. Aber Maria nahm auch das erst mal hin in der Hoffnung, es würde sich bald etwas ändern. Sie müsse jetzt nur mal »durchhalten«, bald würde es besser.

Erkenntnis to go

!

In dem Moment, in dem ich etwas tue, um andere nicht zu enttäuschen, enttäusche ich mich selbst.

Es wurde aber nicht besser, im Gegenteil. Maria versuchte, es allen recht zu machen, und vergaß dabei sich selbst. Sie ging also immer wieder über ihre eigenen Bedürfnisse hinweg, um die Bedürfnisse anderer zu befriedigen. Sie hoffte im Verborgenen, dass sich das irgendwann »auszahlen« und sie umso mehr geliebt und gemocht werden würde. Dass sie am Ende das bekommt, was sie verdient: nur Gutes. Sie war als Kind schon früh gefordert, ihr Vater starb, als sie noch sehr klein war, und ihre Mutter litt an Rheuma, sodass sie häufig Schmerzen hatte und Maria nicht so umsorgen konnte, wie sie es gerne getan hätte. Maria übernahm also bereits als kleines Kind sehr schnell die Rolle der Erwachsenen, indem sie sich auch um ihre Mutter kümmerte. Es war aber keiner da, der Maria und ihre Bedürfnisse wahrnahm. Als sie ihre erste Beziehung zu einem Mann einging, erfuhr sie plötzlich eine Zuwendung und Aufmerksamkeit, wie sie sie nie zuvor erlebt hatte. Sie war in dieser Beziehung sehr glücklich, aber irgendwann trennte sich der Mann von Maria, weil »die Interessen auseinandergingen«, so erzählt es Maria Judith in der ersten Sitzung. Danach hatte sie sich nie wieder so verlieben können. Bis jetzt. Der Mann mit den zwei Kindern ist für sie der Richtige. Sie wollte zudem immer gern eine große Familie und freut sich sehr über die Patchworksituation, die sie mit der Beziehung eingeht. Judith fragt Maria, was sie ins Coaching führt. Maria sagt, sie wäre eigentlich sehr glücklich und möchte nur einige Kommunikationsstrategien aufgezeigt bekommen, die ihr im Job dabei helfen würden, sich besser durchzusetzen. Maria möchte nicht mehr für alles allein zuständig sein und das klarer kommunizieren.

Diesen Fall beobachtet Judith häufig: Es kommen KlientInnen mit dem Wunsch, sich besser durchsetzen oder selbstbewusster auftreten zu können. Es wird dann davon ausgegangen, dass man nur ein paar Kommunikationstechniken und Körperhaltungen erlernen müsste und der Rest dann schon wird. Der Wunsch nach mehr Selbstbewusstsein und Durchsetzungsvermögen ist aber ein Thema aus der Persönlichkeitsentwicklung. Das bedeutet, dass man sich zunächst seine Anteile, sein Team und seine Verhaltensmuster anschauen muss, um die nötigen Ressourcen für mehr Selbstbewusstsein hervorzuholen. Wir schauen also immer erst mal, welche Blockaden uns überhaupt daran hindern, selbstbewusst zu sein. Denn in dem Fall könnte man mit bloßen rhetorischen Techniken nichts anfangen, wenn unser Mindset nicht auf Selbstbewusstsein ausgerichtet ist. Bei Maria ist dies der Fall. Ihre Gedankenmuster drehen sich in erster Linie um das Wohlbefinden der anderen. Ihr inneres Programm scannt in fast jedem Moment, was sie anderen noch Gutes tun könnte. Als sie das herausfindet, stellt sie sich die Frage, wie sie das ablegen kann und wie sie überhaupt herausfindet, was sie selbst will.

Insiderwissen

Die Frage, mit der die meisten KlientInnen im Coaching Probleme haben, ist die Frage danach, was sie wirklich wollen.

In diesem Moment beginnt Judith das Coaching gern mit einem spannenden Test zur Selbstwahrnehmung der eigenen momentanen Lebenssituation. Dazu soll Maria ihr aktuelles Leben als Landkarte aufmalen. Sie soll darin alles aufnehmen, was in ihrem Leben aktuell vorkommt: Freunde, Familie, Partner, Hobbys, Beruf, auch Wünsche und Ängste etc. Hätte sie z. B. einen großen Kinderwunsch, der sie einen großen Teil ihrer Zeit beschäftigt, wäre das ein wichtiger Bestandteil ihrer aktuellen Landkarte. Es geht bei dem Tool immer um die jetzige Ist-Situation, Stand heute. Was gestern war oder was vielleicht morgen schon wieder anders sein könnte, spielt keine Rolle. Alle Inhalte ihres Lebens finden dann in Form von Ländern und Kontinenten Platz auf der Landkarte. Im besten Fall ist deren Größe vergleichbar mit dem Platz, den sie in Marias Leben einnehmen. Zudem soll sie Länder oder Kontinente, die sie als »Baustelle« oder als beachtenswert empfindet, weil sie nicht optimal laufen, in Rot malen. Gut laufende Bereiche dagegen soll sie grün markieren. Somit identifiziert sie auch direkt ihre Stressoren und Ressourcen. Dieses Bild bringt sehr vielen KlientInnen eine erste sehr hilfreiche Klarheit, da sie einmal alles in ihrem Leben auf eine große Leinwand bringen und sich alle Aspekte vor Augen führen. Zudem ist es ein assoziatives Tool, das die intuitive Vorstellung des eigenen Lebens auf Papier bringt.

Nachdem Maria fertig ist, merkt sie, dass sie ziemlich viele Länder rot gemalt hat, sodass ihr ein ganzer Kontinent rot entgegenstrahlt. Der Kontinent ist der Beziehungskontinent und enthält alle Beziehungen von Maria. Als Maria realisiert, dass sie intuitiv alle Beziehungen rot gemalt hat, wird sie sehr traurig. Judith und Maria schauen sich das näher an und Judith fragt, was sie an den Beziehungen problematisch empfindet. »Ich fühl mich nicht gesehen.« Maria stellt nun fest, dass es ihr schon ihr ganzes Leben so geht und, durch die weitere Arbeit im Coaching, dass dies ein Verhaltensmuster ist, das sie gern loswerden möchte. Judith erklärt Maria in dem Moment, dass dieses Verhalten ein Teil von ihr ist, den es nicht loszuwerden, sondern wo es genauer hinzuschauen gilt – um ihm dann zu geben, was er braucht, damit sie das Verhaltensmuster nachhaltig hinter sich lassen kann.

Erkenntnis to go

!

Wenn wir bestimmte Seiten oder Verhaltensweisen an uns nicht mögen, ist das oft ein Anzeichen dafür, dass wir einen Anteil/Player in uns ablehnen. Es geht aber um die bewusste Auseinandersetzung mit sich, um zu verstehen, warum es den Anteil/Player gibt und was er will, um ihn dann mit einem guten Gefühl ins Innere Team zu integrieren.

Nun erst meldet sich bei Maria die Überforderung, die sie für sich zu Beginn verleugnet hat. Eigentlich ist sie ja sehr glücklich. Im Grunde ist sie aber nicht glücklich, sondern hat sich das nur selbst ständig eingeredet und sich damit auch selbst verleugnet. Sie bemerkt nun, dass sie in Beziehungen alles dafür tut, um den anderen glücklich zu machen, und selbst dabei seit Jahren auf der Strecke bleibt. Als sie das realisiert, sackt sie in sich zusammen. Sie weint. Die Trauer darüber, dass sie sich so lang nicht selbst wahrgenommen hat, kommt nun durch.

Judith arbeitet mit Maria daran, zunächst diesen Anteil zu erkennen, der die anderen immer über sich selbst und die eigenen Bedürfnisse stellt. Dazu schauen die beiden sich Marias Inneres Team näher an. Um die Teamplayer erst mal alle zu erkennen und das Team kennenzulernen, identifiziert Maria alle Stimmen, die sie auf dem Weg zu ihrem Ziel blockieren. Das Ziel haben Maria und Judith gemeinsam zu Beginn des Coachings definiert. Das Ziel ist das Herzstück eines jeden Coachings, das dem Klienten innerhalb des Prozesses in jedem Moment Orientierung bietet. Es wird – manchmal mit Unterstützung des Coachs durch gewisse

Tools und Methoden – aber immer vom Klienten vorgegeben. Marias Ziel ist es, sich selbst besser wahrzunehmen und für die eigenen Bedürfnisse auch selbstbewusst einstehen zu können. Diese Zielformulierung wird visualisiert und alle Stimmen bzw. es werden alle Gedanken gesammelt, die für sie dagegensprechen. Das sind meistens die Worte der Player, die anders motiviert sind und aus diesem Grund stets dagegenarbeiten und laut werden. Wenn man diesen inneren Mechanismen nicht auf den Grund geht, geht man nie die Ursache an, sondern nur die Symptome. Man heilt also nicht, sondern verwendet nur ein Pflaster für eventuell immer wieder aufklaffende Wunden. Insofern findet keine langfristige Lösung statt und die KlientInnen fallen irgendwann zwangsläufig in altbekannte Muster zurück. Das wiederum frustriert und zermürbt die KlientInnen, sodass sie sich dieses Zurückfallen als eigenes Scheitern vorwerfen und ein deprimiertes Gefühl zurückbleibt. Ohne dass sie den Mechanismus dahinter verstanden hätten und bewusst mit gelegentlichen »Rückfällen« umgehen könnten.

Wenn wir z. B. mit dem Rauchen aufhören möchten, müssen wir zunächst verstehen, womit wir das Rauchen verbinden und welcher Anteil in uns immer wieder nach einer Zigarette schreit. Wenn wir denken, wir müssen nur einfach aufhören, uns eine weitere Zigarette anzuzünden, aber irgendwann schwach werden, werden wir uns dieses Scheitern höchstwahrscheinlich selbst zuschreiben und vielleicht resignieren. Verstehen wir aber, was uns zum Rauchen verleitet, können wir damit besser umgehen und uns in den suchtanfälligen Momenten bewusst entscheiden, ob wir dem nachgeben wollen oder ob wir andere Dinge für uns einsetzen möchten.

Aber zurück zu Maria. Sie erklärt, dass ihr immer bestimmte Gedanken in den Sinn kommen, wenn sie versucht, sich durchzusetzen. »Wenn ich so bin, enttäusche ich die anderen!« oder, ausführlicher, »Ich will keinem auf die Füße treten oder jemanden enttäuschen, den ich gernhabe!« oder »Wenn es allen gut geht, kann mir nichts passieren«. Diese Sätze sind blockierende Glaubenssätze und lassen einen strategischen Anteil im Hintergrund vermuten. Judith fragt Maria, was passiert bzw. welches Gefühl sich meldet, wenn sie die Sätze ignoriert und trotzdem macht, was sie will. »Angst!«, antwortet Maria. »Wovor?«, fragt Judith. »Dass ich zur Last falle oder nicht erwünscht bin«, äußert Maria spontan und unbedacht.

Insiderwissen

Unbedachte Äußerungen geben den größten Aufschluss über unser Innenleben, denn sie legen unsere unbewussten Gedanken frei. Aus dem Grund notieren Cord und Judith sich diese Sätze in den Sitzungen gern und spiegeln sie den KlientInnen an geeigneter Stelle.

Die beiden gehen der Angst näher auf den Grund und es zeigt sich, dass Maria durch den frühen Tod des Vaters und die Krankheit der Mutter stets das Gefühl hatte, als Kind nicht erwünscht gewesen zu sein, sondern dass sie für die Mutter eher als eine große Last oder Hürde im Leben wahrgenommen wurde. Die Mutter hat zwar nie solche Äußerungen getroffen. Im Gegenteil: Sie hat Maria stets gesagt, dass sie bedauert, dass sie keinen Vater mehr habe und sie auch nicht die Mutter für sie sein könne, die sie eigentlich verdient hätte. Aber Maria hat unbewusst die Trauer und das Leid der Mutter gespürt. Nach dem Tod des Vaters war die Mutter nicht mehr dieselbe. Maria kannte die frühere Version der Mutter aber nicht, weil sie noch zu jung war, um diese bewusst wahrzunehmen. Trotzdem nahm sie wahr, dass die Mutter unter dem Tod des Vaters schwer zu kämpfen hatte und die Schmerzen des Rheumas ihr das Leben zusätzlich erschwerten. An manchen Stellen vermutlich so sehr, dass sie ohne Maria wahrscheinlich keinen weiteren Sinn im Leben gesehen hätte. Maria hat also einen strategischen Player entwickelt, der im Grunde das Leid der Mutter abmildern sollte und ihr dadurch auch eine Daseinsberechtigung verschaffte. Dieser Anteil oder Player kümmerte sich jahrelang um die leidende und kranke Mutter, um sie glücklich zu machen und für die Mutter nicht ein weiterer Teil des Lebens zu sein, der sie Kraft kostet. Somit nahm sich Maria stets zurück und gab sich selbst und ihren eigenen Bedürfnissen keinen Raum. Die Glaubenssätze »Ich will keinem auf die Füße treten und niemanden enttäuschen, den ich gernhabe« oder »Wenn es allen gut geht, kann mir nichts passieren« prägten ihr Mindset, somit ihr Verhalten und die Vorstellung einer idealen Beziehung. Maria fehlte zudem ein gesundes partnerschaftliches Beziehungsmodell, sodass sie das Modell der Beziehung zu ihrer Mutter auch auf Männer übertrug. Ihre ausgeprägte Fürsorge hat die Männer jedoch eher eingeengt. Der strategische Player, der es immer nur auf das Wohl der anderen abgesehen hatte, zeigte sich also vor allem in Marias Beziehungen, sodass sie nun im Coaching vor einem roten Beziehungskontinent landete.

Insiderwissen

Das eigentliche Anliegen ist häufig nicht das eigentliche Anliegen.

Sie verleugnete und verurteilte sich selbst über so viele Jahre, als ob sie es nicht wert wäre, in Beziehungen eigene Bedürfnisse anzumelden. Dahinter versteckte sich ihre Angst, die Menschen unnötig zu belasten und ihnen zur Last zu fallen. Würde sie das tun, wären die Menschen um sie herum unglücklich. Die Angst hat aber mit ihrem eigenen Leben nichts zu tun, sondern hat sich aus dem Leid der Mutter entwickelt. Maria hat unbewusst die Verantwortung für die Zufriedenheit und Fürsorge der Mutter übernommen, obwohl das als Kind nicht ihre Aufgabe gewesen ist. Die Mutter hat diese Konsequenzen natürlich auch nicht beabsichtigt. Aber die Glaubenssätze der Mutter, z. B. »Das Leben ist schwer und leidvoll«, wurden von Maria unbewusst kompensiert. Jahrzehnte später kommen diese alten und vor allem unbewussten und unbeabsichtigten Strukturen ans Licht, geben Maria aber nun die Chance, ihre Festplatte neu zu formatieren. Mithilfe des Inneren Teams als Tool im Coaching kann das stattfinden. In Form einer Aufstellungsarbeit nähern sich Maria und Judith dem strategischen Player von Maria und ihrem Inneren Kind, das komplett vernachlässigt und verdrängt wurde. Das bemerkt Maria daran, dass sie es zunächst nicht erkennen kann und, als es sich dann zeigt, kein Zugang zu ihm möglich ist. Die Arbeit des Inneren Teams besteht nun sowohl darin, den Zugang wiederherzustellen und die Bedürfnisse des Inneren Kindes wieder hervorzuholen, als auch darin, die Alarmbereitschaft des strategischen Kontroll-Players zu hinterfragen und herunterzufahren. Maria geht damit in eine tiefe innere Arbeit, aber sie kommt dafür umso gelöster und befreiter heraus.

Wir erleben häufig, dass die KlientInnen die innere Auseinandersetzung scheuen. Häufig aus Angst. Dahinter stehen oft unbewusste innere Prozesse, in denen sich die aktiv blockierenden Player ggf. schon zeigen. Sie blockieren aus Angst vor einem eventuellen Kontrollverlust oder einer Veränderung, die sie als Teile des Teams infrage stellen würden. Es geht aber nie darum, die Player auszulöschen und zu verdrängen, sondern darum, sie auf die aktuellen Bedürfnisse und die entsprechende Lebenssituation auszurichten und ihnen neue und zu den Bedürfnissen passende Funktionen an die Hand zu geben. Die Zielausrichtung steht dabei stets im Fokus und bestimmt die gemeinsame Ausrichtung des Teams. Bei Maria ist es der Wunsch, die eigenen Bedürfnisse besser wahrnehmen und für diese auch einstehen zu können. Die innere Ausrichtung und gesunde Balance des Inneren Teams ist dafür die halbe Miete. Die neuen Ansätze aus der Arbeit in das tägliche Leben zu überführen und sie an den Stellen zu integrieren, an denen sie gefragt sind, ist die andere Hälfte. Maria und Judith erarbeiten hierzu unterstützende Strategien, wie z. B. neue Glaubenssätze und Abgrenzungsmaßnahmen, um die Erkenntnisse aus dem Tool des Inneren Teams in den herausfordernden Situationen auch wirklich umsetzen zu können. Judith empfiehlt Maria zudem

Meditationsübungen, die ihr helfen, sich konstant ihrem Inneren Kind zu nähern und den Kontakt nicht wieder zu verlieren, sondern eher zu vertiefen. Zudem hilft es häufig, Dinge aus der Kindheit wieder aufleben zu lassen, die einen glücklich gemacht haben. Das können alte Rituale sein, wie z. B. das Plätzchenbacken mit der Oma, das man nun vielleicht mit den eigenen Kindern wieder aufnimmt. Es können sehr verschiedene Dinge sein: Judith hatte auch mal eine Klientin, die das Klettern für sich wiederentdeckt hat. Hat man vielleicht als Kind leidenschaftlich gern gebastelt, kann man das heute in neuer Form wieder aufleben lassen, indem man z. B. ein *Moodboard* für ein anstehendes Projekt, wie die nächste Reise oder die Einrichtung einer neuen Wohnung bastelt oder ein Geschenk für eine nahestehende Person.

Was aus Maria geworden ist Maria hat es geschafft, sich im Job mehr Gehör zu verschaffen, und sie übernimmt inzwischen keine Aufgaben mehr, die sie nur den anderen zuliebe machen würde. In der Partnerschaft fällt es ihr schwerer, die eigenen Bedürfnisse zu formulieren, und vor allem, diese durchzusetzen. Wir beobachten bei KlientInnen häufiger, dass es ihnen schwererfällt, neue Verhaltensmuster in emotionalen Beziehungen zu etablieren, weil sie in diesen stärker involviert sind und die Angst vor Konflikten oder einem Verlust in den Beziehungen schwerer wiegt. Maria macht es vor allem zu schaffen, wenn sie sich gegen die Bedürfnisse ihres Freundes durchsetzen muss. Sie kannte es bisher nicht, sich gegenüber anderen zu behaupten, und kann es daher schwer aushalten, ihre eigenen Bedürfnisse auszuleben, wenn andere Bedürfnisse dadurch »zurückstecken« müssen. Aber sie trainiert die Fähigkeit weiterhin und verinnerlicht die neu formierten Glaubenssätze und Ausrichtungen ihres modernisierten Inneren Teams immer tiefer. Mittlerweile hat sie auch einen besseren Zugang zu den Kindern des Partners bekommen und erfährt von ihnen sogar häufig Unterstützung beim Anmelden ihrer Bedürfnisse.

Was aus Nina geworden ist Nina ist in ihrer letzten Partnerschaft schwanger geworden und hat Zwillinge zur Welt gebracht. Die Beziehung hat nicht gehalten, da ihr die Nähe in der Partnerschaft zu viel wurde und der Partner mehrfach fremdgegangen ist. Aus diesem Grund hat sie sich schlussendlich getrennt, konnte aber mit ihm auf Elternebene nach einigen Streitereien mithilfe einer Elternberatungsstelle eine solide Basis herstellen. Nina ist heute so stabilisiert, dass sie zusammen mit ihren beiden Söhnen in ihrer eigenen Wohnung lebt. Das war in den ersten beiden Lebensjahren der Kinder nicht möglich, da sich ihre Symptomatik durch die Stresszunahme noch mal deutlich verstärkt hatte. Die Trennung, die Kinder, die neue Rolle als Mutter und die Herausforderung des Alltags waren zu viel. Auch das ständige Bedürfnis der Kleinkinder nach Nähe, was für Kinder total angemessen ist, war zu viel und ein zu starker Trigger. Ihre Präsenz als Mutter wurde eingefordert und brachte sie oft an die maximale Grenze. Sie schaffte es, durch eine zeitweise Begleitung einer Familienhilfe und einer betreuten Wohnform, nach vier Jahren endlich in eine eigene Wohnung ziehen. Nach einem weiteren Jahr erlangte sie endlich ein beständiges Gefühl von Stabilität im Alltag. Das war die Grundlage, um den Fokus wieder mehr auf sich selbst zu legen und zu schauen, was ihre Bedürfnisse sind. Endlich wieder mal mit Freunden treffen war der erste Schritt. Anfangs fühlte es sich noch »komisch« und fremd an, aber mit der Zeit wurde es deutlich angenehmer und entlastend. Sie ertappte sich dabei, dass sie sich damit gut fühlte, und das war der Startpunkt für einen anderen Umgang mit sich selbst. Die Selbstverleugnung wurde mit der Zeit und der Zunahme der Zeit, die sie für sich selbst hatte, immer deutlicher erkennbar. Nina gab sich die Erlaubnis, sich besser und gut zu fühlen, sie stellte fest, dass sie das auch wirklich wert ist. Durch den Fokus auf das Selbstwertgefühl erlangte sie wieder den Zugang zur Lebensqualität, die so lange beeinträchtigt gewesen war. Sie nimmt sich inzwischen wieder deutlich wahr und hat gelernt, auf ihre Bedürfnisse zu hören.

Wie hilft mir das? Nina und Maria haben in ihrer Kindheit beide – allerdings in ziemlich unterschiedlicher Weise – erfahren, dass sie ihre Bedürfnisse nicht anmelden durften, da kein Raum dafür da war. Sie haben also über viele Jahre, vor allem in einer entscheidenden Entwicklungsphase, gelernt, dass sie und ihre Bedürfnisse keine Rolle spielen. Das wurde zu einem festen Glaubenssatz in ihrem Mindset und über lange Zeit ein großer Teil ihrer Identität. Sie haben sich in der Gesellschaft also untergeordnet und somit natürlich auch in ihren Beziehungen, die dadurch zum Teil gescheitert sind. Nina und Maria haben sich somit einen Großteil ihres Lebens selbst verleugnet und mussten erst lernen, sich selbst wahrzunehmen und ihre Bedürfnisse und Wünsche auch bei anderen Personen anzumelden und ggf. gegen andere Bedürfnisse durchzusetzen. Klienten mit diesen Themen begleiten wir oft länger, um sie in diesem Prozess des »neuen Modell-Lernens« sehr nah zu unterstützen und regelmäßig zu bestärken, sodass die Klienten nicht in alte Verhaltensmuster zurückfallen und ein gesundes Selbstbewusstsein entwickeln können. Wenn ich an mir bemerke, dass ich regelmäßig die anderen und die Bedürfnisse der anderen über meine eigenen Bedürfnisse stelle oder ich meine eigenen Wünsche häufig verdränge, kann das ein Hinweis darauf sein, dass ich aufgrund falscher Vorbilder und Modelle blockiert bin. In einigen Fällen steckt hinter einem solchen Verhaltensmuster aber auch eine traumatische Erfahrung. Sofern es ein Verhaltensmuster ist, das mich in meinem aktuellen Leben immer wieder belastet und blockiert, empfehlen wir eine genauere Betrachtung und Einschätzung z. B. durch ein Coaching oder eine Psychotherapie. Die Methoden, die hier helfen, sollten durch eine geschulte und erfahrene Person begleitet werden.

Wir stellen häufig fest, dass KlientInnen, die sich über eine lange Zeit selbst verleugnet und verurteilt haben, ihre eigenen Bedürfnisse und Wünsche so lang verdrängen, bis sie diese gar nicht mehr benennen können. Sie müssen also erst einmal lernen, was sie eigentlich wollen. Das und ein stabiles und positives Selbstwertgefühl bilden die Grundlage für eine klare Abgrenzung.

Vertrauen Sie Ihren inneren Stimmen

Das Bauchgefühl-Training

Tools to go

Oft trauen wir unserem eigenen Bauchgefühl nicht über den Weg oder schenken ihm zu wenig Aufmerksamkeit. Um uns aber darüber bewusst zu sein, was wir eigentlich wollen, ist unser Bauchgefühl ein sehr wichtiger Berater. Das Bauchgefühl ist unsere (spontane) emotionale und assoziative Reaktion auf eine Situation. Sie erfolgt ohne ein vernünftiges Abwägen, das bei vielen Entscheidungen natürlich oft ratsam ist, das uns aber auch von unseren eigentlichen Wünschen ablenken kann. Ein gutes Beispiel hierfür ist das berühmte zweite Stück Kuchen, das unser *Bauch* nicht nur im übertragenen Sinne sehr gern haben möchte, während wir im *Kopf* schon die Kalorien zählen. Vielleicht erinnern Sie sich aber auch an eine Entscheidung, bei der Ihr Bauch »Nein« gerufen hat, die Vernunft und der Kopf aber gesiegt haben und im Nachhinein doch der Bauch recht hatte. »Hätte ich bloß auf meinen Bauch gehört«, heißt es dann. Kennen wir alle. Meistens lassen wir uns trotzdem vom Kopf lenken. Was daran liegt, dass wir in einer »erwachsenen« Gesellschaft leben, und vielleicht auch daran, dass gerade in Deutschland ein großes Sicherheitsbedürfnis herrscht, das stets zu einem gründlichen Abwägen und »Drüberschlafen« rät. Bauchimpulse stammen aber von bestimmten Anteilen in uns, die tief in uns liegen, uns aber auch ausmachen – u. a. unser Inneres Kind – und somit nicht vernachlässigt werden sollten. Somit ist es wichtig, das eigene Bauchgefühl stets mit im Blick zu haben, um es in Entscheidungen bewusst mit einzubeziehen.

Das Bauchgefühl-Training ist übrigens auch eine Achtsamkeitsübung, da sie darauf abzielt, sich selbst und den Moment bewusster wahrzunehmen. Lassen Sie Ihren Bauch öfter zu Wort kommen, um einen besseren Kontakt zu ihm herzustellen. Fragen Sie sich hierfür öfter am Tag, z. B. beim Aufstehen, in Gesprächen mit Kollegen, beim Mittagessen oder nach Feierabend, wie es Ihnen gerade geht und was Sie sich wünschen würden. Unterscheiden Sie hier bewusst Kopf und Bauch. Der Kopf sagt vielleicht, Sie müssen den Anruf, der gerade reinkommt, annehmen oder nach Feierabend noch einkaufen, aber was sagt Ihr Bauch? Geben Sie ihm auch mal Raum und schließen Sie mit ihm Kompromisse, z. B., ich gehe einkaufen, aber danach koche ich mir ganz bewusst mein Lieblingsessen. Das tut Ihnen gut und zahlt auf Ihre Bauchgefühl-Beobachtung ein.

Lernen Sie, sich abzugrenzen

Die Nein-Strichliste

Vielleicht fällt es Ihnen leicht zu wissen, was Sie wollen. Jedoch haben Sie Probleme, dies anzumelden oder Ihrem Umfeld eine Bitte oder einen Gefallen abzuschlagen und auch mal Nein zu sagen. Dann empfehlen wir Ihnen die Nein-Strichliste als Abgrenzungscoaching. Führen Sie über sechs Wochen jeden Tag ein Tagebuch darüber, wie oft Sie »Nein« sagen, wozu Sie »Nein« sagen und wie schwer es Ihnen fiel, auf einer Skala von 0 (gar nicht schwer) bis 10 (sehr schwer). Versuchen Sie, sich von Woche zu Woche in der Schwere der »Neins« zu steigern. Sie werden bemerken, dass Ihnen kleinere »Neins« nicht viel ausmachen werden, wie z. B. ein »Nein« zum Kollegen, der Sie in einem ungünstigen Moment zu einem Kaffee überreden möchte, oder ein »Nein« zu den Eltern, wenn die Sie am Wochenende besuchen möchten. Wenn Sie sich hingegen bei Ihrem Kollegen mit Ihren Urlaubstagen durchsetzen müssen und damit »Nein« zu seinem Wunsch nach Urlaub an Weihnachten sagen müssen, wird Ihnen das vermutlich schwererfallen. Das ist normal, da Ihr »Nein« eine Konsequenz für das Gegenüber mit sich bringt und die Bedürfnisse des anderen beschränkt. Aber es ist völlig okay, auch mal seine eigenen Bedürfnisse in den Vordergrund zu stellen – so lang Sie es fair kommunizieren und stets offen für Alternativen und Kompromisslösungen bleiben. Wichtig ist: Geben Sie anderen Bedürfnissen und Wünschen Raum, aber nicht Ihren eigenen Raum dafür auf. Bleiben Sie bei sich und dem, was Sie gut für sich vertreten können. Ziel des Tools ist es, dass Sie nach den sechs Wochen ein neues Verhalten verinnerlicht haben und ein altes Muster »überschrieben« haben. Sie werden feststellen, dass Sie sich von Woche zu Woche besser abgrenzen können, und merken, dass es Ihnen keiner übel nimmt. Im Gegenteil: Sie werden vermutlich sehr viel Wertschätzung und Respekt für Ihre Klarheit über Ihre eigenen Bedürfnisse erfahren.

Wir erschaffen uns eigene Bilder

Das Problem mit der eigenen Wahrnehmung

Die Fälle von Nina und Maria zeigen sehr gut, was es mit uns macht, wenn wir uns und unsere Bedürfnisse verleugnen. Nun kommen wir zum umgekehrten Fall: Wir stürzen uns so sehr in bestimmte eigene Bedürfnisse, dass wir die Welt um uns herum und ggf. die Bedürfnisse anderer ausblenden und nicht mehr wahrnehmen.

Die meisten Menschen sind davon überzeugt, dass ihre Sicht auf die Welt die richtige ist. Dabei gibt es so viele verschiedene Sichtweisen auf die Welt wie Menschen auf ihr. Pippi Langstrumpf hat diese Weisheit für sich schon mit zwölf Jahren verstanden und damit in vielen Kinderzimmern einen bekannten Hit gelandet: »Ich mach mir die Welt, wie sie mir gefällt!« Im Laufe unseres Lebens entwickelt sich unser Gehirn gleichzeitig mit unseren Möglichkeiten im Innen und Außen. Das bewirkt entweder, dass wir uns an die Umgebung anpassen, so wie Nina und Maria, oder dass wir versuchen, die Umgebung an unsere Bedürfnisse und Vorstellungen anzupassen. Ein bekanntes Beispiel ist das Wetter: Wir können unsere Kleidung an die Witterungsverhältnisse anpassen oder diese ignorieren. Wenn wir uns dazu entscheiden, das Wetter zu ignorieren, kommt die Quittung sehr schnell. Sollte ich mich z. B.

bei sehr starker Sonneneinstrahlung zu lange der direkten Sonne aussetzen und nicht für den entsprechenden Schutz der Haut sorgen, werde ich sicherlich Bekanntschaft mit einem Sonnenbrand machen. Ist meine Kleidung hingegen immer noch auf Hitze und Sonnenschein ausgerichtet und ich komme in einen Regenschauer mit starkem Wind, werde ich eventuell Gefahr laufen, mich zu erkälten. Ich kann aber auch versuchen, die Umgebung zu verändern, indem ich für das Wetter ins Ausland gehe und das Klima suche, das mir gefällt. Das ist grundsätzlich kein Problem, wenn ich gerade alleinstehend und unabhängig bin. Problematischer wird es, wenn ich mich in Beziehungen und Verpflichtungen befinde. Natürlich kann ich auch als Elternteil meine Kinder überall mithinnehmen, um meine eigenen Bedürfnisse zu stillen. Aber es wird Bereiche geben, in denen meine Beziehungen mir deutlich machen, dass ich meine Bedürfnisse zurückstellen oder zumindest anpassen muss. Säuglinge mit in die Diskothek nehmen, während ich Rauschmittel konsumiere, ist genauso unangemessen wie der tägliche Besuch im Burgerladen, nur weil ich das bisher immer so gehandhabt habe. Unangemessen heißt hier, dass die Situationen und Vorgehensweisen für das Wohlergehen der Personen, die von mir abhängig sind, gefährlich sind. Unproblematisch ist das nur, wenn diese Personen das Alter und die Sensibilität haben, dies zu erkennen und sich notfalls von mir zu distanzieren und für sich selbst zu sorgen.

Insofern sprechen wir nun eine Persönlichkeitseigenschaft an, die erst dann zu einer Überforderung führt und uns als Ansprechpartner auf den Plan ruft, wenn das Umfeld, häufig der Partner/die Partnerin oder nahestehende Personen, betroffen ist. Die Eigenschaft wird im Grunde erst sichtbar, wenn sie von anderen kritisiert wird.

Unsere Persönlichkeit ist ein zentraler Faktor bei der Interpretation der Wirklichkeit. Wenn ich ein sehr ängstlicher Typ bin, sehe ich die Welt als einen gefährlichen Ort, der unberechenbar ist und mir Schaden zufügen kann. Wenn ich z B. sehr ordnungsliebend bin, werde ich meine Umgebung immer in Schuss halten und kontrollieren wollen, sodass ich vermutlich sehr emotional reagiere, wenn die Dinge nicht so verlaufen, wie ich sie geplant habe. Das eigene Mindset, bestehend aus den persönlichen Werten, Erfahrungen, eigenen und übernommenen Glaubenssätzen bzw. Überzeugungen, formt die Sicht auf meine Welt. Und wie wir bereits gelernt haben, kommen in unserem Mindset viele Stimmen vor, die verschiedenen Anteile unserer Persönlichkeit, die hier lauter oder leiser den Ton angeben. Und die uns manchmal ganz schön zu schaffen machen können. Vor allem, wenn sie wichtige Beziehungen beeinträchtigen und blockieren.

So war es in Cords Praxis z. B. bei Karl. Er ist ein Mann Mitte 40, der beruflich erfolgreich ist und alles ganz gut im Griff hat. Er wohnt alleine und hat keine Kinder. Täglich wischt er Staub und saugt die Böden. Einmal die Woche werden alle Vorhänge gewaschen und alle Fenster geputzt. Was für andere wohl ein ziemlicher Aufwand wäre, ist für Karl ganz selbstverständlich. Es gibt ihm das Gefühl von Zufriedenheit und bringt ihm am Ende eine saubere und strahlende Wohnung. Es ist also ein Verhaltensmuster, das ihm keinen Leidensdruck, sondern Zufriedenheit beschert, und er benötigt somit kein Coaching oder gar eine Psychotherapie, da er auch keine Symptome entwickelt hat. Erst wenn eine andere Person in seinen Haushalt zieht und eine andere Vorstellung von Ordnung hat, kann es für Karl problematisch werden. Und so kam es. Seine Partnerschaft nahm nach etwa sechs Monaten konkrete Formen an. Seine Freundin blieb in den letzten Wochen die meiste Zeit bei ihm, sodass sie auch den Alltag miteinander verbrachten. Seine Freundin war allerdings nicht so ordnungsliebend wie Karl und ließ auch schon mal ihre Sachen irgendwo liegen. Zunächst sprach er es immer wieder bei ihr an und sie versuchte, ihm entgegenzukommen und auf ihr Verhalten zu achten. Trotzdem wurde es im Zusammenleben der beiden mehr und mehr zu einem allgegenwärtigen Thema. Karl war irgendwann mit der Situation überfordert, weil er die Ordnung und Sauberkeit der Wohnung nicht mehr so hinbekam, wie er es gewohnt war. Er hatte von da an einen Leidensdruck und konnte selbst keine Lösung erkennen. Er schaute sich gemeinsam mit Cord an, an welchen Stellen seine Persönlichkeit seine Wirklichkeit einengte und inwiefern sie zu dem Leidensdruck führten. Er entwickelte mit Cord neue Maßnahmen und Sichtweisen, die ihm halfen, seine Bedürfnisse wahrzunehmen, auszuleben und so zu vermitteln, dass beide glücklich und zufrieden miteinander in einer Wohnung leben konnten.

Ordnung und Sauberkeit sind glücklicherweise Themen, die man als Paar ganz gut in den Griff bekommt, weil vermutlich die meisten Menschen Gefallen an einem ordentlichen Zustand finden und ein aufgeräumtes Zuhause ins gemeinsame Lebenskonzept passt. Anders stellt es sich aber dar, wenn der Partner oder die Partnerin alkoholabhängig ist oder immer wieder untreu wird. Dann sprechen wir von Verhaltensmustern, die »nicht so gern gesehen« werden bzw. zwangsläufig zu Konflikten führen. Cord hat eine lange Liste an KlientInnen, die mit diesem Problem in die Psychotherapie kommen.

Judith arbeitet im Coaching nicht mit suchtkranken KlientInnen, hat aber oft die darunter leidenden Personen aus dem Umfeld von Betroffenen bei sich sitzen, die durch diese Situationen selbst in eine Überforderung gelangen. Sie stehen machtlos daneben und können keine Veränderung bewirken, weil die Betroffenen diese selbst gar nicht wollen. Ein Dilemma, das vielen von Ihnen bekannt vorkommen wird. Die meisten würden nun vielleicht sagen: »Wie kann man den Betroffenen helfen und sie zu einer Veränderung motivieren?« Wenn Sie sich das auch gerade fragen, dann wollen wir auf den folgenden Seiten versuchen, Sie davon zu überzeugen, welche viel wichtigere Frage im Fokus stehen sollte: »Was will *ich* eigentlich in dieser Beziehung und wie will *ich* mit dem Problem weiter umgehen?«

Wir beobachten häufig, dass das Verhalten der Betroffenen den Fokus der Beziehung bildet. Die betroffenen Personen rechtfertigen ihr Verhalten durch die eigene Vorstellung und Wahrnehmung, die oft nicht der Außenwahrnehmung entspricht. Die nahestehenden Personen werden dann zu Kämpfern gegen eine Mindset-Macht, die gar nicht ihre eigene ist. Spätestens nach der ersten Hälfte des Buches wissen wir nun, wie schwierig es ist, sich seiner eigenen Mindset-Macht bewusst zu werden und diese oft vernachlässigte »Vase alter Vorstellungen« zu entstauben. Nun fragen wir Sie: Was meinen Sie, wie schwer es sein wird, das bei jemand anderem hinzubekommen? Kinderspiel oder keine Chance? Wohl eher keine Chance. Vor allem, wenn die- oder derjenige nicht selbst den Staubwedel in die Hand nimmt.

Judith erinnert sich an die Geschichte einer Klientin, die mit genau diesem Anliegen ins Coaching kam. Miriam, 37 Jahre alt. Sie befand sich in einer toxischen Beziehung mit ihrem Freund, die sie jeden Tag in die Überforderung stürzte. Als sie zu Judith kam, wusste sie nicht mehr weiter. Ihr Freund war seit Jahren spiel- und medikamentensüchtig, litt also unter einer mehrfachen Abhängigkeit. In der Psychotherapie wird zwischen Missbrauch und Abhängigkeit unterschieden: Ein Missbrauch ist dann gegeben, wenn eine Substanz übermäßig konsumiert wird. Also kurz gesagt: wenn wir von etwas zu viel konsumiert haben. Das führt dann zu Reaktionen, die als Überdosierung einzustufen sind. Nach zu viel Alkohol z. B. melden sich am nächsten Tag der Kater oder vielleicht sogar Erinnerungslücken, der sogenannte Filmriss. Wenn ich eine Abhängigkeit habe, ist die Auswirkung auf den Körper viel intensiver und komplexer. Man spricht bei Abhängigkeiten als Hauptmerkmal vom sogenannten *Craving:* ein Zustand, der uns immer wieder einredet, die Substanz einnehmen zu müssen, sodass wir »wieder schwach werden«. Raucher z. B. würden zu jeder Tages- und Nachtzeit die »Mission Kippen« auf sich nehmen und gefühlt die ganze Welt bereisen, bis der Heilige Gral in Form einer Zigarettenschachtel aufgefunden und konsumiert wurde. Ein weiteres wichtiges Merkmal der eigentlichen Abhängigkeit ist die Toleranzwirkung. Das bedeutet, dass der Körper über die Zeit eine Gewöhnung an die Substanz aufweist, sodass man mehr von der Substanz benötigt, um die gleiche Wirkung oder dasselbe gewohnte Erleben zu erzielen.

Zu Beginn bemerkte Miriam es nicht. Erst nach einer gewissen Zeit wundert sie sich, dass ihr Freund schon zu Beginn des Monats häufig pleite war und sie aus den verschiedensten Gründen nach Geld fragte. Erst nach und nach kam raus, dass die Spülmaschine gar nicht kaputt war und ersetzt werden musste, sondern das Geld, mit dem sie ihm aus diesem Grund ausgeholfen hatte, direkt in der Spielhalle verzockt wurde. Er nahm zudem täglich Ritalin und Schlaftabletten. Ritalin, um am Tag leistungsfähig zu sein, und Schlaftabletten, um abends »runterfahren« und einschlafen zu können. Nachdem Miriam immer mehr herausfand und ihn damit konfrontierte, machte er zu und schlug sie sogar einmal. Er belog sie ständig und ging ihr auch immer wieder fremd. Es fiel ihr sehr schwer, darüber zu reden. Sie hat ihren Freunden und ihrer Familie nichts davon erzählt, weil sie sich dafür schämte, dass sie nach allem, was schon vorgefallen war, überhaupt noch mit diesem Mann zusammen war. Sie ist eigentlich eine sehr selbstbewusste Frau, die mitten im Leben steht und alles im Griff hat, nun kommt sie aber aus diesem Beziehungs-Teufelskreis nicht heraus. Sie versteht sich selbst nicht und weiß nicht, was sie machen soll. Einerseits liebt sie diesen Mann. Andererseits weiß sie, dass er ihr nicht guttut. Sie hat aber zu viel Angst, ihn zu verlassen. Davor, dass sie es später bereuen könnte oder er mit der Trennung nicht zurechtkommt und noch stärker der Sucht verfällt.

Judith und Miriam gehen ihren Wünschen auf den Grund und machen sich zunächst ein Bild davon, wo Miriam herkommt, warum sie sich in ihn verliebt hat, welche Vorstellung sie von der Beziehung zu Beginn hatte und wie die Realität aktuell aussieht. Eine klare Gegenüberstellung hilft Miriam zu verstehen, was sie eigentlich will und warum sie an der Beziehung festhält. Im Coachingprozess mit Miriam als Nahestehender eines Betroffenen geht es darum, den Fokus von den Problemen des Betroffenen zu lösen und die Nahestehende mit ihren Bedürfnissen in den Blick zu neh-

men. Zudem muss Miriam verstehen, dass ihr Freund psychisch krank ist und sie keine Verantwortung für seine Heilung trägt. Nur er kann und muss sich helfen, wenn die Beziehung eine Chance haben soll. Es ist nicht Miriams Aufgabe, ihren Freund oder die Beziehung zu retten. Aber es ist ihre Aufgabe, sich selbst zu retten. Das Coaching hilft Miriam, die Situation klarer einzuschätzen und zu betrachten, sich selbst besser wahrzunehmen und für ihre Bedürfnisse einzustehen, z. B. eine wertschätzende und liebevolle Beziehung zu wollen. Da diese mit ihrem aktuellen Partner nicht möglich ist und sie sowohl seelisch als auch körperlich gefährdet, entscheidet sie sich für eine Trennung und wird von Judith dabei begleitet.

Miriams Freund erschafft sich eine eigene Realität und versucht, diese auch Miriam zu »verkaufen«. Sobald Miriam seine Realität anzweifelt, weil sie von seinem falschen Weltbild auch betroffen ist und darunter leidet, reagiert er aggressiv und verletzend. Es geht also in diesem Beispiel darum aufzuzeigen, welche Auswirkungen dieses Verhaltensmuster auf andere Personen haben kann und dass das eigentliche Problem bei der betroffenen Person liegt, die sich selbst etwas vormacht. Aber häufig erleben wir, dass die Betroffenen es schaffen, ihr Umfeld in ihrer Wahrnehmung der Realität mit zu verunsichern. Das kann so weit gehen, dass bei den Personen im Umfeld eine nachhaltige Unsicherheit gegenüber dem eigenen Denken und Fühlen zurückbleibt. Deswegen ist es sehr wichtig, sich in solchen Momenten nicht verunsichern zu lassen, sich auch als nahestehende Person bei akutem Leidensdruck »Hilfe« zu holen und sich im Zweifel – wenn die betroffene Person keine Einsicht zeigt und keine Bereitschaft, etwas zu ändern – aus dieser Beziehung zu lösen.

Wie hilft mir das? Bleiben Sie bei sich und bleiben Sie dabei stets reflektiert. Wenn Sie ein destruktives Verhalten an sich feststellen sollten, wie z. B. die Verleugnung der eigenen Bedürfnisse oder die Verleugnung eindeutiger Tatsachen, um die eigenen Bedürfnisse

zu rechtfertigen, fragen Sie sich, warum Sie das tun. Machen Sie sich den Mechanismus dahinter klar. Karl und der Freund von Miriam verleugneten die eigentliche Realität, um ihre eigenen Bedürfnisse vor sich zu rechtfertigen und ausleben zu können. Bei Personen im Umfeld kann dies dazu führen, dass sie sich selbst verleugnen. Somit ergänzen sich diese beiden Verhaltensmuster und treffen in Partnerschaften nicht selten aufeinander. Beide leiden, allerdings auf unterschiedliche Art. Um eine Lösung zu finden, müssen beide Parteien bereit sein, etwas zu ändern. Ansonsten ist eine solche Beziehung langfristig destruktiv und kann großen Schaden anrichten. Miriam hatte das für sich zwar erkannt, aber ihr fehlten die Ressourcen, um sich aus der Beziehung zu befreien. Die Krankheit des Freundes hat die gesamte Beziehung bestimmt und Miriam über Jahre schwer zugesetzt. Zudem hatte sie sich von ihrem sozialen Umfeld immer weiter entfernt, weil sie sich für ihre Beziehung und damit für ihre eigene Schwäche geschämt hat. Ihr fehlten das Bewusstsein für ihre eigene Verantwortung und die Erkenntnis, dass sie ihren Freund nicht retten muss. Sie hat im Coaching den Fokus auf ihre Bedürfnisse wiedererlangt und wurde in ihren Ressourcen bestärkt, sodass sie für sich einen Ausweg finden konnte.

Die Verhaltensweisen von Miriam sind auch Cord nicht fremd. Miriam würde mit ihrem Thema spätestens dann in der Therapie landen, wenn sie merkt, dass sie unter diesen Umständen so stark leidet, dass sie etwa Symptome einer Panikattacke oder Zwänge entwickelt (dies sind nur zwei Beispiele für mögliche Reaktionen von Körper und Psyche auf solche Belastungen). Die Ursache für die Situation ist das Verhalten des Freundes und die Auswirkung seiner Süchte, dahinter stecken aber auch die Ausprägung der beiden Persönlichkeiten. Während der Freund deutlich egoistische und narzisstische Züge aufweist, sind es bei Miriam dependente und ängstlich vermeidende Anteile. Eine narzisstische Persönlichkeit ist auf die andauernde Bewunderung angewiesen, sie benötigt

Anerkennung auf allen Ebenen. Die betroffenen Menschen nutzen ihr Umfeld oft für die eigenen Bedürfnisse aus, haben wenig Empathie und Einfühlungsvermögen und zeigen häufig eifersüchtige Tendenzen. Das passt wiederum gut zu Miriam, die eine dependente, man sagt auch abhängige, Persönlichkeitsstruktur aufweist. Diese Personen ordnen sich häufig unter und haben das Gefühl, nicht selbst Entscheidungen treffen zu können. Ein Verhalten, das meistens einer eigenen Unsicherheit geschuldet ist. Sie kommen aus Abhängigkeiten schlecht raus. So wie Miriam. Die vermeidend-unsichere Persönlichkeitsstruktur wird dadurch verstärkt, dass die Personen annehmen, minderwertig zu sein, und Angst vor weiteren Kritisierungen haben. Aus diesem Grund leisten sie den narzisstischen Personen häufig Folge und kommen deren Bedürfnissen nach. Miriams Freund wertete sie deutlich ab, was zu ihrer Annahme über sich selbst passte und sie also bestätigte.

Was aus Karl geworden ist Karl hat mit seiner Freundin durch viele Gespräche und Versuche im Alltag um das Thema Ordnung und Struktur einen Weg gefunden, mit dem sich beide wohlfühlen. Sie wohnen inzwischen zusammen. Durch die Therapie bei Cord konnte Karl mit seinem Leidensdruck umgehen und seine ordnungsliebenden Anteile wieder in Ressourcen verwandeln. Beide sagen, dass sie der konstruktive und gemeinsame Umgang miteinander deutlich mehr verbunden hat.

Was aus Miriam geworden ist Miriam hat sich von ihrem Freund in einem sehr respektvollen und offenen Gespräch getrennt und den Kontakt zu ihm abgebrochen. Ihr Freund ist daraufhin in Therapie gegangen, um sie zurückzugewinnen. Miriam ist aber mittlerweile in einer anderen, nun sehr glücklichen und gesunden Beziehung.

Für Betroffene:

Nehmen Sie die Außenwahrnehmung zu Ihrer Person ein

Wenn wir uns in eine eigene Welt flüchten oder von einer bestimmten eigenen Vorstellung in unserem Leben gesteuert werden, wird das irgendwann in zwei Punkten problematisch:

1. wenn wir uns selbst damit schaden;
2. wenn wir anderen damit schaden.

Sollten Sie so ein Verhalten an sich vermuten, erzählen Sie Ihr eigenes Leben in einer Geschichte, die Sie so objektiv wie möglich aufschreiben. Stellen Sie sich dabei vor, Sie würden das Leben eines anderen beschreiben. Versetzen Sie sich dabei vielleicht in eine/-n Freund/-in. Was würde diese/-r Freund/-in einer anderen Person über Sie erzählen. Bleiben Sie ehrlich, auch wenn es Schwächen zutage fördert. Machen Sie danach eine Liste mit all ihren vertrauten Menschen und lassen Sie sie im Geiste einen Kommentar zu Ihrer Geschichte abgeben. Welchen Ton haben diese Kommentare? Ähneln sich die Kommentare? Was raten Ihnen die Kommentare? Sollten Sie etwas ändern? Hierüber bekommen Sie eine bessere Vorstellung von sich selbst und Ihrem Umfeld. Nutzen Sie dabei die Chance, sich selbst zu reflektieren. Bleiben Sie aber ehrlich und aufrichtig zu sich selbst.

Für Nahestehende:

Lassen Sie los

Sollten Sie sich in einer Beziehung mit einem Betroffenen befinden, der ein Verhalten zeigt, das ihrer Beziehung schadet, geht es ums Loslassen. Versuchen Sie folgende Dinge loszulassen, um für sich weiterzukommen:

1. die Vorstellung, wie Ihr/-e Partner/-in zu sein hat;
2. die Erwartung, dass die andere Person sich ändern muss;
3. das Gefühl, für das Glück der Beziehung und der anderen Person verantwortlich zu sein;
4. die Angst vor dem Ende der Beziehung.

Wir flüchten

Das Problem der Kompensation

Kennen Sie die Momente, in denen Sie jemandem zuhören, der Ihnen irgendetwas schrecklich Wichtiges mitteilen will, Sie aber nach dem dritten Nebensatz aussteigen müssen? Zack und Ihre Gedanken sind plötzlich beim Parkticket vom Auto oder beim Einkaufszettel für den Supermarkt heute Nachmittag. So läuft das bei uns ab, wenn wir aus einer »langweiligen« Situation, die uns unterfordert, gedanklich »wandern« gehen.

In lebensbedrohlichen Situationen ist das Flüchten lebensrettend. Sonst wären wir zu Zeiten der Dinosaurier sicherlich ausgestorben. Flucht ist also immer dann notwendig, wenn die aktuelle Situation zu bedrohlich wird. Wir haben mit der Zeit aber gelernt, dass wir auch aus Situationen flüchten können, die nicht unbedingt bedrohlich sein müssen. Langeweile und Unterforderung können auch ein Grund sein.

Flucht ist auch immer dann eine Option, wenn wir unangenehme Gefühle neutralisieren wollen. Wenn wir einen Weg finden, der uns hilft, diesen Zustand zu verändern, kann es sein, dass er auch in zukünftigen Situationen genutzt wird. Je attraktiver der alternative Weg ist, umso häufiger wird er aufgesucht. Das ist der Entstehungsmechanismus einer Sucht.

Schon mal von »Phubbing« gehört? Der Begriff beschreibt das Phänomen, dass Menschen sich mit dem Handy beschäftigen, während sie sich im Umfeld von Menschen aufhalten, mit denen sie normalerweise kommunizieren würden. Die stetige Präsenz und Kommunikation, die uns digital abverlangt wird, kann uns in echten Kommunikationen somit zur Flucht dienen, sie kann aber auch unseren Beziehungen schaden. Das Handy ist halt immer dabei. Und wir sind es auch, wenn es klingelt oder vibriert. Es kommt auch hier – wie bei so vielen Dingen im Leben – auf den angemessenen und bewussten Umgang an, damit nicht das Handy uns im Griff hat, sondern wir das Handy. Ansonsten kann ein unangemessener Umgang uns auch in die Sucht treiben. Schauen wir uns das mal näher an: Eine Sucht liegt immer dann vor, wenn sich bestimmte Verhaltensweisen zeigen: Zunächst entsteht ein Bedürfnis oder sogar ein starkes Verlangen, den Konsum zu wiederholen, sodass man unbewusst Situationen aufsucht, in denen man dem Verlangen wieder nachgehen kann und die Substanz vorhanden ist. Des Weiteren kommt hinzu, dass irgendwann eine immer größere Menge nötig ist, um die gleiche Wirkung zu erzielen. Man nennt das eine Toleranzwirkung. Das führt dazu, dass man einen immer größeren Zeitaufwand für die Beschaffung, das Konsumieren und das »Sich-davon-Erholen« benötigt. Der Körper äußert mit der Zeit auch Symptome, die auf einen schädlichen Gebrauch aufmerksam machen.

Ein Beispiel aus Cords Psychotherapiepraxis ist Martin. Er ist 19 Jahre alt und wohnt bei seiner Mutter. Seit zwei Jahren sitzt er täglich vor seinem PC und spielt für mehrere Stunden ein Multiplayer-Onlinespiel. Seine Freunde und auch seine Freundin hat er mit der Zeit immer deutlicher vernachlässigt. Seine Freundin war meist schon in Sorge, wenn eine neue Erweiterung seines Lieblingsspiels auf den Markt kam. Dann war er für einige Wochen schwer erreichbar und saß täglich an seinem PC. Trotzdem versuchten seine Freunde immer wieder, ihn vor dem PC hervorzulocken. Mit Ideen, für die er zuvor eigentlich immer zu haben war: raus aus der Bude, auf dem Parkplatz eines großen Kaufhauses treffen, zusammen quatschen und rumblödeln, mit dem Auto rumfahren und abends ins Kino gehen. Die Nächte waren immer sehr lang und mit viel Spaß verbunden.

Nicht nur Martins Freunde fragten sich: Was ist denn an einem Computerspiel so besonders, dass es einen Menschen so sehr in den Bann ziehen kann? So stark, dass die reale Welt mit Sozialkontakten und einzigartigen Momenten daneben verblasst.

Die Antwort liegt mitunter in der Intensität der Identifikation. Wenn wir von etwas besonders fasziniert sind, vergehen Stunden wie im Flug. Die Anziehungskraft ist sehr hoch. Man spricht auch von einem hohen Suchtpotenzial oder Suchtfaktor. Bei Computerspielen können wir klare Merkmale benennen, die für die Betroffenen einen starken Reiz ausmachen: Es gibt vorhersehbare Regeln, und zwar Regeln ohne Ausnahmen. Die künstliche Welt des Spiels vermittelt durch klare Regeln und Abläufe das Gefühl von Kontrolle, Sicherheit und vertrauten, gewünschten Empfindungen. Und das auf »Knopfdruck«. Das kann die Realität nicht bieten. Zumindest nicht auf Knopfdruck. Vor allem dann, wenn der Alltag zu »langweilig«, monoton oder auch zu belastend für uns ist, ziehen wir die Option der Flucht in eine andere Welt vor. Das ist insofern nachvollziehbar und grundsätzlich nicht verwerflich. Im Gegenteil. Es ist eine wichtige Ressource, die uns hilft, unseren Ausgleich zu den oft auch anstrengenden Anforderungen des Alltags zu finden.

Insiderwissen

»Alle Dinge sind Gift und nichts ist ohne Gift; allein die Dosis macht, dass ein Ding kein Gift ist.«

Theophrastus Bombast von Hohenheim, genannt Paracelsus (1493–1541)

Der Schweizer Arzt und Alchemist Paracelsus hat es also schon im ausgehenden Mittelalter auf den Punkt gebracht: Die Dosis erschafft die Sucht und damit auch die Gefahr. Wir brauchen ein gesundes Gefühl dafür, welche Häufigkeit und Intensität für uns gut verträglich ist. Alles, was zu viel wird, wirkt toxisch und kann je nach Substanz zu einer nicht kontrollierbaren Sucht werden. Es gibt allerdings auch Substanzen, die einen erhöhten Sucht- und Abhängigkeitsfaktor haben. In diesem Falle werden wir schon nach wenigen Konsumeinheiten abhängig und kommen auch nicht so schnell wieder davon weg. Dazu zählen vor allem bestimmte stoffgebundene Substanzen wie Heroin (Rauschgift) oder auch Benzodiazepine (Beruhigungsmittel). Während Heroin nach der ersten Einnahme eine hohe körperliche und psychische Abhängigkeit erzeugt, ist diese bei den Benzodiazepinen spätestens nach 14 Tagen regelmäßiger Einnahme gegeben. Neben der körperlichen Abhängigkeit bringt jeder Stoff mit Suchtpotenzial darüber hinaus die Eigenschaft mit, uns in eine andere Welt zu befördern und uns dadurch für eine Zeit von der Realität zu entfernen. Das Bedürfnis danach wird natürlich lauter in uns, wenn wir uns in einer Welt befinden, die uns permanent an die Grenzen bringt und Sorgen beschert. In diesem Moment erscheint die Flucht in eine andere Welt ohne Probleme sehr attraktiv. Stecken wir also in einer Überforderung, stellt die Sucht eine beliebte Form der Flucht in eine leichtere Welt dar.

Martin ist in seinem Spiel ein mutiger, berühmter Krieger, der zusammen mit Millionen anderer Spieler viele Abenteuer erlebt. Erzählt wird alles in einer großen Geschichte, die durch Erweiterungen immer wieder neuen Inhalt vermittelt, um alle Spieler bei der Stange zu halten. Immer größer, epischer und komplexer wird die Welt und damit auch die Möglichkeit der Identifikation mit ihr. Die Hersteller werben mit neuen Gimmicks und virtuellen Gegenständen, die die Charaktere im Spiel noch besser machen und ohne die bestimmte Aufgaben in der fiktiven Welt nicht lösbar sind. Um diese Dinge zu erhalten, müssen bestimmte Aufgaben und Abenteuer mehrmals gespielt und wiederholt werden, bis der gewünschte Gegenstand »gefunden« wird. Scheitern ist nicht nur eine Option, sondern das Prinzip des Glücksspiels. Ganz nach dem Motto: »Jetzt hat es nicht geklappt. Aber beim nächsten Mal klappt's bestimmt.« Jeder Glücksspielautomat, der Geld ausschütten kann, hat einen Faktor, der darüber bestimmt, wie hoch die Wahrscheinlichkeit ist zu gewinnen. Nehmen wir das bekannteste Gewinnspiel: Lotto. Hier werden nach dem Zufallsprinzip sechs Kugeln aus einer Lostrommel mit 49 Kugeln »gezogen«. Die Wahrscheinlichkeit, die richtige Kombination aller 6 Zahlen zu erhalten, liegt nach Adam Riese bei 1 : 139.838.160 Millionen. Das bedeutet, dass ich eine 0,00000072-prozentige Wahrscheinlichkeit habe, die gezogenen Zahlen der Kugeln zu treffen. Sehr ernüchternd. Aber wir haben das subjektive Gefühl, dass wir beim nächsten Mal sicherlich dabei sind, wenn es um die richtige Zahlenkombination geht. Und dieses Gefühl steigt mit jeder Ziehung, da ich umso stärker davon ausgehe, dass ich ja dieses Mal dabei sein muss! Zudem versetzen uns die Spannung bis zur nächsten Ziehung und der Moment, in dem die Kugeln gezogen werden, in einen Zustand, der uns unsere Situation vergessen lässt und eine erfüllte und sorglose Zukunft in Aussicht stellt. Es gibt uns ein besonderes Gefühl, den sogenannten Nervenkitzel, der uns im tristen Alltag gern mal abhandenkommt. Und in der Überforderung noch erstrebenswerter wird.

Zurück zu Martin. Sobald die neue Erweiterung des Spiels raus ist, ist auch er ganz in der Rolle seines virtuellen Helden. Nach spätestens zwei Monaten verliert er langsam das Interesse an dem Spiel und möchte sich wieder den anderen Dingen zuwenden. Das ist der Wendepunkt, bei dem es eine wesentliche Rolle spielt, wie attraktiv die anderen Tätigkeiten und Personen sind, die im eigenen Umfeld existieren. Je attraktiver die Realität, umso größer ist die Wahrscheinlichkeit, dass ich mich meinem realen Leben wieder verstärkt widme. Ist das eigene Leben jedoch eher belastend oder sogar überfordernd, wird nach einer neuen Welt Ausschau gehalten, in die man flüchten kann.

Wenn das eigene Leben aktuell nicht lebenswert oder attraktiv erscheint oder uns an unsere Grenzen bringt, ist die Folge allerdings nicht immer nur eine Flucht in die Sucht. Viele unserer KlientInnen entscheiden sich aus diesen Gründen z. B. für eine Affäre, um eine neue, leichtere Variante zu ihrer oftmals festgefahrenen Beziehung zu erleben, mehr Aufregung und »Nervenkitzel« durch das neue Abenteuer zu erfahren und eine Bestätigung der eigenen Person zu erleben, die sonst eventuell kaum noch vorkommt. Die Sucht nach Höhepunkten und Leichtigkeit steckt in uns allen und ist vollkommen normal. Wir streben alle nach Aufmerksamkeit und dem Gefühl, besonders zu sein, oder danach, etwas Besonderes zu erleben. Erscheint uns unser Leben trist und aussichtslos oder stecken wir in der Überforderung fest, wird die Flucht daraus zur reizvollen und denkbaren Alternative. Oftmals passiert das noch nicht mal vorsätzlich oder bewusst. Es braucht dann nur einen kleinen Anstoß von außen und schon geht's los.

Wie bei einem ehemaligen Klienten von Judith: Robert, 46 Jahre, war eigentlich glücklich verheiratet, hatte drei Kinder vom Kleinkind- bis hin zum Teenageralter. Er ist in leitender Position eines sehr konservativen Unternehmens tätig, das strenge und starre Hierarchien und Abstimmungswege vorgibt. Ein internationaler *Big Player*, sodass Robert nicht lang überlegen musste, als er die Chance erhielt, dort ziemlich weit oben einzusteigen. Das Gehalt und die Konditionen waren zudem super, sodass Robert als Vater von drei Kindern den Job sofort angenommen hatte. Er ist nun seit mehr als zehn Jahren dort. Seine Ehe läuft gut, aber ist nach vielen Jahren auch etwas eingestaubt. Die Kinder sind aus dem Gröbsten raus, aber fordern Robert trotzdem immer wieder. Vor ein paar Monaten hat Robert eine Assistentin eingestellt, die ihm nun nicht mehr aus dem Kopf geht. Er hasst das Klischee des Chefs und der Assistentin und liebt seine Frau eigentlich sehr, aber er ist der Assistentin über die letzten Wochen nähergekommen. Sie verstehen sich super und bei ihr kann er sein stressiges Leben für eine Weile vergessen. Er fühlt sich wieder wie mit Anfang 30: leicht, unbeschwert, attraktiv und interessant. Nun sitzt er im Coaching, weil er mit diesem Dilemma nicht fertigwird. Er möchte seine Familie auf keinen Fall verlassen, aber hat sich nun doch in seine Assistentin verliebt.

Roberts Leben war bis hierhin geregelt. Er hat sich vieles aufgebaut: seine Familie und seine Karriere. Er ist eigentlich sehr glücklich mit seinem Leben. Aber es ist auch sehr festgefahren. Die Strukturen werden nicht mehr hinterfragt, das Alltagsprogramm wird einfach jeden Tag abgespult. Das sehen wir häufig bei unseren KlientInnen: Wenn sie ihren Platz im Leben gefunden und alle großen Ziele erreicht haben, wird einfach nur noch gemacht. Man funktioniert, aber man stellt die Dinge nicht mehr infrage. Auch Robert hat seine Rollen im Leben gefunden und versucht, sie einfach täglich, so gut es geht, zu erfüllen. Vieles stresst ihn oder bringt ihn an seine Grenzen. »Aber so ist das nun mal, wenn man erwachsen ist. Dann hat man Verantwortung und das Leben besteht nicht mehr nur aus Party und Spaß«, beschreibt er im Coaching sein aktuelles Lebenskonzept. Wir fragen an dieser Stelle mal in die Runde – muss das wirklich so sein? Wenn wir nur mit Scheuklappen durch unser Leben »rasen« und nur funktionieren, ist die Unzufriedenheit vorprogrammiert und es braucht nur einen winzigen Strohhalm, an den wir uns klammern, weil er uns eventuell irgendwo ein Abenteuer verspricht, in das wir flüchten können.

Robert greift aber nicht sofort nach dem ersten Strohhalm. Er hat sich bewusst noch nicht in eine Affäre mit seiner Assistentin gestürzt, weil er ahnt, dass es ihm mehr Probleme bereiten, als Lösungen liefern würde. Er möchte stattdessen an seiner Ehe und seiner Haltung arbeiten. Der Ansatz ist goldrichtig, denn es geht darum, seine Motivation für die Affäre zu verstehen. Judith und Robert schauen also zunächst auf seine eigene Situation und starten auch hier mit der Werte-Arbeit.

Robert definiert für sich folgende Werte: 1. Selbstbestimmung, 2. Freiheit, 3. Unabhängigkeit, 4. Anerkennung, 5. Sicherheit.

Danach schauen sich die beiden an, wie diese Werte in seinem aktuellen Leben vorkommen, und starten mit Roberts Job, da dieser die meiste Zeit seines Lebens einnimmt. Die ersten drei Werte, Selbstbestimmung, Freiheit und Unabhängigkeit, kommen dabei so gut wie gar nicht vor, die letzten beiden Werte hingegen schon, Anerkennung und Sicherheit. Insofern ist die Motivation für Roberts Job deutlich geworden: Er hat sich aus diesen beiden Werten heraus für die Position entschieden. Robert und Judith werfen einen Blick in seinen zweiten großen Lebensbereich, der ihn nach seinem Job am meisten einnimmt: seine Ehe und die Familie. Aber auch dort sind die drei ersten großen Werte kaum vorhanden. Neben Job und Ehe/Familie bleibt Robert kaum Zeit für anderes, sodass er seine eigentlich größten Werte kaum an anderer Stelle ausleben könnte. Nun kommen die beiden auf seine Assistentin zu sprechen und den Wunsch, eine Affäre mit ihr zu beginnen. Judith fragt Robert, was ihn dazu verleiten würde. Welche Werte ihn dazu motivieren würden und welche er darin zu finden hofft? Auf einmal wird Robert deutlich, dass die Affäre die Möglichkeit offenbaren würde, endlich wieder selbstbestimmt, frei und unabhängig zu sein, denn sein aktuelles Leben lässt dafür keinen Platz. Zudem erfährt er durch die Assistentin eine Anerkennung, die er in der persönlichen Form schon länger nicht mehr erhalten hat. Robert geht es also nicht um die bloße Affäre, sondern um die Gefühle, die damit verbunden und die ihm in seinem aktuellen Leben abhandengekommen sind, ohne dass er es gemerkt hat. Würde er sich für die Affäre entscheiden, würde er sich wieder selbstbestimmt, frei und unabhängig fühlen. In den letzten Jahren ging es in seinem Leben in erster Linie um den Wert Sicherheit, aber die anderen Werte blieben auf der Strecke. Kein Wunder, dass dies eine Unzufriedenheit hinterließ und die sich anbahnende Affäre auf fruchtbaren Boden stieß. An dem Beispiel zeigt sich auch sehr gut, dass eine Affäre nicht immer das Offensichtliche zum Ziel hat: sein aktuelles Leben zu verteufeln, die Partnerin/den Partner »auszutauschen« oder diese/-n abzulehnen, sondern deutlich vielschichtiger motiviert sein kann. Robert konnte sich seine eigentlichen Bedürfnisse durch seine Werte nun vor Augen führen und bewusst darüber entscheiden, was er braucht und was ihm hilft. Judith und Robert haben sich darüber hinaus angeschaut, wann Robert seine Top-3-Werte Selbstbestimmung, Freiheit und Unabhängigkeit in seinem Leben früher einmal gut ausleben konnte. Er gab an, dass er früher mal in einer Rockband gesungen habe. Zu dieser Zeit sei er »ein ganz anderer Mensch« gewesen, der aber genau das verkörpert und ausgelebt habe. Es geht also darum, neue Wege zu finden, um diese alte Persönlichkeit wiederaufleben zu lassen. Judith und Robert erarbeiten konkrete Schritte, die wieder den »alten Robert« hervorholen und ihm neue Freiheiten eröffnen. Dazu holt er auch seine Frau ins Boot, die Roberts Unzufriedenheit auch schon länger beobachtet hat, aber nicht wusste, wie sie ihm helfen sollte. Die beiden entscheiden sich für ein Paarcoaching und arbeiten auch getrennt an ihren Themen. Robert hat sich eine berufliche Auszeit genommen, u. a. um Abstand von der Assistentin zu bekommen. In der Zeit hat er eine neue Verbindung zu seiner Frau und den Kindern aufbauen können, die ihm ein neues Lebensgefühl beschert hat. Zusätzlich hat er eine neue Beziehungsqualität zu seiner Frau gewonnen. Die beiden sprechen über alles und unterstützen sich nun intensiver in ihren Sorgen und Wünschen. Er weiß mittlerweile, was ihm Spaß macht, und räumt sich für diese Dinge bewusst Zeit ein. All diese Veränderungen gaben Robert wieder die Freiheit und Selbstbestimmung zurück, die er so lang vermisst hat.

Halten wir also fest: Wenn wir den Notausgang aus unserem eigenen Leben suchen – vielleicht nur unbewusst –, kann das auch Aufschluss darüber geben, welche »Seite« wir an uns aktuell nicht gut wahrnehmen und leben. In diesen Momenten sind wir also anfälliger für ein Ausbrechen. Grundsätzlich ist das auch in Ordnung, solange unser Verhalten uns selbst oder anderen nicht schadet. Es ist insofern in dem Moment nur wichtig, sich bewusst zu machen, dass den eigentlichen Problemen damit aus dem Weg gegangen wird bzw. sie kompensiert werden. Sie werden aber nicht gelöst, sind also weiter vorhanden oder werden oftmals noch schlimmer, wenn wir wegsehen. Es geht also nicht darum, direkt den Zeigefinger zu erheben, wenn man mal aus der Rolle fällt. Das kann ja auch mal ganz erfrischend und lustig sein. Es geht eher darum, aufzuzeigen, dass diese Verhaltensmuster oft unbewusst stattfinden und uns insofern ein neues Problem bescheren: eine Sucht, eine gescheiterte Partnerschaft, ein Umfeld, das sich abwendet, etc. Insofern ist es wie mit dem Handy: Es dabeizuhaben und es bewusst für die eigenen Zwecke zu nutzen, macht durchaus Sinn und ermöglicht neue technologische Lösungen. Sind wir allerdings unbewusst nur noch mit dem Handy beschäftigt und haben Schwierigkeiten, einem Gespräch aufmerksam zu folgen oder selbst ruhige Momente ohne direktes Zücken des Smartphones wahrzunehmen und zu genießen, sind wir nicht mehr »Herr/Frau unseres Verhaltens« und müssen zwangsläufig irgendwann auch mögliche Folgeprobleme in Kauf nehmen.

Martin hat für sich den Weg zurück in den Alltag hinbekommen und konnte sich auch wieder mehr seinen Freundschaften und der Beziehung zu seiner Freundin widmen. Seine Freundin hat sich trotzdem von ihm getrennt. Er war in den letzten Monaten ständig gereizt und wirkte überfordert. Die kleinsten Anforderungen im Alltag waren schon zu viel. Seine Freundin hat das nicht mehr ausgehalten. Martin fehlte die digitale Welt und das Abtauchen in sein Computerspiel. Stattdessen wurde er mit Problemen und Anforderungen konfrontiert, auf die er nicht – wie sonst im Spiel – immer eine Lösung parat hatte. Zudem hat Martins längere Abwesenheit auch zu Konsequenzen im Leben der anderen geführt. So musste seine Freundin Martins »Pausefunktion vom wirklichen Leben« mittragen. Die Beziehung hat dadurch an Nähe und Qualität eingebüßt, die nicht einfach so wiederhergestellt werden konnte.

Das Leben geht für alle weiter. Wenn eine Person aus der Realität aussteigt und in eine andere Welt flüchtet, bleiben alle anderen weiterhin existent und stellen sich ihr. Mit einem Unterschied: ohne die Anwesenheit und Unterstützung des Flüchtenden. Häufig erlebt das Umfeld ein solches Fluchtverhalten wie ein Verschwinden. Es fühlt sich alleingelassen und oft überflüssig. Aus diesem Grund sind alle Beziehungen in dieser Zeit belastet und benötigen nach seiner »Rückkehr« viel Aufmerksamkeit des Flüchtenden, um ein grundlegendes Vertrauen und die notwendige Nähe wiederherzustellen. Wenn der/die Flüchtende aber auch davor flüchten will und das bisherige Leben keine Rückkehroption mehr darstellt, kann es auch zu einem radikalen Lebenswechsel führen, bei dem selbst Job, Kinder und Ehepartner auf der Strecke bleiben, während man in ein neues Leben flüchtet und alles hinter sich lässt. Hier darf aber eins nicht vergessen werden: Die Probleme und Themen, die so eine Flucht veranlassen, sind nicht die offensichtlichen. Meist liegen die eigentlichen Probleme woanders begraben und finden in dem neuen Leben ihren Weg zurück an die Oberfläche.

Bei Martin stellte sich im Verlauf der therapeutischen Begleitung heraus, dass dieses radikale Fluchtverhalten in seiner Familie bereits vorgekommen ist. Martins Vater hatte mehrere Jahre lang, nach der Geburt der Kinder, in einer Spielhalle sein Gehalt verspielt. Er hielt die »neue Realität« nicht mehr aus, da er durch seine Arbeit und die Versorgung seiner Familie als Alleinverdiener stark belastet war. Das Glücksgefühl und den »Ausstieg aus dem Alltag« fand er beim Spielen am Automaten. Erst nach Jahren, als die Eltern sich trennten, gab er sein Verhalten und seine Überforderung zu. Er nahm auch therapeutische Hilfe an. Martins Vater lebt seitdem alleine und versucht, den Kontakt zu seinem Sohn zu halten, was ihm aber schwerfällt. Er hat einen konstruktiven Umgang mit nahestehenden Personen nie gelernt, da seine eigenen Eltern, also Martins Großeltern, immer eine große Gefühlskälte an den Tag gelegt hatten und er nur über Leistung Anerkennung erhielt. Martin war durch das Vorleben seines Vaters und die Überforderung seiner Mutter darin bestärkt worden, ebenfalls aus dem Alltag zu flüchten, wenn es zu viel (Vater) und zu anstrengend (Vater und Mutter) wird.

Martin nimmt die Trennung von seiner Freundin zunächst als Anlass, sich wieder mehr in sein Zimmer zurückzuziehen. Er rutscht in sein altes Verhaltensmuster zurück. Er ist mit der Situation überfordert und flüchtet. Dadurch ist er erneut weniger am realen Alltag interessiert, empfindet weniger Freude und vernachlässigt auch erforderliche Dinge. Seine Mutter macht sich große Sorgen und sucht fachliche Hilfe. Gemeinsam kommen sie zu Cord in die Praxis. Natürlich hat Martin keine Lust auf das Gespräch. Er ist eher von seiner Mutter mitgeschleppt worden. Cord nimmt die Fremdmotivation der Mutter direkt wahr und spricht sie offen an, indem er Martin den Therapieprozess und die notwendige Eigenmotivation erklärt und ihn fragt, ob er auch selbst offen für eine Therapie ist. Martin lässt sich darauf ein, zumindest das Erstgespräch mitzumachen. Cord versichert Martin, dass er nur das sagen muss, was er will. Er darf auch nichts sagen. Cord nimmt damit schon mal den ersten Druck raus. Viele KlientInnen, die einer Therapie gegenüber skeptisch eingestellt sind, haben oft die Befürchtung, zu persönlichen Aussagen und Bekenntnissen gedrängt zu werden. Dem ist natürlich nicht so. Dass man dem Therapeuten immer alles sagen müsste und der dann in allem ein Problem sehe, das behandelt werden müsste, ist ja ein verbreiteter Mythos.

Martin beantwortet bereitwillig Cords Fragen zu seiner Biografie und bekommt durch die gezielte und geführte Fragestellung das Gefühl vermittelt, durch das Erlebte geleitet zu werden. Man nennt diese Methode »geleitetes Entdecken«. Im Gespräch kommen weitere Details zum Vorschein. Sein Vater hat sich nie für ihn interessiert. Er hat die Familie verlassen, als Martin zwölf Jahre alt war. Seine Mutter ist alleinerziehend und muss viel und oft arbeiten, um die drei Kinder versorgen zu können. Er hat noch einen zwölfjährigen Bruder und eine achtjährige Schwester. Martin kümmert sich als Ältester oft um seine Geschwister, wenn die Mutter es nicht kann. Im Gespräch offenbart er, dass ihn das sehr belastet hat und auch die Tatsache, dass sein Vater seit seinem Weggang kein Interesse mehr an ihm zeigt. Martin fühlt sich erleichtert, nachdem er diesem Gefühl einen Namen geben konnte, das er bisher eher verdrängt hat. Zudem fühlt er sich im Gespräch mit Cord sehr wohl, weil Cord ihm sehr viel Raum gibt und keine Wertung vornimmt. Er hört einfach nur zu. Am Ende des Gesprächs macht er den Vorschlag, dass Martin am besten eine Nacht darüber schläft, ob er noch mal wiederkommen will. Tatsächlich fand Martin den Erstkontakt so gut, dass er neugierig geworden ist. Er entscheidet sich, weitere Termine zu machen, um das Gefühl besser zu verstehen und damit umgehen zu können.

Nach mehreren Therapiesitzungen ist Martin erleichtert, dass er über diese Thematik reden konnte. Er hat sich in den Gesprächen mit Cord einen Raum und einen Wert geben können, der zuvor nur durch das Spielen im Internet mittels einer Heldenfigur möglich war, ihn aber von seinen eigentlichen Bedürfnissen und Gefühlen abgelenkt hat. Im Spiel wurde er als Krieger von seinem Umfeld gefeiert. Ein Gefühl, das er sich immer von seinen Eltern gewünscht hat. Im Laufe der Gespräche erkennt er diesen Zusammenhang immer deutlicher. Das eröffnet ihm die Möglichkeit, seine Verhaltensweisen und Gefühle besser wahrzunehmen und zu interpretieren. Er ist sich mehr und mehr über sich selbst bewusst und weiß nun, was ihm fehlt und was er eigentlich braucht. Er lernt durch Cord und die Therapie, sich selbst zu sehen, sich auch den verdienten Raum zu geben und danach zu leben. Dadurch ist es ihm möglich zu erkennen, dass er generell gerne Computerspiele spielt, der Umgang damit durch sein Fluchtverhalten jedoch stark überzogen wurde. Seine Überforderung mit den belastenden Gefühlen hat dazu geführt, sein Spielverhalten in ein Suchtverhalten zu verwandeln. Martin benutzt das Computerspielen nun nur noch gezielt zu bestimmten Zeitpunkten, aber deutlich weniger, als es vorher der Fall war. Er hat dadurch die Kontrolle über sich, sein Leben und die Realität wiedererlangt.

Was aus Martin geworden ist Martin hat den ursprünglichen Konflikt erkannt, der einerseits durch die Trennung und die mangelnde Präsenz der Eltern und andererseits durch die fehlende Beziehung mit dem Vater dazu geführt hat, dass er sich bisher bei zu stark belastenden Gefühlen in die Spielewelt geflüchtet hat. Seitdem kann Martin sich und seine Verhaltensmuster besser verstehen, wahrnehmen und danach handeln. Auch die Beziehung zu seiner Freundin wurde zwischenzeitlich zu belastend, da ihm die durch sie vermittelte Nähe zu viel wurde. Er hatte sich so etwas zwar immer gewünscht, aber er wusste im Grunde nicht, wie man damit umgeht. Die Partnerschaft hat Martin stets daran erinnert, dass er einen großen Mangel in sich trägt, nämlich den Mangel nach Nähe zu seinen Eltern. Nähe war ihm im Grund fremd, sodass es ihn verunsicherte, wenn er sie nun durch seine Freundin erhielt. Er konnte sie nicht gut aushalten, authentisch annehmen oder auch zurückgeben. In der Therapie konnte Martin lernen, das zu unterscheiden. Seitdem konnte er zu seiner Ex-Freundin auch wieder einen neuen und viel ehrlicheren Kontakt aufbauen, da beide noch starke Gefühle füreinander haben. Ob daraus wieder eine Partnerschaft wird, können nur die beiden durch einen achtsamen Umgang miteinander herausfinden. Das problematische Gefühlserleben durch die Kindheit und sein daraus resultierendes Fluchtverhalten stehen jedoch nicht mehr dazwischen. Inzwischen hat er auch wieder regelmäßige Kontakte mit seinen Freunden aus der unmittelbaren Umgebung und diese Kontakte sind inzwischen teilweise noch intensiver und angenehmer geworden. Manche Bekanntschaften haben sich aber auch mit seinen Verhaltensweisen aufgelöst. Das gehört dazu, wenn man sein Verhalten ändert. Vor allem die Kontakte, die mit dem Suchtverhalten verbunden sind, verändern sich meist durch die neue Ausrichtung. Martins besseres Verständnis für sich und seine eigentlichen Bedürfnisse und Beweggründe stärkten zusätzlich sein Selbstbewusstsein. Er entwickelte eine bewusste und achtsame Beziehung zu sich selbst, was gleichzeitig zu spannenden Ideen und Perspektiven in seinem Leben führte, sodass die Realität reizvoller und der Hunger und die Neugier für die wirklichen Abenteuer geweckt wurden. Der positive Nebeneffekt: Die Überforderung ließ nach, seine Symptome waren seit seiner Verhaltensänderung rückläufig. Er war nicht mehr gereizt, konnte sich länger auf bestimmte Dinge im Alltag konzentrieren, war deutlich belastbarer und wirkte um einiges zufriedener und ausgeglichener.

Was aus Robert geworden ist Robert hat sich gegen die Affäre entschieden und stattdessen mit seiner Frau über die Werte gesprochen, die ihm aktuell in seinem Leben fehlen. Seine Frau hat die Werte-Arbeit auch selbst vorgenommen. Beide versuchen nun, sich in ihren Werten und Wünschen zu sehen und zu unterstützen. Robert hat seine alten Bandkollegen für ein Revival kontaktiert. Sie treffen sich nun einmal im Monat zum gemeinsamen Jam. Zusätzlich machen Robert und seine Frau einen gemeinsamen

Tauchkurs, um sich wieder anzunähern. Robert arbeitet weiterhin in seinem alten Job, weil er das Gehalt und die sichere Position genießt. Dafür schenkt er seinem Privatleben mehr Fokus.

Wie hilft mir das? Wer der Meinung ist, dass er sein Suchtverhalten unter Kontrolle hat, sollte sich in dieser Annahme überprüfen. Wenn ich es schaffe, eine deutliche Zeitspanne (mehrere Wochen) ohne den Konsum auszukommen, in der dieser sonst relevant wäre, kann davon ausgehen, dass er darüber derzeit die Kontrolle hat. Dabei sollten wir uns allerdings klarmachen, dass wir nie ganz objektiv sind und uns gern mal etwas vormachen.

Ein weiterer wichtiger Punkt ist das soziale Umfeld. Wenn das eigene Umfeld der gleichen Sucht nachgeht, werden wir dort wenig bis keinen Zuspruch finden, wenn wir uns von ihr distanzieren wollen oder sie infrage stellen. Denn das würde bedeuten, dass jeder, der sich in unserem Umfeld befindet, sich selbst die Frage nach dem eigenen Suchtverhalten stellen muss. Aus diesem Grund distanzieren sich diese Personen oft, wenn wir unser Verhalten verändern. Unsere Freundschaften definieren sich immer über den Kontext, in dem sie entstehen. Wenn sie nur im Rahmen des Suchtverhaltens stattfinden, ist die Wahrscheinlichkeit sehr hoch, dass ich diese eventuell neben der Sucht mit aufgeben muss oder die Personen von sich aus Abstand nehmen. Das sollte man nicht als Verlust werten, sondern sogar als Voraussetzung, um sich vor einem Rückfall zu schützen. Aus unserer Sicht ist es ein wichtiger Bestandteil einer Freundschaft, dass wir uns verändern dürfen. Vor allem, wenn es uns in unserer Autonomie und Gesundheit bestärkt. Freunde sollten sich darin unterstützen.

Im ersten großen Teil ging es um die Themen, die uns selbst im Weg stehen und die vor allem *uns* das Leben erschweren. Nun widmen wir uns den Themen, die erst durch unser Umfeld in uns zum Vorschein kommen und somit unsere Beziehungen und einen gelassenen Umgang mit anderen erschweren. Wir steigen also ab jetzt tiefer in das »System« ein, das uns umgibt.

Wir beneiden die anderen

Das Problem mit dem eigenen Selbstwertgefühl

Stellen Sie sich vor, ein sehr guter Freund erzählt Ihnen, er habe im Lotto gewonnen. Eine Million. Einfach so. Welcher Gedanke kommt Ihnen spontan in den Sinn? Würden Sie sich für den Freund freuen? Einfach so? Vermutlich schon, wenn der Freund es in der letzten Zeit nicht leicht hatte und den Kopf auch finanziell gerade so über Wasser halten konnte. Wie würde es Ihnen aber gehen, wenn Sie derjenige sind, der sich seit Jahren abstrampelt, eine Niederlage nach der nächsten einstecken musste und sehr gut eine Finanzspritze gebrauchen könnte? Und wie würde es sich anfühlen, wenn der Lottogewinner-Freund eigentlich schon alles hat, wovon Sie nur träumen können? Steilen Erfolg, super Ehe, entzückende Kinder, Traumhaus und Sportwagen? Könnte es sein, dass Sie in dem Fall schon eher Schwierigkeiten damit hätten, ihm die Hand zu schütteln oder darauf mit ihm anzustoßen? Sollte dies der Fall sein, sollten Sie sich keine Vorwürfe machen. So wie Ihnen geht es den meisten. Wir vergleichen uns mit anderen und definieren uns und unser Glück durch den Vergleich mit anderen. Das ist ganz natürlich und passiert zwangsläufig. Wir sind nun mal »Herdentiere« und brauchen den Vergleich zur Orientierung. Nur so können wir überhaupt einordnen, wo wir stehen oder wo wir hinwollen. Unser Umfeld spiegelt uns und ermöglicht uns damit, uns zu reflektieren. Das ist insofern eine sehr gute Möglichkeit, um von anderen zu lernen und sich anhand der Erfahrungen anderer weiterzuentwickeln. Somit profitieren Sie im Kleinen davon, nicht auf das schlechte Restaurant um die Ecke reinzufallen, weil eine Bekannte von Ihnen letztens dort war und Ihnen davon abgeraten hat. Aber Sie erhalten auch Tipps zu Themen, mit denen sich vor Ihnen schon ein anderer auseinandergesetzt hat, z. B. was zu tun ist, wenn Sie Ihr erstes Kind erwarten oder wenn Sie sich entscheiden sollten, mit Aktien zu handeln. Nach links und rechts zu schauen, ist also gut und hilfreich, um sich inspirieren und anregen zu lassen oder um durch die Erfahrungen anderer wertvolle Kenntnisse hinzuzugewinnen und bessere Entscheidungen treffen zu können.

Ein »gesunder« Vergleich ist also auf einer Welt mit mehreren Milliarden Menschen unausweichlich. Schwierig wird es dann, wenn der Vergleich unverhältnismäßig oft stattfindet und ich meine eigene Situation dabei stets abwerte. Wenn »der Garten des Nachbarn grüner« erscheint, und zwar wirklich immer. Vielleicht versteckt sich dann auch ein blockierender Glaubenssatz dahinter, der mir jedes Mal einreden will, dass »ich nicht gut genug bin«, und ein Mangelgefühl hinterlässt. Und wenn ich so einen unzufriedenen Player in meinem Inneren Team habe, wird es mir immer schwerfallen, dem Freund seinen Lottogewinn zu gönnen – selbst dann, wenn ich gerade dieselbe Summe gewonnen habe.

Wir leben in einer Zeit, in der wir uns dem Vergleich mit anderen noch schlechter entziehen können, als dies noch vor 20 Jahren der Fall war. Vor der Jahrtausendwende gab es wirklich nur den »Flurfunk«, über den wir mitbekommen haben, dass der Kollege sich von seiner Frau getrennt hat oder die Chefin schwanger ist. Wir mussten uns noch den Hals verrenken, um über den Zaun des Nachbarn den neuen Pool zu sichten. Heute geht das per kurzem Klick übers Smartphone. Da bekommen wir alle Neuigkeiten über das Leben der Nachbarn, Freunde, Ex-FreundInnen, PolitikerInnen und Promis mit. Allerdings meistens nur die Erfolge und guten Neuigkeiten. Die schlechte Laune, das Scheitern und die Konflikte passen zu keinem Instagram-Filter. Das hinterlässt in uns natürlich das Gefühl, dass es bei allen anderen super läuft, nur nicht bei uns. Auf den digitalen Kanälen kommen wir um einen Vergleich also nicht herum. Im Coaching und in der Psychotherapie erleben wir natürlich auch, dass die Selbstunsicherheit unter den KlientInnen dadurch zunimmt. Und eben auch die Ansprüche an sich selbst und das unmittelbare Umfeld. Wenn ich jeden Tag in einem grauen Großraumbüro sitze und auf Facebook & Co. Freunde und ehemalige Kollegen sehe, die sich ihre Arbeitszeit frei einteilen können, von zu Hause oder von Mallorca aus arbeiten und jeden Tag sonnige Bilder posten, die pure Gelassenheit und Freiheit ausstrahlen, hinterfrage ich zwangsläufig meinen Job. Ich vergesse dabei allerdings die übrigen 90 Prozent meiner Freunde, die wie ich in ihrem Büro sitzen und nur einfach kein Bild von ihrem gewöhnlichen morgendlichen Kaffee posten. Ich vergleiche mich in dem Moment ausschließlich mit den 10 Prozent, die es vermeintlich geschafft haben, aus dem grauen Hamsterrad zu entkommen. Dass solche Bilder nicht ganz spurlos an einem vorbeigehen, ist klar. Man sollte solche Einblicke in andere Leben allerdings eher als Inspiration ansehen. Man könnte sich z. B. fragen, ob dieses Leben für einen selbst überhaupt erstrebenswert wäre. Vielleicht inspiriert mich das Bild einfach nur dazu, den nächsten Urlaub zu planen, und weckt in mir die Sehnsucht, mal wieder eine Pause einzulegen. Die Frage ist also, wie stark ich mich von den Leben der anderen beeinflussen und verunsichern lasse. Lässt es mein Leben immer in einem schlechten Licht dastehen oder regt es mich zu neuen Impulsen an? Wenn der Vergleich uns so sehr beschäftigt, dass wir das eigene Leben stets infrage stellen, machen wir uns auf längere Sicht mit großer Wahrscheinlichkeit selbst unglücklich. Denn wir lenken damit den Blick nur darauf, was bei den anderen besser läuft. Und wenn es bei den anderen besser läuft, läuft es bei uns zwangsläufig schlechter. Wie wir es drehen und wenden: Dabei können wir nur verlieren.

So war es auch bei Luisa. Sie meldete sich bei Judith, weil sie im Coaching »Beziehungsprobleme« mit ihrem Mann angehen wollte. Luisa äußerte in jeder Sitzung, was ihr Mann falsch machen würde. »Früher hat er mich ganz anders angeschaut und alles für mich gemacht, aber mittlerweile ist er nur noch abwesend und interessiert sich kaum noch für mich«, erzählt sie und ergänzt, dass ihre beste Freundin letztens von ihrem Mann einen Ring zur Geburt ihres Sohnes bekommen habe. »So was würde mein Mann nie machen. Er bringt mir noch nicht mal Blumen mit«, seufzt Luisa. Judith sitzt eine sehr hübsche Frau gegenüber. Luisa ist 42 Jahre alt, ist in einem großen Unternehmen in der Personalabteilung angestellt und hat zwei Kinder, die bereits zur Schule gehen. Ihr Mann ist in der Gastronomie tätig und selten zu Hause. »Er hat immer viel gearbeitet, aber es trotzdem geschafft, mich zwischendurch anzurufen, mir eine liebe Nachricht zu schreiben oder mich ins neueste angesagte Restaurant einzuladen. Das passiert mittlerweile nicht mehr.« Luisa schildert, dass sie tagsüber und auch abends die meiste Zeit allein sei. Am Wochenende muss ihr Mann natürlich auch arbeiten. Eine romantische Ehe führen die beiden im Grunde nicht mehr, was sie vor Freunden und Bekannten schlecht zugeben kann. Wenn sie mal eingeladen werden, versucht Luisa, den schönen Schein einer heilen Ehe und Familie zu wahren. Ihr Mann trinkt dann aber gern mal ein Glas zu viel, sodass die beiden sich nach solchen Abenden oft streiten. Am nächsten Tag reden sie dann kaum noch miteinander und so geht das über ein paar Tage, bis sie sich beide wieder etwas fangen, aber dann auch nicht viel mehr miteinander sprechen. Judith fragt, warum sich Luisa damals in ihren Mann verliebt habe. Sie muss lange nachdenken. Dann antwortet sie: »Er hat mich angeguckt wie sonst keiner. Er hat mir das Gefühl gegeben, als wäre ich der tollste Mensch auf der ganzen Welt. So wie er hat sich noch kein Mensch für mich interessiert.« Judith fragt Luisas nach ihrer Kindheit und Jugend sowie nach den Beziehungen vor ihrer Ehe. Luisa wuchs mit einer jüngeren Schwester in einer Arztfamilie auf. Der Vater ist ein angesehener

Chirurg, die Mutter Orthopädin. Geld war also immer vorhanden. Aufmerksamkeit hingegen weniger. Die Eltern hatten wenig Zeit, sodass Luisa und ihre Schwester oft bei den Großeltern blieben, die allerdings sehr streng waren. Luisa hat daher in ihrer Kindheit wenig echte Aufmerksamkeit und Wärme erfahren, so beschreibt sie es selbst. Bevor sie ihren Mann kennenlernte, war sie meistens Single. Sie hatte nur eine längere Beziehung, in der sie der Mann aber die meiste Zeit betrogen hat. Judith und Luisa sprechen über ihr Männerbild, d. h. darüber, wie sie Männer wahrnimmt. Dabei kommt raus, dass sie Männern gegenüber fast ausschließlich misstrauisch ist. Ihr Vater hatte wohl auch einige Affären, unter denen die Mutter sehr litt und aus denen in der Familie kein Geheimnis gemacht wurde. Sie und ihre Schwester haben die Beziehungsprobleme ihrer Eltern also häufig mitbekommen. Ihr Mann fühlte sich wie »ein Retter« an, der sie genauso wahrnahm, wie sie ist, und ihr »endlich« die Aufmerksamkeit schenkte, die sie zuvor nie bekam. Er trug sie auf Händen und hatte nur Augen für sie. »Das war die schönste Zeit meines Lebens«, erinnert sich Luisa. »Was hat sich geändert?«, fragt Judith. »Er«, antwortet Luisa spontan. Nun spricht sie wieder über das Verhalten ihres Mannes, dass er zu viel arbeite, die Kinder nie sehe und sie sowieso nicht mehr. Ihre Schwester habe einen viel tolleren Mann, der alles für sie mache. Sie würden häufiger als sie Urlaub machen und wären immer gut drauf. Sie und ihr Mann dagegen wären eigentlich nur noch Eltern und Mitbewohner. »Alle haben uns immer um unser Leben beneidet. Wir hatten alles. Jetzt ist alles nur noch Schall und Rauch«, erzählt Luisa und kämpft dabei mit den Tränen. Judith fragt daraufhin, was sich ändern müsste, damit ihr Leben besser wäre. »Er müsste weniger arbeiten und wieder mehr für uns da sein«, entgegnet Luisa. Judith fragt, warum Luisa denn dann im Coaching wäre. Sie antwortet, dass sie nicht mehr weiterweiß und sich nun irgendwas ändern müsste. Ihr Ehemann tut nichts, ihre Freundinnen könnten ihr nicht mehr helfen und sie macht das Thema mittlerweile so fertig, dass sie nun handeln wollte. Eine Kollegin habe ihr von einem Coaching erzählt, das ihr ganz neue Perspektiven eröffnet hat, und das wollte sie nun auch gern ausprobieren. Sie hat das Gefühl, sich im Kreis zu drehen, und wünscht sich Hilfe und Antworten, um daraus auszubrechen. Sie fühlt sich überfordert mit ihren Eheproblemen und braucht eine professionelle Anleitung, um eine bessere Beziehung zu führen. Judith erklärt Luisa daraufhin noch mal, dass ein Coaching immer die Person in den Fokus stellt, die das Coaching macht, und dass die beiden sich im aktuellen Coachingprozess mit Luisas Themen beschäftigen. Das Verhalten des Mannes sei dabei sekundär. Sollte Luisa sich aber mit ihrem Mann einen gemeinsamen Fortschritt wünschen, würde sich ein Paarcoaching anbieten. Luisa lehnt das Paarcoaching ab, da ihr Mann für so was nicht offen sei. Luisa und Judith einigen sich darauf, dass sie zunächst Luisa, ihre Werte, Ziele und Bedürfnisse im Zusammenhang mit ihrer Beziehung betrachten und mit den daraus resultierenden Ergebnissen ggf. weitere Ausblicke formulieren.

Insiderwissen

Wenn man im Coaching Beziehungskonflikte angehen möchte, geht es immer erst um einen selbst. Man versucht das eigene Denken und Verhalten innerhalb des Konflikts besser zu verstehen, um danach konstruktive Lösungen – ggf. auch gemeinsam im Paarcoaching – zu erarbeiten.

Judith nimmt bereits wahr, dass es Luisa grundsätzlich schwerfällt, bei sich zu bleiben. Sie vermutet ein Verhaltensmuster, dass Luisa den Fokus auf ihre eigene Situation erschwert. Sie ist sehr schnell bei den anderen, zieht einen Vergleich oder formuliert einen Vorwurf. Damit beißt sich die Katze in den Schwanz, denn Luisa wird vermutlich auch zu Hause so argumentieren. Sie weist damit die Schuld von sich und stellt Erwartungen an den Mann. Dieser sieht sich kritisiert und in der alleinigen Verantwortung, eine Veränderung herbeizuführen, was seinerseits wiederum zu einer Reaktion führt. Und wieder fühlt sich Luisa abgelehnt und nicht wahrgenommen. Die Kommunikationsdynamik muss also unterbrochen werden, um damit auch ein Beziehungsmuster zu verändern. Das schaffen wir nur, wenn wir zunächst bei Luisa ansetzen, ihr Inneres Team kennenlernen und unbewusste Strategien offenlegen, die ein konstruktives Verhalten in ihrer Beziehung – selbst wenn Luisa es wollte – unmöglich machen.

Judith und Luisa formulieren zunächst ein gemeinsames Ziel, das Luisas aktuellen Leidensdruck fokussiert. Die beiden versuchen also, als Ziel eine Situation zu beschreiben, in der Luisas momentane Belastung nicht mehr vorhanden wäre. Es ist dabei wichtig zu verstehen, dass bei Luisa und ihren Gefühlen und Bedürfnissen angesetzt werden muss. Das Ziel kann keine Verhaltensänderung von Dritten beinhalten. Luisa sollte insofern kein Ziel formulieren, in dem der Mann sie wieder mehr wahrnimmt und wertschätzt. Es sollte vielmehr für sie eine Haltung und ein Gefühl beschreiben, das ihr die Nähe zu ihrem Mann wieder möglich macht. Judith hilft Luisa durch eine kleine Achtsamkeitsübung, den Blick nach innen zu wenden und sich nur auf sich zu konzentrieren, um herauszufinden, was in ihr vorgeht und was sie eigentlich braucht und will. Nach dieser Übung sammeln die beiden alles, was Luisa in den Kopf kommt. Wir nutzen hier die Assoziationskette, die wir mit der Frage »Was müsste sich für Luisa verändern, um wieder glücklich zu werden?« in Gang gebracht haben. Luisa äußert nun mehrere Sätze: »Es müsste sich alles ändern.« – »Ich geb doch schon mein Bestes. Was soll ich denn noch machen?« – »Warum muss immer ich was tun? Ich bin doch schon für alle anderen da.« – »Wann geht es denn mal um mich?« – »Die anderen schaffen es doch auch, warum krieg ich es nicht hin?« Luisa bleibt in dem Muster, die Verantwortung bei anderen zu suchen oder den Vergleich mit anderen zu ziehen. Judith versucht hier anzusetzen und näher an den Persönlichkeitsanteil heranzukommen, der Luisa immer wieder zu dem Vergleich mit anderen motiviert und damit eine starke Unzufriedenheit auslöst, die wiederum Erwartungen an den Mann stellt. Sie fragt Luisa, welches Gefühl all diese Gedanken in ihr auslösen. »Wut«, sagt Luisa sofort und ohne länger darüber nachzudenken. »Wieso Wut?«, fragt Judith. »Auf alle anderen, denen es besser geht als mir. Ich frage mich dann immer, wie schaffen die das nur? Und ich hab vor allem eine große Wut auf meinen Mann. Er kann alles machen, was er will, und ich sitze zu Hause und warte darauf, dass er mir Aufmerksamkeit schenkt. Ich fühle mich so abhängig von ihm. Das hasse ich«, sprudelt es nun aus Luisa heraus. »Welches Gefühl löst das in dir aus? Wie siehst du dich dann?«, fragt Judith weiter. »Ganz klein und hilflos«, antwortet Luisa. »Kommt dir dieses Gefühl bekannt vor?«, fragt Judith erneut. »Ja, aus meiner Kindheit.« Judith hakt nach: »Gab es eine Schlüsselsituation, die dir da gerade in den Sinn kommt?« Luisa wirkt sehr in sich gekehrt und zum ersten Mal ganz bei sich. »Ja, da kommt was. Ich war damals sechs oder sieben Jahre alt, glaub ich. Ich bin morgens wach geworden, weil mir so unglaublich kalt war. Als ich aufstand, war keiner da. Ich wurde sofort panisch und hab das gesamte Haus nach meiner Mutter, meinem Vater und meiner Schwester abgesucht, aber es war keiner da. Ich hab furchtbare Angst bekommen und wusste mir nicht zu helfen. Und mir ging es überhaupt nicht gut. Ich hatte Schüttelfrost und zitterte. Nach einer gefühlten Ewigkeit kam meine Oma zur Tür herein und schrie mich an, warum ich nicht im Bett liegen würde. Ich sei schließlich krank. Es war wohl so, dass meine Mutter mich morgens krank im Bett vorgefunden hat und beschlossen hatte, dass ich zu Hause bleiben müsse. Ich wusste davon aber nichts, weil ich zu dem Zeitpunkt wohl noch geschlafen habe. Sie hatte dann meiner Oma Bescheid gegeben, dass sie kommen und nach mir sehen sollte. Meine Mutter ist in der Zwischenzeit aber schon mal zur Arbeit gegangen und hat mich allein weiterschlafen lassen. Vermutlich war ich nur eine halbe Stunde allein. Aber dieses Gefühl der Einsamkeit und Hilflosigkeit, als ich allein aufwachte, keiner da war und ich ohne Erklärung zurückgelassen wurde, werde ich nicht vergessen. Danach hatte ich auch eine lange

Zeit große Schlafprobleme«, erinnert sich Luisa. Judith fragt noch etwas tiefer nach: »War in diesem Moment auch die Wut da?« – »Nicht in dem Moment. Aber direkt danach, als ich die Situation etwas einschätzen konnte. Erst hatte ich nur Angst. Und später kam vor allem auch Misstrauen hinzu.« – »Misstrauen wem gegenüber?«, fragt Judith. »Meinen Eltern gegenüber. Ich hab ihnen danach nicht mehr vertraut. Ich hatte seitdem ständig die Angst, dass sie mich wieder alleinlassen würden. Vor allem saß das Gefühl tief, weil sie mich alleingelassen haben, als ich krank war und sie eigentlich sehr gebraucht hätte. Mir ging es richtig schlecht und ich konnte mir selbst nicht helfen.« – »Hat sich dieses Misstrauen danach auch in anderen Bereichen gezeigt?«, hakt Judith nach. »Ja, wenn ich jetzt so darüber nachdenke, eigentlich in allen engeren Beziehungen. Ich hab ständig Angst, alleingelassen zu werden.«

Luisa hat nicht nur durch diesen Moment eine Angst entwickelt. Die Vernachlässigung durch die Eltern hat in dieser Schlüsselsituation ihren Höhepunkt erreicht und wurde somit für Luisa zu einer tief sitzenden Erfahrung, die sie bis heute gut verdrängen konnte. Wäre dieselbe Situation in einem stabilen und liebevollen Umfeld passiert, hätte Luisa damit besser umgehen können und wäre vermutlich von ihren Eltern dabei begleitet worden. Sie wurde aber mit ihren Emotionen alleingelassen und musste selbst sehen, wie sie damit zurechtkommt.

Man könnte nun argumentieren, dass es einfach ein unglücklicher Umstand war, dass Luisa in dem Moment aufgewacht ist. Denn es wurde von der Mutter ja schon für eine Betreuung gesorgt. Die Oma war schon auf dem Weg und die Mutter musste einfach schnell zur Arbeit. Das ist richtig und nachvollziehbar. Aber, und das ist das Entscheidende daran: nur auf rationaler Ebene. Ein Kind hat – wie wir bereits festgestellt haben – noch nicht die Fähigkeit, die Situation mit erwachsenem Verstand einzuschätzen oder zu reflektieren. Daher bleibt ein Kind auch in einem Streit stets bei sich und seinen eigenen Gefühlen und Bedürfnissen. Es kann sich nicht in den anderen hineinversetzen oder die Situation objektiv betrachten. Es ist ein Kind und wird ausschließlich von seinen Emotionen und Impulsen geleitet. Aus diesem Grund versteht das Kind in dem Moment nur, dass es alleingelassen wurde.

Insiderwissen

In der Psychotherapie und im Coaching kommen häufig Schlüsselsituationen ans Licht, die den KlientInnen »banal« oder kindisch erscheinen, die aber einen sehr großen Einfluss auf ihre Entwicklung genommen haben. Es ist daher wichtig, nichts abzutun, sondern alles zuzulassen und rauszulassen, was einem »in den Sinn« kommt.

Luisas erste Reaktion war Angst. Später kam die Wut dazu. Dieses Ereignis hat ihr das Gefühl gegeben, dass sie selbst im Krankheitsfall, in dem sie eigentlich eine besondere Aufmerksamkeit oder Behandlung brauchte, im Stich gelassen wird.

Wenn uns einschneidende Dinge passieren, die wir nicht richtig verarbeitet haben und mit denen wir damals »irgendwie« umgehen mussten, weil wir keine andere Wahl hatten, wendet unsere Psyche einen eigentlich ganz praktischen Trick an. Sie verdrängt die schlimmen Erfahrungen und packt »ein Pflaster« drauf. Dieses Pflaster ist dann ein neuer Player, der ins Team kommt und die Aufgabe hat, solche Dinge nie wieder geschehen zu lassen. Vergleichbar mit einem Antivirusprogramm. Der Player ist ab sofort unser innerer Türsteher, der in ständiger Alarmbereitschaft ist und anspringt, sobald sich so eine Situation erneut anbahnen könnte, sodass man die Handbremse ziehen kann, bevor es wieder zur totalen inneren Erschütterung kommt. Dieser Player kann sich auf viele Arten äußern. Bei Luisa tut er es durch ein ausgeprägtes Misstrauen. Jeder Mensch, der Luisa auch nur etwas näherkommt, wird zunächst genau begutachtet und auch nie wirklich »aus den Augen gelassen«, denn es könnte ja sein, dass der- oder diejenige sie auch wieder im Stich lässt. Darauf will die Psyche vorbereitet sein, damit so ein »Absturz aller Programme« nicht wieder passieren kann. Eigentlich eine gute Sache – wenn dieser Player auch wirklich nur in den Momenten anspringen würde, in denen es notwendig ist. Zum Beispiel erst dann, wenn wirklich Misstrauen gefragt wäre, weil Luisas Mann eine Affäre hätte oder ein Kollege kurz davor wäre, ihr den Job wegzuschnappen. Dann macht es Sinn, dass der Türsteher-Player den roten Button drückt, um uns darauf aufmerksam zu machen. Nur leider ist es eher ein generalisierter Player, der immer Alarm schreit und in allem Gefahr sieht. Selbst, wenn keine vorhanden ist. Insofern können uns eigentlich gut gemeinte Player blockieren und zu Verhaltensmustern führen, die uns an vielen Stellen im Weg stehen.

In Luisas Fall ist der Türsteher-Player ein Strategie-Player, der Luisas Inneres Kind beschützen will. Denn Luisas Inneres Kind hat Panik erlebt und Angst davor, alleingelassen zu werden. Es fühlt sich klein, hilflos und verlassen. Es sucht Schutz und schreit nach jemandem, der ihm die Wärme und Liebe schenkt, die es sich so dringend wünscht. Bei den Eltern hat sie Luisas Inneres Kind nicht bekommen. Im Gegenteil. Daraus entstand bei Luisa ein Mangel. Ein Loch, das sie versucht zu füllen. Und jedes Mal, wenn sie diese Aufmerksamkeit und Liebe bei anderen sieht, spürt sie diesen Mangel wie eine Wunde, die wieder aufgerissen wird. Ihr wird dann bewusst, das sie dieses Loch in sich hat, das sie schon ihr Leben lang zu füllen versucht. Eine Zeit lang hat ihr Mann dieses Loch gefüllt, als er ihr zu Beginn der Beziehung die besondere Aufmerksamkeit entgegengebracht hat. Nur jetzt hat diese Aufmerksamkeit abgenommen. Daneben gibt es noch die Kinder, die natürlich auch eher Aufmerksamkeit einfordern, als sie Luisa entgegenzubringen.

Ihre Kindheit und die Abwesenheit ihrer Eltern haben Luisa stark geprägt und »Narben« hinterlassen, die sie sich im weiteren Verlauf ihres Lebens nicht mehr angeschaut hat. Sie konnte die Erlebnisse somit nicht verarbeiten und schleppt die »Brocken« in ihrem Rucksack weiterhin mit. In ihren Beziehungen zeigen sich diese Brocken dann als Blockaden. Solange ihr Mann ihr eine besondere

Aufmerksamkeit entgegenbringt, spürt sie den Mangel ihres Inneren Kindes nicht. Aber sobald er ihr weniger Zuwendung schenkt, wird Luisa hellhörig und misstrauisch. Ihr Strategie-Player springt sofort an und schlägt Alarm. Ihr Inneres Kind meldet sich mit der Angst aus ihrer Kindheit und sie fühlt sich wieder klein und hilflos. Weil sie diesen inneren Vorgang in sich jedoch nicht bewusst versteht und nur die Unzufriedenheit in sich spürt, macht sie ihr Leben und ihren Mann für ihren Zustand verantwortlich. Der Mann wird aber im Grunde falsch adressiert und hat das Gefühl, er kann es seiner Frau nicht recht machen. Das führt wiederum auch bei ihm zu Frust und so kann ein Beziehungskonflikt im schlimmsten Fall zu einem unüberwindbaren Problem werden, welches nur noch durch eine Trennung zu lösen ist.

Luisa kann das Problem also nicht im Außen suchen und lösen, der Blick muss nach innen gerichtet werden. Andernfalls wird sie stets von der Aufmerksamkeit ihres Umfelds abhängig sein. Im Coachingprozess wird Luisa bewusst, dass ihr Inneres Kind eine Form von Aufmerksamkeit sucht, die sie sich eigentlich nur selbst geben kann. Wie das genau geht, zeigt sich in der Aufstellungsarbeit des Inneren Teams. Neben dem Inneren Kind, welches Luisa »die kleine Luisa« nennt, und dem Türsteher-Player haben Luisa und Judith noch andere Player ermitteln können, die mit aufgestellt werden. So gibt es z. B. in Luisa auch die »Power-Luisa«, die alles im Griff hat und ganz viel Kraft mitbringt, oder den »Spaßvogel« in ihrem Team, der sich gern in ausgelassenen Momenten zeigt. In Luisa schlummert nämlich auch eine große Liebe für den rheinländischen Karneval.

Mittlerweile hat Luisa auch ihr Ziel formuliert, das die Grundlage für die Aufstellung bildet. Die Zielformulierung sollte in Form einer offenen aktiven Frage ans Team gestellt werden. Sie bildet den roten Faden für das gesamte Vorgehen innerhalb des Inneren Teams. Das Ziel beschreibt einen Zustand, den Luisa gern erreichen möchte und der ihren aktuellen Leidensdruck reduzieren würde. Nachdem Luisa durch die Achtsamkeitsübung ihren eigenen Gefühlen näher gekommen ist, fällt ihr die Zielbeschreibung leichter. Luisas Ziel lautet: »Wie bleibe ich bei mir und schenke mir selbst die Aufmerksamkeit und das Vertrauen, sodass ich es nicht mehr in anderen Personen suchen muss?«

Danach geht's in die Aufstellung des Inneren Teams. Das bedeutet, dass Luisa und Judith nun in den Dialog mit den einzelnen Playern gehen, die zuvor erarbeitet wurden, um die Blockaden und Bedürfnisse direkt mit ihnen zu besprechen und eine gemeinsame Ausrichtung zu erarbeiten. Judith spricht in dem Fall mit den verschiedenen Anteilen von Luisas Persönlichkeit und versucht, diese zu verstehen, alte und blockierende Glaubenssätze aufzuspüren, zu modernisieren und alle Player zu einem Team zu vereinen und wieder auf ein gemeinsames Ziel auszurichten. Am Ende des Tools soll im Inneren von Luisa ein gesundes Gleichgewicht herrschen und die innere Auseinandersetzung ihre unbewussten Verhaltensweisen und -muster aufdecken, sodass Luisa bewusst mit ihnen umgehen kann.

Luisa legt ihre zuvor erarbeiteten Player, die sie auf Karten geschrieben hat, nun intuitiv im Raum aus. Sie ordnet sie so auf dem Boden an, wie es ihr Bauchgefühl vorgibt. Unter anderem auch ihre »innere Chefin«. Jede/-r von uns hat einen inneren Chef bzw. eine innere Chefin in seinem Team, der oder die aber keine hierarchische oder leitende Funktion im Team einnimmt, wie es der Name vermuten lassen würde. Dieser Player hat vielmehr die Aufgabe, eine gesunde Balance im Team herzustellen und zu bewahren. Zudem hat der/die innere Chef/-in den Überblick über das Innere Team und ist ein guter Ausgangspunkt für die Aufstellungsarbeit. Luisa stellt sich also zunächst an den Platz ihrer inneren Chefin und Judith agiert nun als »Moderatorin« bzw. Interviewerin und führt Luisa durchs Tool. Luisa darf sich einfach »treiben« lassen und sollte auch im besten Fall »den Kopf ausschalten«.

Judith führt nun mit allen relevanten Playern ein Gespräch zur Zielformulierung und beginnt bei der inneren Chefin. *Im*

Coachingprozess duzt Judith die KlientInnen. In der Aufstellung des Inneren Teams siezt Judith aber die Player, um in der Ansprache die Persönlichkeitsanteile und die KlientInnen als Person voneinander zu trennen. Ansonsten fühlen sich manchmal die KlientInnen selbst angesprochen und es entsteht Verwirrung.

Sie fragt jeden Player zu Beginn des Gesprächs, ob er bereit ist. Häufig stellen sich innere Anteile zunächst quer und blockieren. In dem Fall muss man sehr achtsam vorgehen. Kann es aber losgehen, fragt Judith, wie es dem Player gehe und welche Funktion er oder sie im Team habe. Die innere Chefin von Luisa ist zu einem Gespräch bereit und freut sich, dass nun mal »aufgeräumt« wird. Judith fragt nach, warum denn »aufgeräumt« werden müsse und wie aktuell die Stimmung im Team sei. »Sehr chaotisch. Ich glaube, wir sind kein Team. Wollen aber gern eins werden«, stellt Luisas innere Chefin fest. Judith hakt nach. »Keiner weiß so richtig, was los ist. Es ist oft sehr laut und die Stimmung angespannt, aber keiner fühlt sich für irgendwas verantwortlich«, äußert Luisas innere Chefin. Judith fragt weiter: »Wer ist denn laut?« Die innere Chefin entgegnet nach einer kurzen Pause des Nachdenkens: »Die kleine Luisa schreit immer mal wieder, wird dann aber von der Power-Luisa verdrängt.« Judith möchte wissen, warum die beiden Player so laut sind. Die innere Chefin erklärt, dass die kleine Luisa immer im Mittelpunkt stehen will, aber von der Power-Luisa gemaßregelt und kleingeredet wird. Danach verschwindet die kleine Luisa wieder in ihre Ecke und weint. Judith fragt nach dem Türsteher und wo der Spaßvogel steckt bzw. wann sie sich zeigen. »Der Türsteher beschützt die kleine Luisa und passt auf, dass ihr keiner zu nah kommt. Und der Spaßvogel ist schon länger still. Der hat aktuell nicht mehr viel zu lachen.« Judith verweist noch mal auf Luisas Zielformulierung (»Wie bleibe ich bei mir und schenke mir selbst die Aufmerksamkeit und das Vertrauen, sodass ich es nicht mehr in anderen Personen suchen muss?») und will wissen, was die innere Chefin dazu denkt. »Das wird ganz schön schwer. Keiner hier hat eine Idee, wie das gehen soll.« Judith fragt nach, welcher Player daran ihrer Meinung nach die größten Zweifel haben könnte. »Die Power-Luisa wehrt sich vermutlich am meisten.« Judith fragt die innere Chefin, ob sie empfehlen würde, mit ihr als Erstes zu sprechen. »Ja, das wär eine gute Idee.« Judith bittet Luisa, aus der Rolle der inneren Chefin herauszutreten und in die Rolle der »Power-Luisa« zu schlüpfen, sobald sie so weit ist. Luisa wechselt die Player. Sie steht nun auf der Karte der »Power-Luisa«. Ihre Haltung ist nun anders. Sie steht mit verschränkten Armen vor Judith. Judith fragt auch sie, ob sie offen für ein Gespräch ist. Sie bejaht. Judith fragt die Power-Luisa, wie es ihr im Team geht und wie sie ihre Funktion beschreiben würde. »Ich bin der Fels in der Brandung und passe auf, dass alles gut läuft. Einer muss ja hier die Kontrolle über alles haben«, beschreibt die Power-Luisa ihre Position und holt weiter aus: »Die anderen laufen ständig aus dem Ruder und ich halte sie in Schach.« Judith fragt nach, wer denn in Schach gehalten werden müsse. »Ja, die kleine Luisa. Die heult ständig rum. Der Türsteher hilft mir manchmal bei der Arbeit, aber erschwert sie auch häufig.« Inwiefern er sie erschwere, will Judith wissen. Die Power-Luisa antwortet: »Indem er die Dinge ständig hinterfragt und mich nicht einfach machen lässt.« Judith fragt die Power-Luisa, wie lang sie schon im Team sei. Am Zeitpunkt, zu dem ein Player ins Team gekommen ist, lässt sich nämlich sehr gut erkennen, welches Thema ihn auf den Plan gerufen hat. Die Power-Luisa antwortet, dass sie mit ca. zehn Jahren dazugekommen sei und seitdem Ordnung herrsche. Judith fragt weiter nach, ob sie durch ein bestimmtes Ereignis in Luisas Leben ins Team gekommen sei. Die Power-Luisa überlegt. Judith versucht zu helfen: »Welche Themen waren zu der Zeit in Luisas Leben und in der Familie vorherrschend?« Die Power-Luisa geht in sich und antwortet nach einigen Minuten: »Da verschlechterte sich die Ehe von Luisas Eltern und sie sah die Mutter sehr oft weinen. Sie hat sich immer weiter zurückgezogen und Luisa viele Aufgaben auferlegt. Sie durfte keine Fragen stellen und sollte vor allem funktionieren. Wenn alles gut lief, war die Mutter auch besser drauf und lobte sie. Allerdings stritten die Eltern sehr häufig und Luisa konnte ihr Leben so nicht gut ertragen. Also war sie irgendwann viel unterwegs, feierte viel mit Freunden und trank sehr viel Alkohol, um die Lage zu Hause zu vergessen.« Judith möchte wissen, ob die Power-Luisa eine Idee hat, warum sie zu der Zeit ins Team gekommen ist. »Ja, ich pass auf, dass Luisa keinen Unsinn macht. Ich bin die Vernünftige im Team, die schaut, dass Luisa keine Fehler macht.« – »Und welcher Player hat Luisa damals zum Feiern und Flüchten motiviert?«, fragt Judith weiter. »Der Spaßvogel«, antwortet die Power-Luisa. Es stellt sich also heraus, dass die Power-Luisa auch ein strategischer Anteil ist, der stets nach Kontrolle strebt und über die Jahre bei Luisa sogar zu einem zwanghaften Streben nach Perfektion geführt hat. Die Power-Luisa spricht in einem sehr strengen Ton mit Judith und wirkt sehr unnachgiebig. Judith fragt, warum sie so streng mit Luisa ist und ihr die Kontrolle so wichtig ist. »Weil wir uns nun mal nur auf uns verlassen können und sonst vor die Hunde gehen«, entgegnet Luisa. Judith fragt, ob die Power-Luisa die Wut in sich trägt, von der Luisa vorhin gesprochen hat. »Ja. Die Wut kenne ich sehr gut«, antwortet die Power-Luisa. »Und warum?« – »Tja, ich racker mich hier ab und versuche, alles richtig zu machen. Aber es reicht nie!« In dem Moment zeigt sich der Mangel, den Luisa häufig spürt und der sie so oft zum Vergleich mit anderen veranlasst. »Und wie fühlt es sich so an, ständig die Kontrolle zu bewahren?«, fragt Judith den Player. »Es ist sehr anstrengend und ich bin manchmal schon ziemlich müde«, antwortet die Power-Luisa. »Was würden Sie sich denn wünschen?« – Eigentlich wünsche ich mir mehr Gelassenheit und Entspannung, aber einer muss hier ja aufpassen, sonst übernimmt wieder der Spaßvogel und Luisa endet als Alkoholikerin«, äußert die Power-Luisa besorgt. »Glauben Sie, dass Sie mit mehr Gelassenheit und Entspannung eher dazu beitragen könnten, dass Luisa ihrem Ziel näher kommen würde? Oder was würde es Ihrer Meinung nach benötigen?«, fragt Judith. »Ja, das würde schon helfen. Aktuell bin ich schon stark auf die äußeren Dinge bedacht, etwa auf Anerkennung und Aufmerksamkeit von anderen. Wäre ich gelassener und entspannter, könnte ich den Blick auch mehr nach innen lenken«, entgegnet die Power-Luisa. Judith versucht, es auf den Punkt zu bringen: »Halten wir also mal fest: Sie sind als Power-Luisa zu einem Zeitpunkt ins Team gestoßen, als Luisa die Verantwortung der Mutter übernehmen musste, da diese dazu nicht mehr in der Lage war. Luisa hat gelernt, dass sie nur so Anerkennung von den Eltern bekommt. Hinzu kam eine große Portion Misstrauen anderen gegenüber und das Gefühl, dass sie sich nur auf sich selbst verlassen kann, weshalb Sie als Power-Luisa schnell die Führungsrolle im Team übernahmen. Nun machen Sie diesen Job seit Luisas zehntem Lebensjahr, als die Umstände völlig andere waren: Luisa war ein Kind, wurde von den Eltern früh gefordert und kaum beachtet, sodass Sie als Player wichtig waren und Luisa damals die Stärke und Kontrolle gaben, die ihr kein anderer geben konnte. Ist das so ungefähr richtig?« Luisas Power-Luisa steht nun weniger streng und verschränkt an ihrem Platz. Luisa schaut Judith mit großen Augen an. »Ja, ganz genau.« Judith fragt nun, an welchen Stellen sie Luisa aber mit diesen Eigenschaften womöglich blockiert. »Ich schaffe es z. B. nicht, dem Mann zu vertrauen, und stelle auch alle anderen in ihrer Zuneigung zu Luisa infrage«, antwortet die Power-Luisa. »Warum?«, fragt Judith. »Ich hab einfach Angst«, äußert Power-Luisa. »Wovor?«, fragt Judith erneut. »Dass Luisa wieder im Stich gelassen wird«, formuliert die Power-Luisa, immer noch sehr gefasst. Judith äußert eine Vermutung: »Kann es sein, dass Sie die Nähe in Luisas Ehe daher schwer herstellen können und häufig Konflikte herbeiführen?« »Das kann sehr gut sein. Ich denke schon, ja«, bestätigt die Power-Luisa. Judith schließt daran an: »Würden Sie sich denn wünschen, das zu verändern und Luisa weniger zu blockieren?« »Na klar, sehr gern. Wenn ich weiß, wie das funktioniert«, erklärt die Power-Luisa bereitwillig.

Judith fragt weiter: »Wie wäre es denn, wenn wir mal schauen, was Sie in Luisas aktuellem Leben für eine Rolle übernehmen könnten, die viel besser zu ihrem Ziel passen würde?« Die Power-Luisa antwortet: »Das würde mich sehr erleichtern, um ehrlich zu sein. Ich würde mir das sehr wünschen, auch für Luisa. Aber ich hab keine Ahnung, wie wir das hinkriegen sollen.« Judith entgegnet, dass der Wille sowie ein *Commitment* und eine Zuversicht das beste und wichtigste Ergebnis der heutigen Aufstellung seien. Alles andere mache die Zeit. Power-Luisa und Judith überlegen gemeinsam, welche Rolle heutzutage für die Power-Luisa passender wäre und wie sie zu Luisas Ziel beitragen könnte. Sie halten fest, dass die Power-Luisa mehr Vertrauen braucht, um gelassener und entspannter zu werden und den Fokus von anderen ab- und auf Luisa und ihre Bedürfnisse hinzuwenden. Dieses Vertrauen werden sie im weiteren Coachingprozess durch ressourcenorientierte Methoden herstellen. Power-Luisa ist erleichtert und voller Hoffnung, dass sich durch die neue Strategie ihre strenge Stimme verändern und sie eine weniger laute Rolle im Team einnehmen kann.

Luisa schlüpft aus der Rolle und atmet einmal kurz durch. Judith fragt Luisa, wie es ihr gehe. »Das ist ganz schön anstrengend, aber auch erleichternd. Endlich ergibt alles Sinn und ich kann mir vieles besser erklären«, sagt Luisa. Luisa und Judith haben nun Luisas Strategie-Player gefunden, der hinter ihrer Wut und ihrem Misstrauen steckt. Er ist dafür verantwortlich, die Dinge in Luisas Leben so zu kontrollieren, dass sie vor einer ähnlichen Verletzung wie in ihrer Kindheit bewahrt wird. Die Power-Luisa verfolgt durch Strenge und Kontrolle das Ziel der Perfektion, um eine besondere Anerkennung zu erfahren und nicht mehr alleingelassen zu werden. Unterstützt wird sie dabei vom Türsteher-Player, mit dem Judith im Anschluss ein ähnliches Gespräch führt wie mit der Power-Luisa. Er wird von der Angst angetrieben und untersucht alles in Luisas Leben auf Risiken und Gefahren, um eine erneute Verletzung zu verhindern. Die beiden Player sind also die

Pflaster, die Luisas eigentliche »Wunden«, die Emotionen wie z. B. die Angst aus Kindertagen und den Mangel an Zuwendung, verdecken und schützen sollen. Judith und Luisa sind also noch nicht an den ursprünglichen Herd ihrer Verhaltensmuster rangekommen. Die beiden gehen erneut in die Aufstellung und werden hierfür von Luisas innerer Chefin an »die kleine Luisa« verwiesen. Als Luisa sich auf die Karte der kleinen Luisa auf dem Boden stellt, wird sie plötzlich ganz still und vorsichtig in ihren Aussagen. Keine Spur von der konsequenten Power-Luisa. Im Gegenteil. Judith fragt, ob die kleine Luisa zu einem Gespräch bereit sei. Die kleine Luisa nickt schüchtern. Judith fragt wie zuvor, wie es der kleinen Luisa gehe. Sie antwortet, dass sie es selbst nicht wisse. Sie wurde das noch nie gefragt. Judith hakt nach, wie es ihr damit gehe. Die kleine Luisa antwortet: »Nicht gut.« Ihr kommen die Tränen. Zunächst nur vereinzelt, aber innerhalb weniger Sekunden steigert sie sich in ein lautes Weinen. Die Emotionen kommen nun nach vielen, vielen Jahren zum ersten Mal an die Oberfläche. Ein solcher Gefühlsausbruch kommt öfter vor und ist ein gutes Zeichen, da der Kontakt »unter die Oberfläche« damit noch möglich ist. Wir erleben auch KlientInnen, die keine Aussage treffen können, wenn sie in der Aufstellung auf ihrem Inneren Kind stehen. Das ist ein Hinweis darauf, dass dessen Emotionen so verdrängt wurden, dass kein direkter Zugang zu ihnen möglich ist. Es ist wichtig, keinen Druck auf die Player auszuüben, sondern immer zu schauen, was sie gerade brauchen. Auch in Luisas Fall ist es besonders wichtig, ihr auch diesen Raum zur Trauer zu lassen und sie nicht zu beschränken oder zu beeinflussen. Die Emotionen wurden bisher nicht verarbeitet und müssen raus, damit sie Luisa nicht mehr blockieren. Nur so kann Luisa in ihrem Prozess weiterkommen. Nachdem sie diesen Moment genutzt hat, spricht Judith behutsam mit Luisas Innerem Kind über seinen aktuellen Zustand und seine Rolle im Team. Es äußert, dass es sehr viel Angst hat und dass es eigentlich keine Rolle im Team hat. Ihm wurde immer das Gefühl gegeben, es dürfe nicht da sein.

Wenn unser Umfeld uns zu Beginn unseres Lebens, meist durch unsere Eltern, das Gefühl gibt, nicht geliebt zu werden, erleben wir das als eine Nichtdaseinsberechtigung. Die Frage ist selbstverständlich nicht, inwiefern ein Kind von den Eltern gerade geplant oder gewollt war oder ob es gerade ins Beziehungsmodell passt – viele Kinder werden unabhängig davon in der Welt willkommen geheißen und bedingungslos geliebt und erhalten somit eine Daseinsberechtigung. Es kann in solchen Situationen durch die Mutter und/oder den Vater aber auch eine Energie der Nichtdaseinsberechtigung entstehen. Dies kann z. B. auch der Fall sein, wenn das Kind nicht das gewünschte Geschlecht hat. Dann hat es schon vor seiner Geburt »versagt« und die Eltern ohne Zutun, nur durch sein »Sein«, enttäuscht. Die Nichtdaseinsberechtigung wird vielleicht nicht immer ausgesprochen oder thematisiert, sie wird aber vom Kind dennoch unbewusst wahrgenommen und im »eigenen Programm abgespeichert«. Das Kind nimmt das Problem dann nicht bewusst wahr, es erlaubt sich im weiteren Lebensverlauf aber selbst nicht, da zu sein. Das äußert sich bei den KlientInnen oft in dem Gefühl, zu stören, alles falsch zu machen und Erfolge als »normal«, »nichtig« oder »zufällig« abzutun. Diese tiefe existenzielle »Programmierung« kann sogar so weit gehen, dass man sich zum unbewussten obersten Ziel macht, die fehlende Daseinsberechtigung zu kompensieren. So versucht man alle anderen Menschen glücklich zu machen, um für sich damit eine Form der Daseinsberechtigung zu finden. Zudem wird dieses Verhalten noch von dem Glaubenssatz und der eigenen Überzeugung befeuert, dass nur die anderen diese Zuwendung verdient haben, ich selbst aber nicht. Denn ich sollte ja besser gar nicht da sein. Diese selbst auferlegte Mission führt aber in den meisten Fällen in die Überforderung, Depression oder sogar ins Burn-out.

Durch Luisas Inneres Kind wird also deutlich, dass Luisa auch keine bzw. eine mangelnde Daseinsberechtigung erfuhr. Die kleine Luisa beschreibt das Gefühl, dass sich nie jemand wirklich für sie interessiert hat. Sie hat immer das Gefühl vermittelt bekommen, dass es ohne sie leichter und besser wäre. Die kleine Luisa hat sich also zurückgezogen und eine große Angst entwickelt. Unter anderem auch vor der Power-Luisa, weil sie so streng und unerbittlich ist. Die kleine Luisa macht in ihren Augen eh alles falsch und hilft mit ihrer ängstlichen Art keinem weiter. Somit bleibt sie lieber weiterhin im Verborgenen. Judith fragt nach, was ihr dabei helfen würde, sich mehr zu zeigen und die Angst zu verlieren. Die kleine Luisa antwortet, dass sie das Gefühl von Vertrauen und Geborgenheit braucht, um aus »ihrem Loch« herauszukommen. Judith und die kleine Luisa überlegen, welche/-r Player im Team ihr dieses Gefühl geben könnte/-n. Die kleine Luisa muss lange überlegen und sagt, dass dieser Player (noch) nicht in der Aufstellung existiert. Es ist durchaus möglich, dass sich Player erst während der Aufstellung offenbaren. Judith fordert die kleine Luisa dazu auf, zu überlegen, ob Luisa Vertrauen und Geborgenheit als Gefühle kennt bzw. zuvor schon mal gespürt hat. Sie gehen zu einer Zeit zurück, als Luisa diese Gefühle empfunden hat. Sogar sehr stark. Es war der Beginn von Luisas Beziehung zu ihrem Mann, als er sie auf Händen trug und ihr die nötige Anerkennung und Liebe entgegenbrachte, die sie sich immer gewünscht hatte. In der Zeit konnte sie diese Gefühle ganz bewusst wahrnehmen, was bedeutet, dass sie diese als Ressourcen in sich trägt und auch wieder abrufen kann.

Erkenntnis to go

!

Alle Gefühle, die wir fühlen oder jemals gefühlt haben, gehören zu uns und sind in uns abgespeichert. Sie wurden vielleicht von anderen in uns ausgelöst, gehören aber zu unserem Emotionsgedächtnis, sodass wir sie jederzeit abrufen und erleben können. Über Erinnerungen.

»Wenn du dich an diese Zeit zurückerinnerst und versuchst, die Gefühle wiederaufleben zu lassen, kannst du sie einem Player zuordnen?«, will Judith wissen. Die kleine Luisa kann das nicht, sodass Judith Luisa auffordert, aus der Rolle zu treten. Sie kehren zur inneren Chefin zurück, der sie dieselbe Frage stellen. Die innere

Chefin muss auch lange überlegen. Die Gefühle sind also nicht schnell verfügbar, was auch zu Luisas aktueller Situation und ihrem Anliegen passt. Sie bleiben hartnäckig und lassen der inneren Chefin Zeit. Judith hilft nach, indem sie nach konkreten liebevollen Momenten aus der Anfangszeit ihrer Ehe fragt. Die innere Chefin erinnert sich an die Verlobung. Luisas Mann hat sein ganzes Restaurant mit Kerzen ausgestattet und die gesamte Belegschaft hat ausschließlich Luisa und ihren Mann bedient. Irgendwann war keiner mehr da außer den beiden. In dem Moment hielt ihr Mann um ihre Hand an. Sie schwärmt. »Wie er mich damals angeschaut hat. Als hätte er in seinem Leben zuvor nichts Schöneres gesehen«, erklärt Luisas innere Chefin. Diese Liebe kannte Luisa nicht. Zudem hat sie ihm vertraut wie keinem anderen Menschen zuvor. »Wir hatten so eine tiefe Verbundenheit, die ich nun nicht mehr spüren kann.« Judith hakt nach: »Wenn du an diese Gefühle von damals zurückdenkst, was für eine Luisa war zu dem Zeitpunkt anwesend?« – »Das war die Gutgläubige«, entgegnet Luisas innere Chefin. »Ist das ein eigener Anteil von Luisa?«, fragt Judith die innere Chefin. Diese antwortet: »Ja, die wurde aber von der Power-Luisa und dem Türsteher verdrängt.« – »Könnte man mit ihr heute reden?«, möchte Judith wissen. »Wir können es versuchen«, erklärt die innere Chefin. Luisa erstellt eine weitere Karte für die »Gutgläubige« und stellt sich auf sie. Judith befragt die Gutgläubige wie zuvor die anderen. Sie bestätigt, dass sie eine Zeit lang im Team sehr präsent war. Damals hat sie für eine sehr gute Stimmung im Team gesorgt und konnte sich für einen kurzen Zeitraum gegen das allgemeine Misstrauen durchsetzen. Aber der Optimismus hielt nicht lange an. Die blockierenden Anteile meldeten sich ziemlich schnell, als die anfängliche Verliebtheit nachließ und sich ein gewisser Alltag einstellte. Sie verdrängten die Gutgläubige mit der Zeit und heute ist sie wie die kleine Luisa nur noch Statistin im Team. Judith fragt, wie es ihr damit ginge und ob sie ihre Ressourcen nicht gern wieder mehr einbringen wolle. »Sehr gern, wenn man mich lässt«, äußert die Gutgläubige. Sie halten fest, dass sie sich mit allen anderen Playern auf eine neue Richtung einigen, die mehr Vertrauen, Zuversicht und Optimismus beinhaltet und die Luisas Zielformulierung fokussiert. Die Gutgläubige nimmt die kleine Luisa dabei an die Hand und versucht, ihr mit ihren guten Eigenschaften das nötige Vertrauen und die Geborgenheit zu vermitteln, die sie sich wünscht. Luisa und Judith besprechen diese Idee auch sehr einfühlsam mit der kleinen Luisa und geben ihr den Ausblick, dass sie sich auch an die Gutgläubige wenden kann, wenn sich ihre Ängste wieder melden. Zum Schluss meldet sich auch noch mal der Spaßvogel zu Wort und erklärt seine Funktion im Team. Er ist auch ein Strategie-Player, der mit exzessiver Ausgelassenheit und Alkoholkonsum dazu beitragen wollte, Gelassenheit zu spüren. Allerdings wurde auch er von der Power-Luisa verdrängt und kommt nun nur noch in seltenen Momenten vor. Judith und Luisa vereinbaren mit ihm, dass er die Gelassenheit, die er in sich trägt, gern stärker im Team hervorheben und ausleben soll. Mit der Power-Luisa wird vereinbart, dass sie den Spaßvogel sich auch »austoben« lässt, aber ein Auge darauf hat, wie weit seine Exzesse führen, um Luisa vor einer möglichen Sucht zu bewahren.

Grundsätzlich ging es in der ersten Aufstellung darum, die Player kennenzulernen und zu verstehen sowie Zusammenhänge zu Luisas Verhalten herzustellen. Judith und Luisa wollten also zunächst die unbewussten Mechanismen Luisa bewusst machen, um sie einordnen und steuern zu können. Um diese »greifbar« zu machen, verhilft das Innere Team mit seinen Playern sowohl im Coaching als auch in der Psychotherapie zu deutlichen Bildern, die den Zugang zur Persönlichkeit und den Blick nach innen erleichtern. Die Befragung der einzelnen Player ermöglicht zudem, sich die verschiedenen Persönlichkeitsanteile deutlich vor Augen zu führen und die jeweiligen Hintergründe besser zu verstehen. Da man das aber in seinem Leben selten bzw. vermutlich noch nie gemacht hat, zeigen sich dann Player und laufende »Programme«, die aus sehr alten Zeiten stammen. Damals haben sie vielleicht mal Sinn gemacht und einen super Job geleistet. Heute stehen sie uns aber nur im Weg und blockieren uns an vielen Stellen. Das Innere Team als Tool ist in diesem Moment das geeignete Werkzeug. Man unterzieht alle Player und das Programm einem »System-Update«, definiert eine neue gemeinsame Ausrichtung, die viel mehr dem heutigen Leben und dem eigentlichen Ziel des Klienten entspricht.

So lassen sich, wie in Luisas Fall, neue Strategien und Allianzen zwischen den Playern schaffen, um die Ressourcen an den Stellen einzusetzen, an denen es den KlientInnen fehlt. So kann ein Mensch z. B. beruflich sehr selbstbewusst auftreten, aber im Privatleben eher schüchtern sein, sodass er oder sie Schwierigkeiten hat, Freundschaften oder Liebesbeziehungen zu finden und zu schließen. Er vereint beide Anteile in seiner Persönlichkeit: den schüchternen und den selbstbewussten Anteil, könnte aber vermutlich rational nicht begründen, warum dem so ist und wie die beiden Anteile begründet sind. Er oder sie trägt grundsätzlich die Fähigkeit in sich, selbstbewusst zu sein, kann die Fähigkeit aber nur in einem Bereich abrufen. Es gilt also, die Ressource Selbstbewusstsein als gemeinschaftliche Ressource zu verstehen und zu verinnerlichen, um sie in allen Bereichen abrufen und einsetzen zu können. Das geht jedoch nur, wenn die rationale Gesprächsebene verlassen und in die tieferen Mechanismen vorgedrungen wird, um die Abgrenzung dieser beiden Anteile vorzunehmen.

Was aus Luisa geworden ist Luisa hat durch das Innere Team erstmals Kontakt zu ihrem Inneren Kind bekommen und konnte ihre eigene Geschichte überhaupt erst verstehen und überblicken. Sie hat sehr wichtige Erkenntnisse über sich selbst und ihre unbewussten Verhaltensmuster gewonnen. Sie hat z. B. verstanden, dass sie Vertrauen und Geborgenheit braucht und sie sich diese Gefühle selbst bzw. ihrem Inneren Kind entgegenbringen kann und sie nicht an andere Menschen gekoppelt sind. Dieses Bewusstsein lässt sie nun in vielen Momenten klarer und selbstbewusster auftreten. Im weiteren Coachingprozess hat sie die Erkenntnisse aus dem Inneren Team gemeinsam mit Judith in ihr tägliches Leben integriert. Die beiden haben sich weiterhin an Luisas Ziel orientiert, konkrete Maßnahmen für sie formuliert und sie mit geeigneten Kommunikationsmethoden ausgestattet, die ihr in ihrer Beziehung und auch in der Erziehung ihrer Kinder halfen. Das Ergebnis: Luisa kann nun eine authentische Nähe zu ihrem Mann zulassen und führt eine Beziehung auf Augenhöhe mit ihm, statt ihn wie bisher als ihren Retter zu verstehen und die entsprechenden Erwartungen an ihn zu stellen. Zudem hat Luisa es geschafft, einen guten Kontakt zu ihren Anteilen und vor allem ihrem Inneren Kind herzustellen. Mit dieser eigenen Aufmerksamkeit sich selbst gegenüber füllt sie den Mangel, der aus ihrer Kindheit stammt, was wiederum dazu führt, dass sie sich kaum noch mit anderen vergleicht.

Wie hilft mir das? Luisa kam mit dem Anliegen ins Coaching, ihre Ehe zu retten. Sie gab ihrem Ehemann die Schuld an ihrer Unzufriedenheit und verglich sich ständig mit ihrem Umfeld. Judith und Luisa richteten den Blick auf Luisas Innenleben, um destruktive und blockierende Muster zu verstehen und zu verändern. Das Innere Team hat hierbei ein verletztes Inneres Kind offenbart, dem vor allem das (Grund-)Vertrauen und die Anerkennung bzw. Geborgenheit fehlte. »Die kleine Luisa« hat sich zurückgezogen und wurde zusätzlich von der »Power-Luisa« und ihrer Wut verdrängt. Die Power-Luisa repräsentierte den erwachsenen Anteil in Luisa, der sehr viel Ähnlichkeit mit ihrer Mutter bzw. Oma hatte, was sich durch die besondere Strenge und Unnachgiebigkeit zeigte. Das ist nicht selten. Häufig ähneln unsere Erwachsenenanteile unseren Eltern, weil sie uns für unsere Vorstellung vom »Erwachsensein« nun mal »Modell« gestanden haben. Judith und Luisa haben durch die Aufstellung der Player versucht, Luisas Ressourcen und Blockaden aufzudecken, die Stimmung und die Rollen des Teams zu verstehen und auf Luisas aktuelle Lebenssituation und ihr formuliertes

Ziel auszurichten. Ziel des Inneren Team ist es, dass alle Player *miteinander* »arbeiten« und nicht gegeneinander. Sobald diese innere Balance wiederhergestellt ist, führt das automatisch zu einer inneren Ausgeglichenheit und einem neuen Bewusstsein über sich und seine Bedürfnisse, sodass man diese besser wahrnehmen, kommunizieren und ausleben kann. Luisas Fall veranschaulicht sehr schön, wie wichtig es ist, bei sich zu bleiben, und wie schwer es ist, dort überhaupt erst einmal anzukommen. Wir neigen dazu, die Schuld bei anderen zu suchen und die Verantwortung von uns zu weisen. Dabei stellen wir in unseren Berufen jedes Mal aufs Neue fest, dass unsere KlientInnen erleichtert und glücklich sind, wenn sie merken, dass es nur an ihnen liegt, das Ruder rumzureißen. Es ist viel leichter, nur sich selbst davon zu überzeugen, was das Richtige für einen ist, als alle Menschen um uns herum immer wieder darauf aufmerksam zu machen und am Ende doch enttäuscht zu werden. Die Voraussetzung hierfür ist aber, sich selbst erst einmal kennenzulernen und zu verstehen.

Tools to go

Lassen Sie Ihr Inneres Kind raus

Vernunftsverbot

Sie können Ihre eigenen Anteile und Ihr Inneres Kind selbst aufspüren, indem Sie Ihre Gedanken beobachten und wiederkehrende Gedanken als Stimmen einzelner Player identifizieren. Sollten Sie Ihr Inneres Kind nicht direkt zuordnen können, gehen Sie gedanklich zurück in Ihre Kindheit und fragen Sie sich, wie Sie als Kind waren, was Sie gern gemacht, gespielt oder gegessen oder worüber Sie oft gelacht haben. Gehen Sie diesen Dingen einfach mal wieder nach und beobachten Sie, wie es sich anfühlt.

Kommen Sie sich näher durch achtsame Meditation

Reise zu sich selbst

Wir empfehlen insbesondere den Menschen eine gelegentliche Meditation, die viel »im Außen« sind und Schwierigkeiten damit haben, sich selbst wahrzunehmen und sich mal nur auf sich zu besinnen. Eine Meditation ist hilfreich, weil sie uns ohne Ablenkung an unsere Gedanken und Gefühle führt. Wir schulen damit unser Ohr für unsere inneren Stimmen und Stimmungen. In unserer Arbeit nehmen wir häufig wahr, dass KlientInnen, die Meditation für sich betreiben, einen leichteren Zugang zu den Tools, dem Prozess und somit zu sich haben, sodass ein schnellerer Fortschritt in der persönlichen Entwicklung stattfinden kann.

Wir verurteilen die anderen

Das Problem mit der Opferhaltung

Gehen wir von der bloßen Wissenschaft aus, sind wir alle zum allerersten Mal auf dieser Welt. Liegt es da nicht in der Natur der Sache, dass wir Fehler machen und natürlich nicht alles direkt können? Angefangen beim Schlafen, Laufen, Sprechen und Essen. Wir müssen all diese Dinge erst erlernen und tun dies unterschiedlich schnell und »gut«. Fehler machen ist also menschlich. Allerdings – und hier kommt das Problem: Es ist nicht perfekt.

Es begegnen uns sehr häufig KlientInnen, die einem sehr ausgeprägten Perfektionsdruck unterliegen. Das äußert sich in unterschiedlicher Form. Es gibt jene, die in ihrer Person und ihren Fähigkeiten verunsichert sind und stets Perfektion anstreben, um dieser Unsicherheit »kein Futter« in Form von Fehlern zu liefern. Es gibt aber auch jene, die von sich selbst (auf den ersten Blick) so überzeugt sind. Sie empfinden ihr Verhalten stets als »perfekt« und komplett durchdacht. Weil sie bei sich selbst keine Fehler tolerieren können, suchen sie einen Weg, der es ihnen ermöglicht, mit dieser Haltung durchs Leben zu kommen. Diese Menschen fragen sich dann: »Wieso passt der Fahrer in seinem Auto vor mir nicht auf, dann wäre ich ihm nicht hintendrauf gefahren?« Und natürlich ist es das Einfachste, die Verantwortung einfach auf andere zu schieben. Ich fühle mich dann deutlich besser und kann mich vor Problemen »anderer« verstecken. Zumindest denkt das ein Großteil von uns. Da drängt sich die Frage auf: Wie entsteht so was? Eine sehr weitverbreitete Dynamik, die eine gute Erklärung hierzu bietet, ist die Täter-Opfer-Dynamik. Wenn ich mich als Opfer sehe, kann ich nicht schuld sein. Ich bin dann dem Täter ausgeliefert. Besonders dramatisch wird es allerdings, wenn ich in Wahrheit nicht nur nicht das Opfer, sondern der Täter bin. So wie der Autofahrer, der dem anderen hintendrauf gefahren ist, aber den anderen Autofahrer als Täter sieht, der durch das Bremsen schuld am Unfall ist. Im Bereich der Gewalt an Kindern ist eine beliebte Aussage von Tätern: »Ich will dich gar nicht bestrafen, aber du zwingst mich dazu.« Da macht der Täter das Opfer zum Täter. Ganz schön gruselig, oder? Die Anerkennung der Täterschaft bringt mich automatisch in Kontakt mit der Verantwortung und natürlich auch mit Konsequenzen, die ich vermutlich nicht gern tragen will. Bekenne ich mich aber als Täter bzw. bin mir der eigenen Verantwortung bewusst, schaffe ich damit auch die Möglichkeit, Dinge zu erkennen und zu verändern.

Insiderwissen

In der Psychotherapie unterscheidet man Täter sein, Täterhaltung, Opfer sein und Opferhaltung. Täter sein bedeutet, dass ich durch eine Handlung zum Täter werde. Ich bin etwa mit meinem Auto dem Wagen vor mir hintendrauf gefahren. Dann bin ich automatisch der Täter und für mein Handeln verantwortlich. Ich fühle mich schuldig, versuche zu helfen und möchte meinen Schaden wiedergutmachen. Opfer sein bedeutet, dass ich in dem Moment des Autounfalls als vorausfahrende Person verletzt wurde. In diesem Moment wurde mir Schaden zugefügt. Ich habe es überlebt und versuche, damit zu leben. Täterhaltung beschreibt hingegen, dass ich nicht in die Verantwortung gehe und diese sogar wie oben beschrieben verleugne. Ich sehe mich selbst als Opfer. Die Opferhaltung beschreibt den Prozess, dass ich mein Opfersein verleugne. »Das war ja gar nicht so schlimm. Ist doch nix passiert!« sind klassische Sätze. Ich deute den Schaden als gerechte Strafe um, nehme den Täter in Schutz und erlebe meine Gefühle auf anderer Ebene.

Meine Wut auf den Täter darf nicht gelebt werden, weil ich den Täter in Schutz nehme: »Er kann ja gar nichts dafür!« Ich lenke meine Wut statt auf den Täter dann gegen mich selbst. Wenn ich meinen Vater beim Fußballschauen »störe« und er daraufhin mit körperlicher Gewalt reagiert, kann ich meine Wut (»Wieso hört er mir nicht zu? Er nimmt mich nicht wahr!») auf mich selbst umlenken (»Wie kann ich ihn auch nur stören? Er kann ja nichts dafür. Ich habe seine Aufmerksamkeit nicht verdient. Die Schläge waren total angemessen!«). Dieser autoaggressive Prozess wird häufig in psychosomatischen Symptomen und Diagnosen deutlich.

Trotzdem erleben wir in der Psychotherapie und im Coaching immer wieder, dass die KlientInnen mit einer solchen Einstellung in einen Prozess der Auseinandersetzung mit sich selbst starten möchten, ohne für sich und ihr Handeln die Verantwortung übernehmen zu wollen. Das macht den Prozess im Grunde unmöglich. Warum dem so ist und warum Personen an unsere Tür klopfen, wenn sie doch eigentlich »nichts falsch machen oder nicht an sich arbeiten müssen«, erfahren wir durch Paul.

Paul ist 38 Jahre, Single und aktuell arbeitslos. Er ist völlig verzweifelt und wünscht sich einfach nur, dass mal was in seinem Leben funktioniert. Er ist überfordert, weil ihm das Leben immer wieder übel mitgespielt hat und er sich nicht mehr zu helfen weiß. Aber eigentlich macht er alles richtig. In seinen letzten beiden Jobs wurde er Opfer von Mobbing und er versteht nicht, warum immer ihm so etwas passiert. Zudem leidet er sehr darunter, keine Partnerin zu haben. Alle Freunde sind mittlerweile verheiratet oder haben bereits Kinder und bei ihm ist noch nicht mal eine Beziehung in Sicht. Er weiß nicht, warum er immer so ein Pech hat. Er gebe sich wirklich so viel Mühe, allem und allen zu entsprechen. Aber nichts scheint zu klappen.

Er startet ein Coaching bei Judith, da er gern hinter seine Verhaltensmuster schauen möchte, um ggf. Zusammenhänge zu verstehen und daran zu arbeiten. Paul und Judith legen gemeinsam los, aber schon bald zeigt sich, dass Paul sein eigenes Verhalten nicht gut reflektieren kann. Sobald die beiden auf bestimmte Situationen in seinem Leben zu sprechen kommen, geht es meistens um das Verhalten der anderen. Er lässt sich darüber aus und versteht nicht, warum man so mit ihm umgegangen ist. Wenn Judith das Gespräch darauf lenkt, was das Verhalten der anderen mit ihm gemacht hat, wie er in den Momenten lieber gehandelt hätte oder was zielführender gewesen wäre, kommt Paul immer wieder darauf zurück, dass ihm ja keine Wahl gelassen wurde.

Judith fragt daraufhin, was sich für Paul ändern müsste bzw. was sein Ziel im Coaching ist. Paul äußert, dass er selbstbewusster mit dem Verhalten der anderen umgehen möchte. Er wünscht sich ein dickeres Fell, »am liebsten aus Teflon, an dem nichts haftet«. Seiner Meinung nach macht er immer alles für andere, aber er erntet nur böse Absichten. Die beiden versuchen, den Mobbingprozess zu rekonstruieren und zu überlegen, wie es dazu kommen konnte. Paul erklärt, dass er sehr intelligent sei und eine schnelle Auffassungsgabe habe und dass er mit dieser Eigenschaft schon häufig angeeckt sei. Er hätte sich daher immer wieder zu verstellen versucht, um bei den anderen nicht negativ aufzufallen oder besser anzukommen. Damit würde er sich aber selbst verleugnen und das wäre ja auch nicht zielführend. Daher möchte er einen Weg finden, sich selbst behaupten zu dürfen, ohne direkt Ablehnung zu erfahren. Er fühlt sich in allen Beziehungen »falsch«, dabei versucht er, alles richtig zu machen. Paul steckt in einem Loch, aus dem er selbst nicht herauskommt. Er hat keine Lust, sich auf einen neuen Job zu bewerben, weil er davon überzeugt ist, dass ihm dann wieder das Gleiche passieren würde. Auch privat fühlt er sich einsam und versteht nicht, warum keine Frau es ernst mit ihm meint. In der Vergangenheit wurde er oft betrogen oder die Beziehungen kamen erst gar nicht zustande. Er ist sehr deprimiert und weiß nicht, was er machen soll. Judith arbeitet mit Paul daher zunächst sehr ressourcenorientiert. Die beiden wollen seine Stärken fokussieren. Darüber hinaus formulieren sie auch Pauls Schwächen, um herauszufinden, was Paul stets an seine Grenzen bringt. Anschließend stellen sie die Stärken den Schwächen gegenüber und versuchen, Verbindungen zu schaffen.

Erkenntnis to go

!

Es ist sehr wichtig – neben seinen Stärken –, auch seine Schwächen zu betrachten, um sie als persönliche Grenzen zu kennen.

Paul kann seine Stärken sehr schnell benennen, hat aber Probleme, seine Schwächen zu identifizieren. Wir erleben das in unseren Berufen oft umgekehrt. Die meisten KlientInnen haben Schwierigkeiten, ihre Stärken zu beschreiben. Paul erzählt, dass er von seinen Eltern immer zur Höchstleistung angetrieben wurde und ihn in besonderem Maße gefeiert, wenn er diese erbracht hat. Er war ein absolutes Wunschkind und ist Einzelkind. Seine Eltern haben ihn in allen Interessen unterstützt, aber auch sehr viel von ihm erwartet. Er durfte in allem nur der Beste sein, weil er für sie nun mal »der Beste« war. Somit entstand schon früh ein Perfektions- und Leistungsdruck, der keinen Platz für Fehler ließ. In der Schule haben ihn seine MitschülerInnen schon dafür »gehasst«, dass er immer alles besser konnte. Paul fragt sich nun, was er machen soll, um hierfür eine Lösung zu finden. »Soll ich etwa so tun, als sei ich schlechter, damit sich die anderen in meiner Gegenwart besser fühlen?« – »Nein, natürlich nicht«, äußert Judith. »Das tue ich aber. Ich lüge ganz oft oder mache mich schlechter, als ich bin, nur um bloß nicht anzuecken«, erklärt er.

Pauls Worte im Coaching waren u. a.: »Was kann ich denn dafür, wenn die anderen nicht so gut sind wie ich?«, und es fiel ihm sehr schwer, einen Weg zu finden, um bestmöglich mit der Situation umzugehen. Dafür fehlte ihm der notwendige Fokus. Und zwar weg von sich, hin zu den anderen.

Paul war es von seinen Eltern gewohnt, sehr viel Aufmerksamkeit und Anerkennung zu bekommen. Sie wollten ihm in bestem Wissen und Gewissen alles ermöglichen und ihn fördern, haben ihm aber keine Schwächen erlaubt. Paul wurde stets gespiegelt, dass er der Beste ist. Und die Besten machen natürlich keine Fehler. Wenn Paul mal etwas falsch gemacht hat, waren es die anderen, die eigentlich schuld waren. Somit hat Paul es nie gelernt, in die bewusste Auseinandersetzung mit sich selbst zu gehen oder sich auch mal infrage zu stellen. Seine Handlungen wurden stattdessen mit Superlativen kommentiert und bildeten den Fokus der Familie. Daraus entstand bei Paul der Glaubenssatz, dass er der Beste ist und Fehler nur anderen passieren. Sein Mindset war also starr und stellte Paul vor zwei Probleme: Durch den ständigen Fokus darauf, der Beste zu sein, unterlag er die meiste Zeit einem ermüdenden Leistungs- und Perfektionsdruck. Zudem brachte diese Persönlichkeitsentwicklung eine weitere Krux mit sich: Es führte zu einem Desinteresse an seinem Umfeld bzw. machte ein authentisches Interesse an anderen für Paul sehr schwer – da er ja besser war als die anderen. Ein Austausch auf Augenhöhe konnte also nicht stattfinden. Er entwickelte narzisstische Züge und bildete ein Verhaltensmuster, das gleichzeitig eine soziale Stolperfalle mit sich brachte: Er erwartete den gleichen Fokus und die gleiche besondere Aufmerksamkeit von seinem Umfeld, wie er sie von seinen Eltern kannte. Insofern hat er zunächst versucht, sich mit seinen Stärken hervorzuheben, indem er sie immer wieder besonders betont hat. Sowohl im Job als auch bei den Frauen, die er kennenlernte. Dieses Verhalten stieß natürlich nicht auf Anklang, sodass sich sein Umfeld nach und nach von ihm abwandte. Also begann er zu lügen und sich kleinzumachen, um anderen zu gefallen. Jedoch litt sein Selbstbewusstsein darunter und er verlor seine eigenen Stärken auch selbst aus den Augen. Es verunsicherte ihn und überforderte ihn, weil es auch nicht die nötigen Erfolge versprach. Sein Umfeld reagierte weiterhin mit Ausgrenzung und Ablehnung und eine liebevolle Partnerschaft war auch nicht in Sicht.

Judith versucht, zusammen mit Paul einen neuen Fokus zu bilden: einen authentischen Fokus auf sein Gegenüber. Da er sein Leben lang einen Fokus auf seine eigene Person genossen hat, fällt es ihm natürlich schwer, davon abzurücken. Geschweige denn eigene Fehler oder eine Mitverantwortung an seiner Situation anzuerkennen. Die beiden nutzen hierzu Methoden zur Förderung der Empathie und gehen in vergangene Beispiele, in denen Paul »angeeckt« ist. Paul tut sich aber auch bei diesen Tools sehr schwer, seinen eigenen Standpunkt zu verlassen und sich in die anderen hineinzuversetzen.

Daher schlägt Judith die Arbeit mit Pauls Innerem Team vor. Nur so können die beiden den Ursprung von Pauls Glaubenssatz, dass er der Beste sei, erreichen und seinen Perfektions- und Leistungsdruck bearbeiten. Doch ziemlich schnell wird deutlich, dass Paul blockiert und sich für das Tool nicht öffnen kann. Judith bricht die Arbeit ab und reflektiert mit Paul die Sitzung. Sie fragt ihn, warum er sich nicht öffnen konnte. Paul antwortet, dass er es nicht wisse. Er versuche wirklich, mitzumachen. Nach einigen Ansätzen offenbart er aber, dass es einen Teil in ihm gebe, der nicht an das Coaching glaube oder daran, dass Paul an sich arbeiten müsste. Ihm wurde so oft übel mitgespielt, nicht er müsse ein Coaching machen, sondern die anderen, die nicht mit ihm klarkommen. Judith vermutet, dass Paul sich unbewusst nicht von seinem »inneren Helden« verabschieden möchte. Er hat Paul sein Leben lang ein gutes Gefühl gegeben, das er nun nicht hinterfragen oder verändern möchte. Judith betont noch einmal, dass im Coaching nichts passiert, was Paul nicht selbst entscheidet, und dass die Arbeit nicht den Zweck hat, den »inneren Helden« zum Schweigen zu bringen, sondern Platz für neue Sichtweisen und ein neues Selbstverständnis zu schaffen, das viel mehr Spielraum für Pauls Handlungen bietet. Zudem spürt Paul ja den Leidensdruck und möchte für sich »aus dem Loch« herauskommen. Es geht also nicht um die anderen, sondern um ihn und sein Weiterkommen.

Paul kann trotz aller Bemühungen nicht über seinen Schatten oder, in diesem Fall, über seinen perfekten Player springen und sich öffnen. Judith spürte diese Form der Abwehrhaltung seit Beginn des Coachings. Paul machte sich nie Notizen und probierte keine der Methoden und Impulse aus, die die beiden für seinen Alltag erarbeiteten. Er wünschte sich Input und eine Veränderung seiner Situation, ohne selbst etwas dazu beitragen zu wollen.

Aus diesem Grund betonen wir bei unseren KlientInnen vor Beginn der Zusammenarbeit immer wieder, dass ein hohes Maß an Eigenverantwortung nötig ist, um in dem Selbsterfahrungsprozess Fortschritte zu machen. Als Coach und Psychotherapeut erleben wir jedoch oft, dass die KlientInnen die Arbeit am liebsten an uns abgeben wollen. Als hätten wir den magischen Zauberspruch, der alles ein für alle Mal verändert und besser macht. Leider funktioniert es so aber nicht. Wir stecken nun mal nicht in der Haut und in den Leben unserer KlientInnen. Wir sind vielleicht die Experten für den Prozess und die Methoden, aber unsere KlientInnen sind die Experten für ihr Leben und entscheiden, wie viel und was sie umsetzen möchten und was nicht.

Paul beschwerte sich bei Judith nach der missglückten Sitzung über das nicht erfolgreiche Coaching. Judith empfahl ihm daraufhin eine Psychotherapie, weil sie ein narzisstisches Verhalten vermutete, unter dem Pauls Umfeld leidet und im Umkehrschluss auch Paul, da das Umfeld sich insofern immer mehr von ihm abwendet. Cord bestätigte Judith in ihrem Eindruck, nachdem sie ihm davon erzählt hatte.

Cord kennt solche KlientInnen auch sehr gut und erinnerte sich an einen Patienten, dessen Situation ganz ähnlich war und der durch die Psychotherapie erfolgreich behandelt werden konnte. Thomas kam zu Cord mit dem Problem, dass er sich nicht genug wertgeschätzt und gesehen fühlte und inzwischen sehr unter Einsamkeit litt. Daraus waren über die letzten Wochen Symptome entstanden wie z. B. extreme Schlafprobleme, eine allgemeine Appetitlosigkeit und starke Zweifel an der Sinnhaftigkeit.

Insiderwissen

Bei Menschen mit starken Selbstzweifeln, Einsamkeitsgefühlen und dem enormen Gefühl, nicht verstanden zu werden, können plötzlich oder schleichend Gedanken vom Sinn des Lebens bis hin zu Gedanken an den Tod oder auch Suizidgedanken auftreten. Diese sollten als Alarmsignal verstanden werden. Sie weisen uns darauf hin, die aktuelle Lage nachhaltig zu verändern. Die Stufe der Suizidgedanken ist stark geprägt von einer Hoffnungslosigkeit, die sich nach einer längeren Phase der Hilflosigkeit als Schlussfolgerung einstellt. Wenn das emotionale Erleben zu destruktiv und depressiv ist, können diese Gedanken zu ernsthaften und konkreten Suizidgedanken führen. In diesem Falle sollte man nicht alleine bleiben. Der Kontakt zu Vertrauenspersonen und zu Fachleuten, die sich mit dem Thema professionell beschäftigen, sind in dieser Zeit unabdingbar. Es macht auch Sinn, sich nach einer Fachklinik zu erkundigen, die wohnortnah stationäre Hilfe anbietet, falls man damit selbst nicht mehr klarkommt. In akuten Krisen, in denen die Gefahr bestehen kann, dass man sich wirklich was antun könnte, sollte der Weg in die nächste Fachklinik unmittelbar erfolgen. Als Krisenintervention kann innerhalb von ein bis zwei Tagen geschaut werden, was eine Person benötigt, bis sie wieder selbst Verantwortung für das eigene Leben übernehmen kann.

Erkenntnis to go

!

Jede suizidale Krise geht vorbei und wird auch von einem Zustand gefolgt, der wieder lebenswerter und angenehmer ist. In dieser Zeit ist dies nur nicht spürbar und es fühlt sich eher so an, dass ich den Glauben daran verloren habe. Ich bin nicht in der Lage, mich selbst aus dem Zustand rauszuholen oder »auf andere Gedanken zu kommen«. Ganz nach dem Motto: Wenn ich mich im Winter befinde, fällt es mir schwer, mich in der warmen Sonne an einem Strand liegend vorzustellen. Dafür ist es zu kalt und der Zustand des Sommers nur eine Erinnerung. Anders gesagt: Die Gedanken an den Sommer alleine lassen mich noch nicht warm werden und lösen auch nicht das Problem mit der Kälte.

In den ersten Sitzungen mit Thomas wird deutlich, dass er einen Hang zum Perfektionismus hat, extrem viel Anerkennung braucht und sich schnell verletzt fühlt, wenn er diese nicht erhält oder von anderen nicht wahrgenommen wird. Dass dies unverhältnismäßig ist, erkennt er zunächst nicht, weil er in der Kindheit, wie Paul, immer gelobt wurde und von den Eltern als ganz besonders betrachtet wurde. Aus diesem Grund sehen manche Menschen es als selbstverständlich an, besonders zu sein und so behandelt zu werden. Wenn dies aber ausbleibt, empfinden die Betroffenen das als eine tiefe Verletzung. In der Therapie ist es besonders wichtig, diesen KlientInnen das Gefühl zu geben, dass sie wertgeschätzt werden und ein aufrichtiges Interesse an ihrer Person besteht. Allerdings muss bei diesen KlientInnen stets die Eigenverantwortung abgefragt werden, weil viele mit der Einstellung »Wasch mich, aber mach mich nicht nass!« in die Psychotherapie kommen. Wenn die Personen nichts zum Prozess beitragen wollen, wird auch kein Prozess stattfinden. Thomas teilt Cord mit, dass er unbedingt verstehen will, wieso er immer wieder die gleiche Erfahrung macht: Er bekommt nicht den Erfolg, den er doch so sehr anstrebt und sich wünscht. Er hat ihn zwar beruflich, aber die Mitarbeiter und seine wenigen Freunde würden das nicht schätzen. Seine Partnerschaften halten nie lange, da er auch extrem eifersüchtig sei und auch immer Gründe hätte, dies sein zu müssen. Mit dem Auftrag an Cord möchte er endlich da hinschauen, wo das herkommt. Über die Methode des geleiteten Entdeckens steigen sie in Thomas' Biografie ein, um daraus die Therapieplanung zu erstellen. Natürlich reagiert Thomas erst mal mit Widerständen, als Cord die Hypothese aufstellt, dass die Verhaltensweisen der Eltern vielleicht doch extrem waren und sich nicht mit dem Rest der Welt decken würden. Nicht, dass Thomas kein besonderer Mensch sei, aber dass mit dieser Einstellung die anderen Menschen um ihn herum natürlich auf der Strecke bleiben. Mit dieser Hypothese erhält Thomas einen ersten Kontakt zu dem Gefühl, dass er doch nicht besser ist als alle anderen Menschen. Damit würden sich natürlich seine Eltern getäuscht haben. Aber warum nur? Diese Gedanken schießen Thomas durch den Kopf. Cord geht weiter und stellt mit Thomas zusammen weitere Hypothesen auf. Diese haben den Sinn, neue Gedanken zu erlauben, die noch nicht der Wahrheit entsprechen müssen, aber einen Perspektivenwechsel ermöglichen. Vielleicht hatten seine Eltern ja noch andere Gründe dafür, sich so zu verhalten. Thomas erinnert sich an mehrere Situationen, die das gleiche Ergebnis zum Ziel hatten: sich mit dem Kind in der Öffentlichkeit besser darzustellen. »Unser Sohn hat als einziges Kind in der Klasse mit Abstand die beste Arbeit gehabt.« – »Unser Kind braucht keine Hilfe mehr bei den Hausaufgaben.« Mit dem Perspektivenwechsel bekommt Thomas einen Zugang zu einem alten starken Gefühl, das er damals schon hatte, dem er aber wenig Raum gegeben hat. Dem Gefühl, dass seine Eltern nur stolz auf ihn waren, wenn er eine besondere Leistung erbracht hat. Daraufhin stellt Cord eine wichtige Frage, die zur ersten wegweisenden Veränderung führt: »Bist du nur etwas wert, wenn du was geleistet hast, oder hast du das Gefühl, auch ein wertvoller Mensch zu sein, wenn du nichts geschafft hast?« Das bloße Wirkenlassen dieser Frage fällt Thomas schwer. Der Kern der Problematik wurde emotional aktiviert und kann von nun an bewusst fokussiert und verändert werden. Das ist allerdings nur möglich, weil Thomas die Erlaubnis dazu gegeben hat. Wenn er das noch nicht zulassen würde, hätte er hier schon Widerstände und müsste gegen Cord und die Therapie arbeiten. In solchen Fällen ist es wichtig, dem Klienten deutlich zu machen, dass Therapie nur funktionieren kann, wenn die Erlaubnis zur Veränderung gegeben wird. Und zwar von dem Betroffenen selbst.

In der Praxis hat Cord gerade bei der Arbeit mit traumatisierten Menschen häufig mit diesem Thema zu tun. Thomas wurde immer wieder darauf hingewiesen, dass er nichts wert und nur was Besonderes sei, wenn er die Erwartungen der Eltern erfüllt. In diesem Fall führte das Vorgehen bis hin zu einem emotionalen Missbrauch, da Thomas für die Bedürfnisse der Eltern manipuliert wurde. Eigene Meinungen und auch Gefühlsäußerungen waren nicht willkommen. Verweigerung oder falsche Umsetzung führten direkt zur Bestrafung. Das wurde jedoch nicht als Bestrafung gesehen, sondern als gut gemeinte Hilfestellung durch die Eltern. Thomas hatte von sich sehr schnell das Bild, dass er daran schuld sei, wenn es den Eltern nicht gut geht. Und er glaubte auch, was die Eltern sagten. Er sei nichts wert. Liebenswert sei er nur, wenn er sich anstrengt und hört. Das war seine Vorstellung von Liebe und liebevollen Eltern. Diese Verhaltensweisen der Eltern an ihm als Kind führten automatisch dazu, dass er diese Ansicht übernahm und sich mit der Zeit selbst abwertete. Durch die Therapie lernte er zu erkennen, welche Prozesse tatsächlich in ihm vor sich gingen und sein Verhalten motivierten und wie er es verändern konnte. Ein langwieriger, aber erfolgversprechender Prozess, der sich für Thomas und viele andere Klienten gelohnt hat.

Was aus Paul geworden ist Paul machte keine Psychotherapie, weil er sich nicht »therapeutisch behandlungswürdig« empfand. Er konnte leider kein erfüllendes Ergebnis im Coaching erfahren, weil er sich innerlich dagegen wehrte. Als Judith das Verhalten genauer mit ihm betrachten wollte, reagierte er auch darauf ablehnend und brach das Coaching ab.

Was aus Thomas geworden ist Thomas hat nach dem Erkennen der Zusammenhänge erste Versuche unternommen, seine Eltern davon zu überzeugen, dass er auch ohne explizite Leistung liebenswert ist. Das fiel ihm erst schwer, weil er von der Vorstellung selber noch nicht ganz überzeugt war. Durch mehrere Übungsschritte mit Selbstwirksamkeitserfahrungen änderte sich das deutlich. Er wählte als Übungssituationen Beispiele mit Freunden und Arbeitskollegen, da sie von der Vorbelastung her nicht so emotional belastend waren wie die Situationen mit den Eltern. Durch die Erfolge im direkten Umfeld fiel es Thomas leichter, die Erwartungshaltung der Eltern, Leistung zeigen zu müssen, in der Beziehung zu seinen Eltern zu belassen und sich nicht immer damit zu identifizieren. Für ein knappes halbes Jahr hat er daraufhin auch den Kontakt abgebrochen, da die Treffen immer sofort in Vorwürfe seitens der Eltern endeten. Angebotene gemeinsame Gespräche mit Cord wurden vonseiten der Eltern abgelehnt. Nach einer Weile wollte sich

Thomas auch nicht mehr ständig nach ihnen richten. Das war der Startpunkt für eine tief greifende Veränderung, die die Selbstwirksamkeit deutlich verstärkte. Inzwischen hat er mit seinen Eltern in ausgewählten Kontexten wieder Kontakt und es kommt seltener zu Vorwürfen. Das beschreibt er als Erfolg. Er hat die Kontrolle über die Situation zurückerlangt. Auch seine Eifersucht in der Partnerschaft hat deutlich nachgelassen. Sein Selbstvertrauen ist immer weiter gestiegen und er gab in der letzten Therapiestunde an, dass er sich nicht mehr so leicht verunsichern lasse.

Wie hilft mir das? Jedes Coaching und jede Psychotherapie ist nur so gut, wie es der Klient/die Klientin zulässt. Wir können innere Widerstände nur bearbeiten, wenn der Klient/die Klientin uns lässt. Paul wollte sich den inneren Paul nicht näher anschauen, der von seinen Eltern glorifiziert wurde. In dem Moment hätte er sich eingestehen müssen, dass er vielleicht nicht »der Beste« ist, und hätte erstmals Verantwortung für sein Handeln übernehmen müssen. Er war (noch) nicht bereit, das Bild, das er sein Leben lang von sich hatte, zu hinterfragen. Sein Mindset hatte in dem Moment zu viel Macht über ihn. Er konnte von seinem lebenslangen »Programm« noch nicht abrücken bzw. wollte es keinem Update unterziehen. Es hätte ihm aber die Möglichkeit verschafft, andere Menschen auch in ihrer Besonderheit wahrzunehmen und anzunehmen. Das Ziel wären Beziehungen auf Augenhöhe gewesen – ob im beruflichen oder im privaten Kontext. Damit kann festgehalten werden: Ein gesundes Selbstbewusstsein ist wichtig und sollte von Eltern bei Kindern stets gefördert werden. Jedoch muss das Verhalten des Kindes immer in den sozialen Kontext gesetzt werden, sodass auch ein Scheitern und die eigene Reflexion möglich sind.

Empathie gegenüber mir, aber auch gegenüber anderen ist für gesunde und authentische Beziehungen sehr wichtig. Versuchen Sie, Ihr Verhalten stets zu reflektieren. Dabei geht es nicht darum,

Schuld auf sich zu nehmen und der »Dumme« zu sein, sondern wichtige Erkenntnisse über sich und sein Verhalten zu gewinnen und mit diesem Bewusstsein eine neue Lebensqualität zu erreichen sowie Beziehungen auf ein neues Level zu heben. Stolz und Sturheit helfen uns nicht weiter, sondern erschaffen Mauern, die mit der Zeit immer höher und unüberwindbarer erscheinen. Aus diesem Grund macht es Sinn, seine Empathie zu fördern und zu trainieren, wenn man damit Schwierigkeiten hat.

Seien Sie offen für andere Blickwinkel

Tools to go

Fremde Brille

Bei der fremden Brille nehmen Sie die Sicht Ihres Gegenübers ein. Damit trainieren Sie Ihr Einfühlungsvermögen bzw. Ihre Empathie für Ihr Umfeld. Betrachten Sie Situationen, die Sie ärgern, durch verschiedene Blickwinkel. Suchen Sie sich dazu ca. drei Personen aus, die in dieser Situation Ihrer Meinung nach gut handeln würden. Fragen Sie sich: Was würden diese Personen empfinden und wie würden Sie reagieren? Wie unterscheidet sich das zu Ihrer Einstellung? Sie können dieses Tool auch in einem Streit mit einer Person anwenden und die Sicht des Streitpartners einnehmen. Bleiben Sie hier jedoch fair und versuchen Sie, die Bedürfnisse und Beweggründe des anderen zu ergründen und zu verstehen und nicht direkt in die Bewertung abzurutschen.

Wir geraten immer wieder in Konflikte

Das Problem mit der Erwartung und Enttäuschung

Das Leiden unter Konflikten gehört im Coaching zu den häufigsten Anliegen. Bearbeitet man sie allein, also ohne Konfliktpartner, spricht man vom klassischen systemischen Coaching. Es gibt aber auch die Möglichkeit, den Streitpartner direkt mitzubringen: dann handelt es sich um Mediation bzw. um Paarcoaching.

Konflikte bringen uns schnell an unsere Grenzen, weil sie Auswirkungen auf unser System haben. Sie betreffen nicht nur uns selbst, sondern haben Einfluss auf Beziehungen, die uns meist sehr wichtig sind. Wir sind bislang vor allem auf die eigenen Bedürfnisse, Vergangenheiten, Erfahrungen und Erkenntnisse eingegangen. Als wäre es nicht schon genug, über diese Dinge Bescheid zu wissen, kommt bei Konflikten das Ganze noch mal von der anderen Person obendrauf. Es prallen also zwei Welten, Rucksäcke, Vorstellungen, Bedürfnisse und Launen aufeinander, die in dem Moment der Auseinandersetzung im besten Fall von beiden Parteien rücksichtsvoll beachtet und bedacht werden sollten. Das setzt aber voraus, dass sich die beiden Parteien auf der Sachebene begegnen. Da uns aber unsere Beziehungen am Herzen liegen und wir mit ihnen gewisse Emotionen verbinden, geraten wir zunächst in den Nebel der Emotionen, bevor wir die Dinge klarsehen und reflektieren können. Das erklärt auch, warum Konflikte mit nahestehenden Personen stärker ausarten und uns nachhaltiger beschäftigen. Weil wir hier emotional deutlich intensiver involviert sind, als z. B. bei einem Konflikt mit dem Kollegen/der Kollegin oder dem Chef/der Chefin, der uns natürlich auch zusetzen kann, aber es uns eher ermöglicht, sachlich zu bleiben.

Darüber hinaus begegnen uns häufiger dann Konflikte, wenn wir bereits durch unsere eigenen Themen, unser Umfeld und die Anforderungen an uns sehr stark eingespannt, vielleicht sogar schon überfordert sind. Und daraus ergibt sich natürlich auch, dass wir nicht wirklich in der Lage sind, in Beziehungen aufmerksam, achtsam, empathisch und rücksichtsvoll zu sein, wenn wir es bei uns selbst schon kaum schaffen. Das kennen wir alle: In stressigen Momenten fällt es uns schwer, gelassen zu bleiben.

Somit können wir festhalten: Wenn wir und unser Leben ins Wanken gekommen sind, wird unser System zwangsläufig auch ins Taumeln geraten. Wir beobachten in unseren beiden Berufen, dass in Beziehungen oder Familien häufiger Konflikte auftreten, wenn diese schon mit vielen anderen Themen oder Problemen kämpfen, z. B. finanziellen Schwierigkeiten oder existenziellen Nöten, Krankheiten oder traumatischen Erfahrungen. Belastungen jeglicher Art nehmen den Großteil unseres Fokus ein und beeinflussen selbstverständlich unsere Stimmung. Wir brauchen aber Fokus, um uns und unser Gegenüber bewusst wahrzunehmen.

Die Herausforderungen, die uns in die Überforderung treiben, beeinflussen zwangsläufig auch unsere Beziehungen. Sie fordern unsere innere Zufriedenheit, Balance und Resilienz heraus. Wir sind immer ein Teil unseres Systems und können uns als Individuum nicht losgelöst von unseren Beziehungen verstehen. Zumindest, wenn wir authentische und ehrliche Beziehungen anstreben.

Auch hier kommen wir wieder darauf zurück: Je bewusster wir in herausfordernden Momenten mit uns selbst, unseren Emotionen und Bedürfnissen umgehen, umso besser können wir dieses Wissen auch in unseren Beziehungen anwenden. Wenn wir also sehr genau über uns Bescheid wissen, was uns nervt, ärgert oder wütend macht, können wir das natürlich auch mit unserem Gegenüber besser teilen und daraus Lösungen formulieren. Wir erleben aber in der Praxis häufig das Gegenteil: Beide Streitparteien wissen eigentlich gar nicht, was in ihnen wirklich vorgeht oder was sie wollen. Kein Wunder also, dass sie es dann auch nicht schaffen, es dem anderen verständlich zu vermitteln und für den anderen auch noch Verständnis aufzubringen. Das erfordert sehr viel Klarheit und Bewusstsein.

So war es auch bei Pia und Markus. Pia kam gerade aus dem Studium und hatte direkt einen Job bei ihrem Traumunternehmen bekommen. Ihr Fokus lag natürlich darauf, den Job super zu machen. Markus war acht Jahre älter und arbeitete als Lehrer. Er hatte seinen Beamtenstatus bereits erreicht und empfand die Arbeit somit eher als angenehme und einträgliche Pflicht, die darüber hinaus aber keinen weiteren besonderen Stellenwert in seinem Leben hatte. Er schmiss eine lange Zeit auch den Haushalt, sodass er Pia und ihrer Karriere den Rücken freihalten konnte. Abends überraschte er Pia gern mal mit einem gemeinsamen Essen und einer Flasche ihres Lieblingsweins. Pia reagierte darauf aber in den meisten Fällen schlecht gelaunt und meckerte Markus an, dass sie eigentlich noch arbeiten müsse. Die beiden sahen sich kaum noch. Markus litt sehr stark darunter. Pia bemerkte das hingegen weniger, weil sie unter enormem Druck ihrer Firma stand und Markus und ihre Beziehung kaum noch wahrnahm. Das machte Markus auf Dauer natürlich unzufrieden. Er sah sich das Spiel noch einige Monate an, bis eines Tages aus ihm herausplatzte, dass er eigentlich auch gehen könnte. Würde sie ja eh nicht merken. Pia war komplett irritiert und reagierte mit einem Gegenangriff, dass sie nun mal auch nichts für seinen langweiligen Lehrerjob könne und er eh nicht verstehen würde, was für sie bei ihrem Job auf dem Spiel stehen würde. Der Streit eskalierte weiter, sodass sie sich zunächst eine Zeit lang aus dem Weg gingen. Aber die Sätze hallten natürlich nach. Markus fühlte sich in Pias Augen minderwertiger und in seinem Job nicht ernst genommen. Zudem versuchte er, alles für sie und ihr Weiterkommen zu tun, fühlte sich in diesem Bestreben aber nicht gesehen. Pia hingegen war mit ihrem Job überfordert und im Grunde selbst nicht glücklich mit ihrer aktuellen Lebenssituation. Sie wollte sich aber nicht beschweren, da sie direkt nach der Uni ihren Traumjob bekommen hatte. Da müsse sie dann halt mal durch. Markus müsse das doch verstehen und nicht auch noch an ihr zerren.

Die beiden sind ein gutes Beispiel dafür, wie es häufig abläuft. Wir sind abgelenkt, über- oder herausgefordert vom Leben und verlieren den Fokus für andere Dinge, wie die Bedürfnisse von Menschen, die uns nahestehen, und häufig auch unsere eigenen Bedürfnisse, was dann aufgrund einer eigenen Unzufriedenheit zu einem Konflikt führen und somit unser System gefährden kann. Pia wollte unbedingt diesen einen Job haben. Als sie ihn dann endlich hatte, wurde so viel von ihr gefordert und verlangt, dass sie keine Zeit mehr für irgendetwas anderes in ihrem Leben hatte. Das war eigentlich nicht das, was sie wollte. So hatte sie sich diesen Job nicht vorgestellt. Das Studium hatte sie zuvor schon sehr in Anspruch genommen. Nun war sie zwar bereit, viel für den Job zu tun, aber ihr gesamtes Privatleben verkümmern zu lassen, gehörte nicht dazu. Sie konnte das aber nicht klar erkennen und benennen. Sie funktionierte einfach, ohne Fragen zu stellen. Markus spiegelte ihr aber jeden Tag, dass es auch anders geht. Er lebte das Gleichgewicht von Job und Privatleben, was sie sich im Grunde auch wünschte. Aber diese Erkenntnis ließ sie nicht zu. Sie schwoll unter der Oberfläche an und schlug sich in einer offensichtlichen Unzufriedenheit nieder, die auch Markus abbekam. Pia hat von ihren Eltern das Studium finanziert bekommen, obwohl die Eltern immer wenig Geld hatten. Sie wollten aber, dass es Pia einmal besser hat. Diese Einstellung hat Pia übernommen und kämpft nun für einen steilen Karriereweg, um genau das hinzubekommen, was die Eltern ihr stets eingetrichtert haben: »Dir soll es mal besser gehen als uns.« Markus hingegen hatte für sich schon früh klar, dass er ein Familienmensch ist. Er wünscht sich Kinder und ein entspanntes Leben. Kinder kriegen kommt für Pia allerdings noch nicht infrage, sodass die beiden auch hierüber häufig streiten.

Wie im Einzelcoaching geht es auch im Paarcoaching darum, sich über unbewusste Themen bewusst zu werden. Im Paarcoaching betrifft dies aber vor allem den Beziehungskontext, sodass man sich unbewusste Dynamiken, Verhaltens-, Kommunikations- und Streitmuster anschaut, um diese an die Oberfläche zu holen und daraufhin geeignete Lösungen zu erarbeiten. Hierzu müssen aber beide mitmachen und dies auch wirklich wollen. Judith befragt insofern vor jedem Paarcoaching beide Klienten vertraulich und unabhängig voneinander nach ihrem Status quo im Rahmen der Beziehung, z. B., wie sie die Beziehung erleben, was für sie das Problem darstellt, was sie sich wünschen; und die wichtigste Frage: ob sie noch Gefühle für den anderen/die andere haben und der Beziehung noch eine Chance geben möchten. Denn viele Partner kommen ins Paarcoaching, obwohl sie innerlich schon mit der Beziehung abgeschlossen haben. Sie bringen es aber noch nicht übers Herz, dem Partner diese Endgültigkeit mitzuteilen, oder sie tragen selbst noch eine geringe Unsicherheit für die Entscheidung einer Trennung in sich.

Eine zweite Schwierigkeit, die Judith häufiger erlebt, ist, dass Partner/-innen ins Paarcoaching kommen und die Verantwortung für die Beziehung oder für sich selbst an der Tür abgeben. Sie erwarten, dass die Beziehung vom Coach irgendwie »geflickt« wird. Viele sehen die Verantwortung nur in ihrem Partner/ihrer Partnerin und erhoffen sich dann, mit dem Coach eine/-n Verbündete/-n an die Seite gestellt zu bekommen, um den anderen/die andere »wieder auf die Spur zu bringen«. Im Paarcoaching ist aber die Auseinandersetzung mit sich selbst die Voraussetzung bei beiden Parteien und eine besonders wichtige Grundlage für jedes Weiterkommen der Beziehung. Denn aus den zuvor genannten Gründen ist stark anzunehmen, dass viele Streitpunkte von persönlichen Themen und Belastungen ausgehen. Insofern ermutigt Judith beide Parteien, sich erst mal einen Überblick über die eigenen Rucksäcke zu verschaffen, bevor man die Konflikte in der Beziehung näher betrachtet. Es kommt daher im Paarcoaching vor allem darauf an, beiden Partnern zunächst Raum für ihre persönlichen Herausforderungen zu geben. Beide bekommen also zuallererst die Gelegenheit, alles einmal rauszulassen und abzuladen. Danach sammelt man die Konflikte und schaut, ob es Wiederholungen in den Themen oder ein Streitmuster gibt. Dieser Orientierungsprozess hilft beiden Parteien und der Stimmung der Beziehung meist schon, um einen Schritt aus ihrer eigenen Gefühlslage raus ins große Ganze zu machen. Das Paar gewinnt erste Klarheit.

Pia war durch ihre Jobsituation sehr angespannt und erwartete von Markus Verständnis. Markus erwartete wiederum Wertschätzung und eine gewisse Dankbarkeit für seine Unterstützung sowie gelegentliche Zweisamkeit und Nähe. Beide saßen also auf ihren Pulverfässern voller Erwartungen, die ständig enttäuscht wurden. Und es brauchte natürlich nur einen kleinen Funken, um die Fässer zum Explodieren zu bringen. Somit stauten sich bei beiden Emotionen wie Frust, Enttäuschung und Wut an und sprudelten in Konflikten nur so über. Darum empfanden beide ihre Konflikte stets als sehr gewaltig.

Wir halten als Psychotherapeut und Coach nichts von Faustformeln, weil die menschliche Psyche und unser soziales System dafür eigentlich zu komplex sind, um die Themen auf eine Regel herunterzubrechen. Aber es gibt einen Satz, der wirklich nicht alt wird, sich abnutzt oder aus der Mode kommt:

Definitiv die einzige Faustformel in diesem Buch

Kommunikation ist die Lösung für (wirklich!) jeden Konflikt.

Erwartungen passieren meist im Stillen. Sie tragen das Wort »warten« auch schon in sich. Man wartet also darauf, dass irgendwas passiert. Meistens wünscht man sich eine Reaktion oder ein Verhalten des Gegenübers, das auf die eigenen Bedürfnisse einzahlt. Das Paradoxe ist aber: Wir haben dem anderen davon nichts gesagt und erwarten einfach, dass der andere/die andere »das schon von alleine mitbekommen und einfach machen«. Man vergisst aber, dass der oder die andere in dem Moment denselben Fokus haben muss, um dieser stillen Erwartung »einfach so« zu entsprechen. Vielleicht beschäftigt unser Gegenüber aktuell etwas ganz anderes und dieses spezielle Thema ist für ihn oder sie in dem Moment nicht präsent. Wenn ich mir z. B. wünsche, dass mein/-e Partner/-in mir mal wieder eine kleine Aufmerksamkeit entgegenbringt oder was Nettes zu mir sagt, heißt das nicht zwangsläufig, dass der/die Partner/-in denselben Mangel zur selben Zeit wahrnimmt. Eventuell hat er oder sie gerade »andere Sorgen«, weil er einem Freund/einer Freundin momentan besonders beistehen muss oder sich körperlich nicht wohlfühlt und in erster Linie mit sich selbst beschäftigt ist.

Auf eine Erwartung folgt somit leider sehr oft die Enttäuschung. Die Lösung ist, wie zuvor schon verraten, sehr simpel. Es ist der

Schlüssel, der auf fast alles passt: die Kommunikation. Sie fördert den Austausch und damit die Nähe. Wir erleben immer wieder, dass Paare sich »auseinandergelebt« haben, weil sie einfach aufgehört haben, miteinander zu reden. Und damit meinen wir nicht das bloße Reden über anstehende Termine, To-dos oder die Familie, sondern die authentische Auseinandersetzung. Authentische Kommunikation erfordert allerdings vier essenzielle Voraussetzungen:

1. das Bewusstsein über die eigenen Bedürfnisse;
2. die Bereitschaft, sich zu öffnen und mitzuteilen;
3. die Bereitschaft, sich auch für den Standpunkt und die Bedürfnisse des anderen/der anderen zu öffnen;
4. den bewussten Raum des Austauschs.

Die meisten Paare, die zu uns kommen, scheitern schon am ersten Punkt. Danach kommt Punkt Nummer 3. Denn selbst wenn man seine Bedürfnisse auf allen Ebenen verstanden hat und diese auch mitteilen möchte, braucht es die Bereitschaft, den anderen auch in denselben Belangen wahrzunehmen, und noch wichtiger: anzunehmen. Und dabei kommt uns gern eine Sache in die Quere, die uns wirklich nur sehr, sehr selten irgendetwas bringt: der Stolz. Er stammt aus unserem Ego und hat in gewisser Weise kindliche Züge, da er keine Einsicht mitbringt und insofern Nähe und Kommunikation von vornherein ausschließt. Stolz braucht meistens Anerkennung. Sollten Sie also mal ein sehr stolzes Gegenüber haben, hilft es, die Bedürfnisse dieser Person einfach anzuerkennen und Verständnis für den- oder diejenige aufzubringen. In den meisten Fällen lässt der Stolz dann nach und macht Platz für die Annäherung. Viele verwechseln allerdings Anerkennung mit Schuldeingeständnissen und nehmen an, dass sie automatisch signalisieren, schuld zu sein, sobald sie für den anderen Verständnis aufbringen. Dem ist aber nicht so. Sie schaffen in dem Moment nur den Raum für eine Klärung und das sollte ja im Interesse beider Parteien sein: wieder zueinander und eine Lösung zu finden. Sollte man zumindest annehmen.

Aber auch wenn es so simpel und logisch klingt, geht es den Streitpartnern nicht unbedingt um eine Einigung und Klärung. Aufgrund von alten Themen und Verletzungen zeigen sich in manchen Konflikten zum Teil auch andere Motivationen: z. B. den anderen bewusst zu verletzen, seinem Unmut damit ein Ventil zu geben oder vielleicht auch der unbewusste Wunsch, die Beziehung zu boykottieren, etc. So vieles in uns findet unbewusst statt und findet doch den Weg an die Oberfläche. Die Frage ist nur, ob wir dann auch verstehen, wo das Problem entstanden ist und was es zum Ziel hat. Und während unser Gegenüber dann vielleicht alles dafür tut, den Streit zu schlichten und sich wieder anzunähern, wollen wir eventuell etwas ganz anderes. Verstehen es aber selbst nicht und der andere erst recht nicht. Die Folge: Überforderung, Unmut, Frust, Konfrontation, Spaltung und Beziehungsabbruch. Insofern wiederholen wir es auch an dieser Stelle gern noch mal: Die Lösung liegt immer in uns. Wir müssen nur herausfinden, warum wir ticken, wie wir ticken und was uns und unser Verhalten motiviert, um bewusst darauf Einfluss zu nehmen und das natürlich auch unserem Gegenüber zu kommunizieren.

Schauen wir uns hierzu mal die Geschichte von Mila und Rene an. Mila und Rene kamen zu einem Zeitpunkt ins Paarcoaching, als sie sich eigentlich schon keine Chance mehr gaben. Das ist keine Seltenheit. Meist werden Paarcoaching oder Paartherapie als letzte Rettungsanker gesehen, obwohl das Schiff schon länger sinkt oder bereits untergegangen ist. Bei Mila und Rene hätte man durchaus zu diesem Schluss kommen können. Beide hatten zuvor mehrfach in großen Auseinandersetzungen mit einer Trennung gedroht. Zudem sagten beide im Fragebogen, dass sie sich eine funktionierende Beziehung wünschen und ohne die Kinder vermutlich nicht mehr zusammen wären. Sie hatten Zwillinge, die zwei Jahre alt waren. Schon in der Schwangerschaft fingen die Schwierigkeiten an.

Eigentlich war es nicht geplant. Mila wollte die Kinder gern, Rene eher nicht. Obwohl er nun auch sehr glücklich ist, dass die beiden auf der Welt sind, kämpft er noch mit einigen eigenen Themen und fühlt sich mit allem einfach nur überfordert. Er ist durch einen Sportunfall vor einem Jahr arbeitsunfähig geworden, befindet sich noch in der Reha und kommt nur sehr langsam wieder auf die Beine. Dadurch ist er natürlich auch im Haushalt und bei den Kindern keine große Hilfe. Mila arbeitet wieder in Vollzeit, kümmert sich nach der Kita in erster Linie um die Kinder und um Rene, bringt ihn zu seinen Rehaterminen und stemmt zusätzlich den Haushalt und die Einkäufe für die Familie. Sie wirkt sehr ausgebrannt und man spürt deutlich, dass sich einiges in ihr angestaut hat. Rene ist Mila sehr dankbar für alles, was sie macht und für ihn übernimmt. Allerdings bemerkt er, dass Mila ihn das jeden Tag spüren lässt und er nicht weiß, wie er damit umgehen soll. Zu allem Übel hat der Vermieter der beiden vor einigen Monaten Eigenbedarf angemeldet, sodass sie sich momentan auch noch auf Wohnungssuche befinden. Renes Situation trägt jedoch nicht dazu bei, dass die beiden auf dem stark umkämpften Wohnungsmarkt ganz oben auf der Bewerberliste landen, und sie lässt ihnen auch keinen großen finanziellen Spielraum. Auch das belastet beide sehr stark, da sie nicht wissen, ob sie nach Ablauf der Kündigungsfrist ein passendes Zuhause für sich und die Kinder gefunden haben werden.

Judith spiegelt den beiden nach ihren Erzählungen, dass sie sich wirklich in äußerst herausfordernden Zeiten befinden, in denen die meisten Paare an ihre Grenzen stoßen würden. Sie versucht damit, bei beiden ein wenig Druck rauszunehmen und sie zu ermutigen, sich auch einfach einzugestehen, dass sie es wohl gerade mit den kräftezehrendsten Jahren ihres Lebens zu tun haben. Da fällt es natürlich schwer, bei sich zu bleiben und sich als Paar nicht aus den Augen zu verlieren.

Danach starten die drei ins Coaching. In jeder Sitzung bekommen Mila und Rene jeweils 15 Minuten Redezeit, in der sie der/die andere nicht unterbrechen darf. In diesem sogenannten Zwiegespräch geht es um drei große Fragen: Wie geht es mir gerade? Was belastet mich aktuell am stärksten? Was erhoffe ich mir von der heutigen Sitzung? Während sie spricht, tauchen bei ihm zwangsläufig Gedanken oder Gegenargumente auf, ebenso umgekehrt. Die können sie jeweils auf Karteikarten schreiben, die später genauer angeschaut werden. Danach geht man in die gemeinsame Arbeit. Judith beginnt auch bei Mila und Rene mit dem grundlegenden Tool: der klassischen Werte-Arbeit. Denn unsere Werte machen uns und unsere Persönlichkeit aus, geben aber auch Aufschluss über unsere Beziehungen. Meist fühlen wir uns von Menschen angezogen, die unsere Werte teilen oder einen Wert besonders verkörpern, den wir für uns auch anstreben. Vielleicht stammt man z. B. aus einem sehr konservativen und sicherheitsorientierten Elternhaus, sodass man für sich daraus einen extremen Freiheitsdrang und Individualismus entwickelt hat. Wen werden wir dann wohl attraktiver finden: eine bodenständige und verlässliche Person mit sicherem Einkommen oder eine freiheitsliebende und unkonventionelle Person? Hatte man hingegen Eltern, die viel umgezogen sind und einen Job nach dem anderen gemacht haben, kann es sein, dass man sich eher von Sicherheit motivieren lässt und uns eine Person begeistern würde, die eine zielstrebige und konsequente Laufbahn verfolgt hat.

Welche Werte uns motivieren und woher sie stammen, ist individuell unterschiedlich. Ein genauer Blick lohnt sich aber auf jeden Fall, denn im Paarcoaching folgt dann die Frage nach den Werten der Beziehung. Um denen auf den Grund zu gehen, fragt Judith Mila und Rene, warum sie sich damals in den anderen/die andere verliebt haben? Mila antwortet sofort, dass sie zu Rene direkt eine tiefe Verbundenheit gespürt hat. Er hätte sie so gut verstanden. Sie haben ganze Nächte durchgemacht und nur geredet. Judith fragt Mila, welchen Wert sie mit diesem Gefühl verbindet. Mila beschreibt es mit einem sehr ausgeprägten »Einfühlungsvermögen«. Rene bestätigt das und fügt noch Ehrlichkeit als Wert hinzu. Zuvor hatte er mit Frauen eher viele »Spielchen« erlebt. Bei Mila war es anders. Es war von Anfang an echt und fühlte sich sehr vertraut an. Die drei sammeln weiter und versuchen, noch weitere Werte zu definieren, die sie damals verbunden haben. Sie kommen auf »Gelassenheit« und »Humor«. Mila, Rene und Judith schauen sich gemeinsam die Liste an und Judith fragt, wie es sich für die beiden anfühlt, das zu sehen. »Komisch«, antwortet Mila. »Warum?«, möchte Judith wissen. »Weil davon nichts mehr da ist«, entgegnet Mila und kämpft mit den Tränen. Rene schaut auf den Boden. Beide sind sehr ergriffen. Judith erklärt, dass diese Dinge aber nicht weg sind, sondern nur gerade keinen Platz in ihrem Leben haben. Sie wurden verdrängt von den vielen Anforderungen und Aufgaben, die die beiden jeden Tag zu bewältigen haben. Sie sind auch mittlerweile nicht mehr das unbeschwerte Paar von früher, sondern haben neue Rollen und eine neue Identität angenommen – sowohl als Einzelpersonen als auch als Paar. Sie sind nicht mehr nur Mila und Rene, die sich ganz locker gegenübersitzen. Sie sind nun auch Mutter und Vater. Und sie sind nicht mehr nur ein frisch verliebtes Paar, sondern Eltern von zwei kleinen Kindern. Und in diese große Verantwortung ging es mit Schallgeschwindigkeit, sodass sie kaum hinterherkommen konnten. Weder als Mila und Rene, geschweige denn als Paar. Und als wäre das nicht schon genug, fordert sie das Leben noch in anderen Themen heraus: Renes Gesundheit ist angeknackst und ihr Lebensmittelpunkt, die eigenen vier Wände, stehen nun infrage. Die beiden für sich und als Paar müssen eine ganze Menge hinbekommen. Einfach so. Ungefragt.

Judith fragt die beiden, ob sie sich mal gemeinsam an eine Situation von früher erinnern können, in der all diese »verliebten« Werte stark vorhanden waren. Die beiden schauen sich an. Das erste Mal aufrichtig, seit sie im Coaching sind. Mila grinst und sagt: »Da fällt mir direkt was ein. Weißt du noch, als wir damals stundenlang in der Nacht durch die Stadt gelaufen sind? Irgendwann dämmerte es. Wir haben uns dann im Bahnhof einen Kaffee und ein Brötchen auf die Hand besorgt, uns an den Rhein gesetzt und den Sonnenaufgang beobachtet. Es war so vertraut, so romantisch und einfach nur schön. Ich hab mich damals gleichzeitig geborgen und grenzenlos gefühlt.« Sie schaut Rene liebevoll an. Rene lächelt. »Krass, stimmt. An den Abend hab ich lange nicht gedacht. Aber du hast recht. Da hat sich alles noch leicht angefühlt. Und es war wirklich ein besonderer Abend.« Judith gibt den beiden bewusst diesen Moment und lässt sie darin verweilen. Nach einer Weile fragt sie Mila und Rene, was die Mila und der Rene von dieser Nacht wohl zu ihrer aktuellen Situation sagen würden? »Dass sie sich davon nicht unterkriegen lassen und mal wieder öfter allein spazieren gehen sollten«, antwortet Rene witzelnd. Mila laufen die Tränen über die Wangen. »Was tut sich gerade bei dir?«, fragt Judith Mila. Mila antwortet, dass sie sich dieses Gefühl von damals so sehr herbeisehnt. Judith entgegnet, dass sie in dem Fall eine gute Nachricht für die beiden hat: Das Gefühl ist noch da. Es war eben da, als sie es abgerufen haben, und ist auch jetzt noch da. Sie fragt die beiden noch mal, ob sie sich in dieses Gefühl zurückbegeben konnten und es gespürt haben? Mila und Rene bejahen. »Das sind eure Ressourcen«, erklärt Judith. »Und es ist noch mehr: Da kommt ihr her. Das verbindet euch. Das hat euch zusammengebracht. Und es gilt nun, dieses Gefühl und eure Werte wieder aus der alten Schatzkiste rauszukramen und sie euch bewusst zu machen. Aber das Gute ist: Es ist alles noch da.« Mila lächelt. Judith gibt noch eine weitere Motivation mit an die Hand: »In dem Zuge könnt ihr auch mal überlegen, welche Werte ihr euren Kindern vorleben und mitgeben wollt. Woran sollen sie sich später erinnern? Was wollt ihr ihnen vorleben? Wie sollen sie euch als Eltern in Erinnerung behalten?«

Die drei definieren Milas und Renes gemeinsamen Werte. Dabei schauen sie sich auch an, welche dieser Werte mit ihren persönlichen übereinstimmen.

Mila hat für sich folgende persönliche Werte definiert:

Anerkennung | Sicherheit | Struktur | Nähe | Aufrichtigkeit

Rene wiederum definierte für sich:

Lebensfreude | Nähe | Vertrauen | Respekt | Ehrlichkeit

Mila und Rene teilen mindestens zwei persönliche Werte und legen diese auch fest für ihre Beziehung und Erziehung: Nähe und Aufrichtigkeit/Ehrlichkeit. Darüber hinaus sind die gemeinsamen Werte, die sie auch gern ihren Kindern vorleben wollen: Gelassenheit, Humor und Wertschätzung. Mit diesen Werten haben wir also die Basis für ihren weiteren Weg gelegt.

Nun geht es im Paarcoaching um die Themen, die Konflikte verursachen. Mila und Rene sammeln dazu alles, was ihnen einfällt, auf Karteikarten. Auch die Karteikarten vom Beginn der Sitzung aus den Zwiegesprächen sind mit dabei. Sie breiten alles voreinander im Raum aus. Danach sollen die beiden ihre Themen clustern, indem sie bei allen Karten überlegen, welcher persönliche Wert hier verletzt wurde bzw. was sie sich jeweils in dem Moment wünschen.

Erkenntnis to go

!

Jeder Konflikt und jeder Ärger kann auf einen persönlichen Wert von uns zurückgeführt werden, der in dem Moment verletzt oder nicht beachtet wurde.

Die Karten beinhalten u. a. folgende Dinge und die damit verbundenen fehlenden Werte: »Er nimmt mich nicht ernst« (Anerkennung und Nähe fehlen Mila) | »Sie meckert immer an mir rum« (Respekt und Nähe fehlen Rene) | »Ich kann es ihr nicht recht machen« (Lebensfreude und Respekt fehlen Rene) | »Ich bin müde und er sieht das nicht« (Anerkennung und Freiheit fehlen Mila) | »Ich will nicht für alles der Schuldige sein« (Respekt und Ehrlichkeit fehlen Rene) etc.

Nachdem sie alles auf den Boden gepackt und nach Schwere der Belastung priorisiert und strukturiert haben, sind sie um ein Vielfaches gelöster. Judith fragt, wie es ihnen damit geht. Rene antwortet, dass es guttut, zu sehen, dass alles Sinn ergibt. Mila fügt hinzu: »Endlich hat man mal einen roten Faden in diesem Gefühlschaos.«

Bisher ist natürlich noch keine Lösung in Sicht. Die erste Phase des Paarcoachings dient vor allem der Orientierung. Sie ist die entscheidende Grundlage für alles, was danach kommt. Denn erst, wenn man genau versteht, was bei einem selbst und in der Beziehung los ist, sieht man klarer und kann so einen gemeinsamen Weg erkennen und definieren.

Insiderwissen

Ein gutes Paarcoaching oder eine effiziente Paartherapie zeichnen sich dadurch aus, dass der Orientierungsprozess genug Raum erhält und nicht allzu schnell in die Lösungsphase eingestiegen wird.

Hat man sich einen ausführlichen Überblick verschafft, kann man in die zweite Phase übergehen: die Problembeschreibung. Mila und Rene stecken nun mitten in dieser Phase. Es geht für beide Partner darum, sich ohne Einschränkungen mitzuteilen und alles »auf den Tisch zu packen«. Es soll aber nicht nur darum gehen, alles rauszuhauen, sondern auch darum, die Bedürfnisse und Werte zu verstehen, die einen zu diesem Gedanken oder der jeweiligen Äußerung veranlasst haben. Als alles auf dem Boden liegt, fragt Judith, was ihnen auffällt. Rene und Mila schauen über alle Karten und schmunzeln bei einigen. Rene äußert irgendwann: »Es geht viel um Anerkennung und Respekt. Die beiden Werte treffen sich immer wieder.« Mila nickt. Judith fragt, ob ihre neu definierten Familienwerte davon betroffen wären. »Ja schon. Die Wertschätzung kommt schlecht weg, aber ansonsten eigentlich nichts«, stellt Rene fest. Judith bestätigt das und gibt den beiden noch einen hilfreichen Hinweis: »Es ist ein gutes Zeichen, dass ihr euch in diesem Wert überschneidet. Das bedeutet, dass es euch beiden direkt besser geht, wenn an diesem Wert gearbeitet wird. Zudem ist das ein Wert, der sich in vielen Beziehungen – vor allem unter Belastung – gern abnutzt, aber leider einen großen Einfluss hat. Eine weitere gute Nachricht ist, dass eure gemeinsamen

Werte kaum betroffen sind. Das spricht dafür, dass es keine essenziellen Konflikte sind, sondern der Streit der aktuellen Überforderungssituation geschuldet ist.«

Mila und Rene sollen nun eine Situation beschreiben, die oft zu einem Streit führt. Mila fällt direkt etwas ein: die Ordnung und Organisation des Haushalts. »Er ist zwar körperlich eingeschränkt, aber er schafft es ja auch, zur Toilette zu gehen oder sich ein Brot zu machen. Da ist es doch nicht zu viel verlangt, dass er nachher den Teller wegräumt oder sich um neues Toilettenpapier kümmert. Ich mach schon jeden Tag so viel. Muss ich das dann wirklich auch noch machen? Er könnte auch mal online einkaufen, wenn was fehlt. Aber auch das bleibt an mir hängen.« Judith lässt Mila zunächst ausreden. Dann fordert sie Mila und Rene dazu auf, sich jeweils vier Fragen zu dieser Situation zu stellen: 1. Was will ich in dem Moment? 2. Welches Bedürfnis steckt dahinter? Warum will ich das? 3. Was motiviert mich dazu? Woher stammt das Bedürfnis? 4. Welcher Wert steckt dahinter? Warum ist mir das wichtig?

Nachdem beide fertig sind, zeigt sich bei Mila folgendes Bild:

	Mila	Rene
eigene Position	Ich will, dass Rene mehr Aufgaben von selbst übernimmt.	
Bedürfnisse	Ordnung und Entlastung	
Motivation	Ich schaffe nicht alles alleine.	
Werte	Struktur und Sicherheit	

Nun ist Rene an der Reihe. Er schildert die Situation aus seiner Sicht. »Ich versuche wirklich zu helfen, wo ich kann und wo es geht. Aber Mila sieht immer nur die Dinge, die nicht passiert sind. Ich hab vielleicht mal nicht den eigenen Teller weggeräumt, aber die der Zwillinge. Mit dem Einkauf will ich oft auf sie warten, weil sie besser weiß, was fehlt und was wir brauchen. Und so weiter. Ich hab einfach das Gefühl, ich kann es ihr nicht recht machen.« Rene hat für sich folgende Positionen beschrieben:

	Mila	Rene
eigene Position		Ich will, dass Mila mich weniger kritisiert.
Bedürfnisse		Vertrauen und Ruhe
Motivation		Ich gebe mein Bestes und möchte, dass das gesehen wird.
Werte		Vertrauen und Respekt

Die beiden befinden sich in der »4-Ebenen-Konfliktanalyse«. Zu dem Zeitpunkt haben sie sich ihre Formulierungen noch nicht gegenseitig gezeigt. Im zweiten Schritt geht es nun darum, dass sie sich in die Rolle des anderen versetzen und versuchen, das Gleiche für den anderen anzuwenden und aufzuschreiben. Damit tun sich beide sehr schwer. Judith animiert sie, sich dazu auszutauschen. Und sie gibt ihnen noch einen wichtigen Baustein mit auf den Weg: Unterstellt eurem Gegenüber nur gute Absichten. In Beziehungen neigt man gern zu der Annahme, der andere würde einem »was wollen«. Dabei ist es vielmehr so, dass der/die andere grundsätzlich nicht »gegen einen« arbeitet, sondern einfach »anders« motiviert ist. Aber *wie anders* fragt man sich selten. Die meisten Paare bleiben nur auf der ersten der vier Ebenen: der Sachebene, die nur den vordergründigen Inhalt beschreibt. Der eine will dies, die andere will das. Und der Kampf beginnt. Leider ist dieses Vorgehen wenig zielführend, weil sich nicht angeschaut wird, worum es eigentlich geht und was beiden Parteien daran überhaupt wichtig ist. Man vergisst, dass jeder Konfliktpartner noch drei weitere Ebenen mitbringt, die selten den eigenen entsprechen. Wenn man sich diese simple Wahrheit aber häufiger klarmacht, hat man schon einen großen Teil des potenziellen Konflikts verstanden und kann ihn im besten Fall noch im Keim ersticken.

Ein Konflikt ist im Grunde nichts anderes als zwei Personen, die bei einem Thema nicht auf einen Nenner kommen. Sie kommen aus zwei verschiedenen Ausgangsszenarien und bringen unterschiedliche Werte, Wünsche und Vorstellungen mit. Mila arbeitet jeden Tag, Rene ist den halben Tag allein zu Hause. Beide haben aktuell also schon eine komplett unterschiedliche Ausgangssituation. Mila ist stark gefordert, Rene ist stark eingeschränkt. Zudem bringen beide sowohl verschiedene Werte als auch unterschiedliches Gepäck mit. Daher ist es wichtig, sich immer wieder vor Augen zu führen, dass ein »Auf-einen-Nenner-Kommen« nicht selbstverständlich ist, sondern die bewusste Auseinandersetzung und ein Verständnis für den anderen/die andere erfordert. Das erfordert aber wiederum Achtsamkeit und Aufmerksamkeit für uns und unser Gegenüber. Und wann fehlt uns das besonders? Richtig, wenn wir eh schon gestresst und überfordert sind.

Mila und Rene haben diesen Raum für sich im Alltag so gut wie nie. Im Coaching bekommen sie ihn nun und arbeiten aktiv daran, dieses neue Vorgehen in ihr zukünftiges Verhalten zu integrieren. Sie haben zudem »Nähe« und »Aufrichtigkeit« als ihre Familienwerte definiert. Nähe bedeutet in diesem Moment auch die Annäherung an die Vorstellungen und Ansichten des anderen. Mit diesem Augenmerk konnten sie die Aufgabe gut beenden und den jeweils anderen in ihrer Tabelle berücksichtigen. Interessant ist, dass die Annahmen für die Ansichten des anderen dabei den tatsächlichen Aussagen sehr nahekommen. Sie konnten sogar die Werte des anderen bestimmen, nachdem sie diese nun durch das Coaching bereits kannten.

	Mila	Rene
eigene Position	Ich will, dass Rene mehr Aufgaben von selbst übernimmt.	Ich will, dass Mila mich weniger kritisiert.
Bedürfnisse	Ordnung und Entlastung	Vertrauen und Ruhe
Motivation	Ich schaffe nicht alles alleine.	Ich gebe mein Bestes und möchte, dass das gesehen wird.
Werte	Struktur und Sicherheit	Vertrauen und Respekt

Die beiden haben ihre Aussagen nun zusammengeführt. Bei Mila und Rene zeigen sich keine Gemeinsamkeiten, d.h., sowohl die Bedürfnisse als auch die Werte der beiden sind unterschiedlich. Dies ist auch oft anders, sodass beide Parteien vielleicht nicht auf der ersten, aber auf einer anderen Ebene eigentlich das Gleiche wollen. Diese Erkenntnis kann dann den entscheidenden Schritt zur Lösung bilden. Wenn wir z.B. mal ganz tief in die Klischeekiste greifen: Der Mann will Fußball schauen, die Frau möchte auf demselben Fernseher zur selben Zeit ihre Lieblingssendung sehen. Die beiden haben also nur deswegen einen Konflikt, weil ihre Bedürfnisse nicht gleichzeitig ausgelebt werden können, da es nur den einen Fernseher gibt. Sie arbeiten also nicht gegeneinander oder »wollen sich was«, sondern haben nur ein Bedürfnis, das mit dem des anderen kollidiert. Schaut man sich aber bei beiden die Bedürfnisse an, die dahinterstehen, könnte es beiden um Unterhaltung und Leichtigkeit gehen, da sie jeweils eine stressige Woche hinter sich haben. Wenn sich beide darüber bewusst sind, können sie versuchen, sich die Bedürfnisse zu ermöglichen und miteinander nach Lösungen zu suchen. So könnte man vielleicht die Lieblingssendung der Frau aufzeichnen, während das Fußballspiel live übertragen wird. Oder der Mann schaut das Spiel bei einem Freund, der die Leidenschaft eher teilt als die Frau.

Womit wir nun im entscheidenden dritten Teil des Paarcoachings angekommen sind: bei den Lösungsansätzen. Mila und Rene sollen überlegen, was sie jeweils dazu beitragen können, um beide Bedürfnisse »unter einen Hut zu bekommen«. Sie einigen sich nach längerem Überlegen darauf, dass sie feste Zuständigkeiten und Zeiten für bestimmte Aufgaben verteilen und Rene sich vor allem auf seine Genesung konzentrieren darf, um bald wieder ganz einsatzfähig zu sein. Mila hingegen versucht, etwas gelassener zu werden, ihre Ansprüche in Anbetracht der aktuellen Situation herunterzuschrauben und Rene auch mal mehr Zeit zu geben, bestimmte Dinge zu erledigen. Und sie verabreden sich nun einmal die Woche zu einem richtigen Gespräch. An einem Abend in der Woche wollen sie in Ruhe und gelassen zusammenkommen und darüber sprechen, wie es ihnen gerade geht, was sie sich für die nächste Zeit wünschen und was getan werden muss.

Damit sind sie bereits in der letzten Phase des Paarcoachings angekommen: der Umsetzungsphase. Mila und Rene haben konkrete Ideen entwickelt, wie sie sich wieder näherkommen können. Zur nachhaltigen Unterstützung steigen Mila und Rene mit Judith in die essenzielle Arbeit eines jeden Beziehungs- und Konfliktcoachings ein: die gewaltfreie oder auch achtsame Kommunikation, die auf Marshall B. Rosenberg zurückgeht und sich an die klientenzentrierte Psychotherapie nach Carl Rogers anlehnt. Judith und Cord arbeiten beide nach diesem Ansatz, der auf der Annahme beruht, dass der/die Klient/-in die Lösungen bereits in sich trägt, die nur (wieder) aktiviert werden müssen.

In der gewaltfreien Kommunikation geht es in erster Linie um die Fähigkeit der Empathie, also darum, sich in den anderen hineinzuversetzen. Das Ziel ist, dass sich beide Konfliktpartner annähern und in ihren vielleicht auch gegensätzlichen Bedürfnissen einen Weg aufeinander zu machen, indem sie gemeinsam eine Lösung für das vorliegende Problem entwickeln. Anstatt Kritik und Vorwürfe zu äußern, geht es um Mitgefühl und Respekt für die eigenen und die fremden Bedürfnisse und eine wertschätzende und friedliche Auseinandersetzung. Die »4-Ebenen-Konfliktanalyse« soll Mila und Rene dabei als roter Faden dienen.

Judith arbeitet im Paarcoaching zudem gern nach den Konzepten von John Gottman, dem US-amerikanischen Psychologen, der von den vier Kommunikationssünden in einer Paarbeziehung als den »apokalyptischen Reitern« spricht. Glaubt man Gottmans Theorie, wird eine Beziehung stark erschwert, wenn diese Reiter Einzug halten. Insofern sollte man die vier Reiter im Blick haben, falls sie schon angaloppiert kommen. Meistens haben sie übrigens freie Bahn, wenn die Überforderung bei einem oder beiden Partnern zugeschlagen hat.

Die vier »apokalyptischen Reiter« sind:

1. Kritik
   Damit sind Vorwürfe und Schuldzuweisungen gemeint, die bis zur generellen Verurteilung des Partners/der Partnerin führen können. Sie äußern sich gern durch Verallgemeinerungen und sind selten konstruktiv. Beispiele: »Nie hörst du mir zu«, »Parken konntest du ja noch nie«. Das positive Gegenbeispiel ist die gewaltfreie Kommunikation und eine authentische und wertschätzende Auseinandersetzung mit seinen eigenen Bedürfnissen und denen des Partners/der Partnerin.
2. Verteidigung
   Die Verteidigung ist eine schnelle natürliche Schutzreaktion in einem Konflikt. Jedoch ist sie auch immer eine Abwehr der eigenen Verantwortung an der Situation, die zu dem Konflikt geführt hat. Somit nimmt die Haltung der Verteidigung die Argumente des Gegenübers nicht ernst. Man verbleibt in Verteidigungs- und Rechtfertigungshaltung. Beispiel: »Ich hab nur das gemacht, was du mir gesagt hast.« Eine gesunde und lösungsorientierte Selbstreflexion und das Eingeständnis von Fehlern wären an der Stelle wünschenswert.
3. Verachtung
   Laut Gottman ist die Verachtung der gefährlichste Reiter, da

die Verachtung schleichend daherkommt und den Partner/die Partnerin aber auf längere Sicht so stark abwerten kann, dass ein irreversibles negatives Bild des Gegenübers entsteht. Spott, Gehässigkeit und Zynismus können schon in kleinen Bemerkungen vorkommen und sich somit langsam und unbemerkt in die Beziehung einmischen, bis sie nicht mehr aufrechterhalten werden kann. TIPP: Achten Sie hier auf Ihr Umfeld: Wenn andere immer wieder auf Ihre/-n Partner/-in schimpfen oder ihn/sie schlechtreden, hinterlässt auch das Spuren. Wertschätzung und Respekt können diesen Reiter aufhalten.

4. Rückzug
Man spricht auch vom »Mauern« und meint damit den inneren Rückzug und den gleichzeitigen Abbruch jeder Kommunikation. Personen, die »mauern«, unterbinden jedes Gespräch oder äußern sich nicht zu einem Problem. Insofern kann keine Auseinandersetzung und Klärung stattfinden. Das positive Gegenbeispiel, offen bleiben und aktiv aufeinander zugehen, macht hier den entscheidenden Unterschied.

Gottman liefert mit seinen vier Reitern ein sehr gutes Bild darüber, was einer Beziehung den Todesstoß geben kann. Zusammengefasst machen alle Reiter immer wieder auf die fehlende Wertschätzung und Kommunikation aufmerksam. Unverzichtbare Werte für eine funktionierende und stabile Beziehung, denn eine gesunde Beziehung lebt von einem authentischen und offenen Austausch sowie von einer liebevollen und positiven Anerkennung des Partners/der Partnerin. Das bedeutet natürlich eine kontinuierliche Auseinandersetzung mit sich und seinem Gegenüber, und die wiederum benötigt Energie und Selbstreflexion. Dinge, die nicht immer vorhanden sind oder im Alltag unter enormer Anstrengung aufgebracht werden müssen. Aber sobald eine Partnerschaft einmal zu einer liebevollen und aufrichtigen Dynamik bewegt wurde, ist der erste Schritt zu einer gesunden Beziehungskultur unternommen, die dann – mit der nötigen Achtsamkeit – länger anhält und bleibt.

Leider erleben wir aber noch sehr oft, dass sich Beziehungen im Laufe der Jahre zu einem Kampf entwickeln. Anfangs war man ein Team und über die Zeit wird man zu Gegnern. Der anfänglichen Aufregung und Liebe steht die Gewohnheit und Selbstverständlichkeit gegenüber, die im Laufe der Zeit immer mehr Raum gewinnen. Der Partner ist ja immer da. Es ist wie mit so vielen anderen Dingen im Leben: Es wird nur gesehen, was nicht gut ist, und nicht das, was da und gut ist. Wir konzentrieren uns auf den Mangel und die Fehler. Und weil wir es eh nicht gewohnt sind, bei uns selbst genauer hinzuschauen, sehen wir diese Dinge natürlich schneller bei unserem Partner als bei uns selbst. Zudem haben wir da den Abstand, den es braucht, um bestimmte Themen klarer zu erkennen. Der Fokus liegt also im Außen, nicht bei uns, und nur auf dem, was nicht perfekt ist. Wir haben also an der Stelle ein Fokusproblem, verharren in falschen Idealvorstellungen, die aus unserem Beziehungsidealismus resultieren, und unterliegen einem Perfektionsdruck, den wir uns selbst machen.

Was aus Pia und Markus geworden ist Pia hat erkannt, dass ihr Job sie nicht glücklich macht und sie einem Bild von sich entsprechen will, dass ihren eigentlichen Werten nicht gerecht wird. Sie hat sich also beruflich verändert und ist nun viel freier und glücklicher. Das war es auch, was sich ihre Eltern am Ende vor allem für sie wünschten. Sie hat sich bei Markus entschuldigt. Die beiden haben viele Gespräche geführt und sich vorgenommen, häufiger und ehrlicher miteinander zu reden. Pia kann sich zwar aktuell noch keine Kinder vorstellen, aber zu gegebener Zeit. Markus freut sich sehr, dass Pia nun mehr bei sich angekommen und damit auch viel ausgeglichener ist. Die beiden haben Judith eine glückliche Karte aus einem wohlverdienten Urlaub geschickt, in dem sie sich auch verlobt haben.

Was aus Mila und Rene geworden ist Mila und Rene haben das Paarcoaching noch länger in Anspruch genommen und sind immer wieder in alte Verhaltensmuster verfallen. Bei beiden herrschten auch noch alte Glaubenssätze und Blockaden, die es ihnen erschwerten, unbelastet aufeinander zuzugehen. Diese Themen erarbeiteten sie weiterhin im Coaching und erlangten über die Zeit eine größere innere Stabilität und Aufgeräumtheit. Zudem konnten sie erkennen, dass sie viele Themen mitbrachten, die sie immer wieder in Konflikte verwickelten. Es ging also im Coachingprozess viel um die eigene Auseinandersetzung, bevor Mila und Rene für sich eine neue und unvoreingenommene Kommunikations-und-Konflikt-Kultur aufbauen konnten. Rene ist mittlerweile wieder fit und hat einen Job gefunden, in dem er viel von zu Hause arbeiten kann. Sie haben auch eine neue Wohnung gefunden, die sogar ein Zimmer mehr hat, in das sich beide mal zurückziehen können. Rene kann sich mehr um die Kinder kümmern, sodass die beiden sich den Haushalt und die Kinder sehr gut aufteilen können. Vor allem sprechen sie ihre Bedürfnisse nun immer direkt an und helfen sich gegenseitig, diese umzusetzen. Sie gehen auch wieder viel öfter spazieren.

Wie hilft mir das? Wir geraten immer wieder in Konflikte, wenn wir uns zum einen nicht über unsere eigenen Bedürfnisse und Werte bewusst sind und zum anderen, wenn wir unser Gegenüber nicht in seinen Bedürfnissen und Werten verstehen und wahrnehmen. Eine unbelastete und authentische Begegnung kann nur stattfinden, wenn auch beide Partner dafür die Bereitschaft mitbringen. Zudem können Überforderungen dazu führen, dass Unzufriedenheit und Frustration auf den Partner/die Partnerin projiziert werden. Dem kann aber auch entgegengewirkt werden, indem man über die eigene Belastung Bescheid weiß und über die Ressourcen, die einem in dem Moment helfen und das Gegenüber entlasten. Vor allem in überfordernden Lebenssituationen ist es umso wichtiger, die eigenen Bedürfnisse und die des anderen wahrzunehmen, um von den daraus resultierenden Ressourcen zu profitieren.

Wir ziehen uns zurück

Das Problem mit den Ängsten

Wer kennt das nicht? Wir kommen so stark an unsere Grenzen, dass wir damit überfordert sind und uns am liebsten zurückziehen würden. Nach dem Motto »Kopf in den Sand« oder »Ich bin dann mal weg«. Wenn die Überforderung anhält und kein Ausweg zu finden ist, sehen sich viele unserer KlientInnen mit der Angst konfrontiert. Obwohl wir die gerade nicht auch noch gebrauchen könnten. Grundsätzlich müsste unsere Angst uns eigentlich keine Angst machen. Angst ist erst mal ein gesundes Gefühl. Wir können froh sein, dass wir es haben.

Erkenntnis to go

!

Die Angst hilft uns, auf uns zu achten und uns zu schützen. Situativ angemessene Angst schützt uns vor bedrohlichen Situationen. Angst in den falschen Momenten schafft nicht selten lebensbedrohliche Situationen.

Ohne ein gesundes Maß an Angst wären wir mit hoher Wahrscheinlichkeit ausgestorben. Wenn ich im Auto eine Straße entlangfahre und der Wagen vor mir plötzlich bremst, erfasse ich das und habe sofort die Erkenntnis, blitzschnell zu reagieren, da ich sonst in einen Unfall verwickelt werden würde. Ganz plötzlich wird die wahrgenommene Angst konstruktiv von meinem Körper und meiner Psyche umgesetzt.

Erkenntnis to go

!

Die Wahrnehmung im Außen wird über die Sinneskanäle an die Großhirnrinde weitergegeben. Die Interpretation erfolgt durch unsere bisherigen Erfahrungen. Die Interpretation als Gefahr wird an das limbische System weitergeleitet, einen Bereich des Gehirns, der für die Gefühle zuständig ist. Spezielle Bereiche innerhalb des limbischen Systems sind u. a. die Amygdala, die auch Mandelkern genannt wird und für unsere emotionale Interpretation zuständig ist. Wenn es notwendig ist, reagiert sie auch ohne

Interpretation aus der Großhirnrinde. Die Befehle gibt sie über den Hypothalamus zum Nebennierenmark, in dem die Ausschüttung von Adrenalin, Noradrenalin, Cortisol und Cortison veranlasst wird. Diese spezifischen Hormone sorgen im Körper dafür, dass wir schneller reagieren können und klarer im Moment anwesend sind. Sie geben uns das Gefühl, aufzuschrecken und eine situative hohe Sensibilität zu haben. Wenn Sie vorher noch müde hinter dem Steuer saßen und vielleicht Ihre Nase verstopft war, wird dies mit hoher Wahrscheinlichkeit wie weggeblasen sein. Sie sitzen plötzlich hellwach und klar am Steuer und haben das Auto mit hoher Wahrscheinlichkeit gestoppt.

Dieser Ablauf hat uns eventuell das Leben gerettet. Eine situativ angemessene Angst ist also hilfreich. Wenn ich aber mit dem ständigen Gedanken an einen möglichen Autounfall durch die Gegend fahre, werde ich mit hoher Wahrscheinlichkeit eher eine Panikattacke erleiden. Der Grund dafür ist die Tatsache, dass meine Gedanken meine Realität erschaffen und meine Gefühle steuern und somit auch eine Angst auslösen können. Probieren Sie mal folgendes Experiment: Fahren Sie mit jemandem zusammen Auto und teilen Sie der Person alle Gedanken mit, die durch die Angst vor einem Autounfall bei Ihnen entstehen. Sie werden beide bald den Wunsch haben, lieber anzuhalten und nicht weiterzufahren. Die Angst wäre sofort spürbar und würde alle verunsichern. Der Körper unterscheidet nicht die echte Bedrohung von der unechten Bedrohung. Sonst würde kein noch so spannender Krimi oder Gruselfilm eine Chance haben, uns in seinen Bann zu ziehen. Wir unterliegen auch hier der Mindset-Macht, die aufgrund des Fokus auf die möglichen Gefahren unsere Realität verschärft und Angst auslöst, denn der Körper setzt die Gedanken in Gefühle um. Der Gedanke »Gefahr« bedeutet für den Körper »ständige Bereitschaft für sofortige Reaktion aus Schutz«. Unser Körper schlägt sofort an und schaltet um auf Alarm-Modus, der es uns ermöglicht, auf eine Gefahr sofort zu reagieren und damit unser Leben zu retten, in dem wir z. B. mit dem Auto direkt bremsen oder vor einem Raubtier wegrennen. Der Alarm-Modus löst einen schnelleren Herzschlag in uns aus. Unser System begibt sich damit in einen Zustand der höchstmöglichen Aufmerksamkeit. Diese Körperveränderung interpretiert unser Geist wiederum als Bestätigung dafür, dass nun wirklich was Schlimmes passieren wird. Diese Erfahrung speichern wir ab und fühlen uns in einer ähnlichen Situation wieder bedroht.

Wiederholt sich das, verstärkt sich der Effekt. Cord kennt einige KlientInnen, die mehr als einmal den Notarzt gerufen haben, weil sie ihre Angst mit einem drohenden Herzinfarkt verwechselten. Jedes Mal wurde nichts gefunden. Das Herz funktionierte einwandfrei und die Personen waren kerngesund. Die Tatsache verunsichert die betroffenen Personen meistens aber umso mehr, weil sie das reale Gefühl hatten, dass sie gleich sterben werden, und weil sie nicht verstehen, warum ihnen kein Arzt helfen kann. Sie fürchten dann oft, verrückt zu werden, oder sie misstrauen den Ärzten und ihren Diagnosen. Beides führt zu einer weiteren Verunsicherung, die die Betroffenen leider sehr häufig in eine Sackgasse führt. Sie fragen sich, wem sie überhaupt noch trauen können. Sich selbst eingeschlossen. Sie hinterfragen ihre eigenen Gedanken und ihr Körperbewusstsein sowie ihre Fähigkeit, bestimmte Situationen zu meistern, die vorher kein Thema waren, nun aber ohne Angst und Panik nicht mehr zu schaffen sind. Die KlientInnen haben tatsächlich das Gefühl, die Welt würde über sie hereinbrechen und keiner könnte ihnen helfen. Tatsächlich ist das Einzige, was hier helfen kann: das bewusste Mindset. Es geht also um die angemessene Interpretation der Situation und der eigenen Gedanken. Wenn die Angst uns belastet und situativ unangemessen ist, potenziert sie sich mit der Zeit, sodass sie irgendwann uns und unser Leben vollends bestimmt und uns schlussendlich krank macht. In diesem Fall haben wir es mit einer Angststörung zu tun.

Und die Angststörung hält uns dann nicht nur in Atem, sondern auch von unserem sozialen Leben ab. Alle Dinge, die wir zuvor locker erlebt oder erledigt haben, werden zu großen Hürden. Denn wir haben bei allen Tätigkeiten die Angst mit dabei. Wir können dann körperlich und psychisch mit innerer Unruhe, Anspannung, vermehrtem Schwitzen, Zittern, Konzentrationsproblemen und möglichen weiteren Kreislaufproblemen reagieren. Der Körper teilt uns mit, dass das zu viel ist. Wir sind überfordert. Und in den meisten Fällen speichern wir das situativ ab. Wir gehen dann davon aus, dass auch in der Zukunft diese Situation mit großer Wahrscheinlichkeit wieder zur Überforderung führen wird. Damit wir nicht negativ auffallen oder damit nicht etwas ganz Schlimmes passiert, versuchen wir, die Situation zu vermeiden und nicht mehr aufzusuchen. Spätestens jetzt haben wir ein Problem. Denn diese Angst vor der Angst, von der wir annehmen, dass sie uns wieder in diese ursprünglich belastende Situation bringt, bestimmt unser Verhalten. Wir haben Angst, dass uns die Angst in einem Moment »überfällt«, in dem es nicht angebracht wäre oder wir nicht damit umgehen bzw. der Situation nicht entfliehen können, z. B. in der Bahn, im Flugzeug, in Wartesituationen, beim Friseur, im Kino, Theater oder bei Konzerten. Wir fühlen uns dann wie »eingesperrt«. Ein Gefühl, das die Angst oder die nächste Panikattacke begünstigt. Wir haben in diesen Situationen das Gefühl, nicht mehr die Kontrolle darüber zu haben, was passieren kann.

Cord begleitet viele Betroffene, die häufig äußern, dass sie es nicht gut unter Menschen aushalten. Sie fühlen sich dann oft beobachtet oder einfach minderwertig. Deshalb bleiben sie lieber alleine und ziehen sich zurück. Dort müssen sie sich an niemanden anpassen. In Familien beobachten wir auch, dass der oder die Betroffene sich aus dem gemeinsamen Alltag zurückzieht, was dazu führt, dass die anderen Familienmitglieder die Nichtfunktionalität des/der Betroffenen auffangen. Die Betroffenen wollen aber eigentlich nicht ihrem Umfeld aus dem Weg gehen, sondern der Angststörung. Allerdings passiert genau das Gegenteil. Sie befeuern die Angst und das Gefühl, dass sie zu nichts mehr in der Lage sind. Dabei ist es in dieser Situation erst recht wichtig, sich der Angst zu stellen, zu merken, dass nichts Schlimmes passiert, und die eigenen Stärken und Fähigkeiten so Schritt für Schritt wiederzuerlangen. Es geht also darum, die ursprüngliche Angsterfahrung wie bei einem Programm »zu überschreiben« mit neuen guten und stärkenden Erfahrungen. Ansonsten wird das Gefühl der Angst, das mit diesem Moment verbunden ist, aufrechterhalten und es wird mit der Zeit immer schwieriger, sich solchen Situationen zu stellen. Stattdessen erfolgt im Rahmen der Therapie eine »Neubewertung der Situation« durch einen Perspektivenwechsel und die Erfahrung, dass die Situation an sich nicht bedrohlich und gefährlich ist.

Brigitte hat dieses Problem und wendet sich damit an Cord. Sie hat in den letzten Monaten immer starke Ängste gehabt, wenn sie selbst Auto gefahren ist. Ihr wurde dann beim Fahren immer ganz übel, gefolgt von Schwindelgefühlen und starkem Herzrasen. Als die Symptome immer stärker wurden, musste sie schließlich auf der Autobahn anhalten. Aus Sorge, einen Herzinfarkt zu haben, verständigte sie den Notarzt. Sie wurde sofort im Krankenhaus untersucht. Die Ergebnisse waren alle negativ und es konnte keine Ursache gefunden werden. Irritiert und erleichtert zugleich verließ sie das Krankenhaus. Sobald sie wieder Auto fuhr, wiederholte sich das ganze Setting und sie musste erneut anhalten. Sie hatte schon vor dem Losfahren ein komisches Gefühl (in der Psychotherapie spricht man hier von der Angst vor der Angst), aber sie versuchte es trotzdem. Als sie nicht mehr weiterfahren konnte, verständigte sie wieder den Notarzt. Sie war einfach mit der Situation überfordert und wusste keinen anderen Rat. Im Krankenhaus wurde sie wieder untersucht und es wurden erneut keine Auffälligkeiten festgestellt. Die Symptome waren, wie beim ersten Mal, kurz nach dem Eintreffen des Krankenwagens überwiegend abgeklungen. Dieses Mal hatte ihr jedoch der Arzt eine sehr wichtige Frage gestellt. Er fragte sie, ob sie die Ursache schon mal psychologisch abgeklärt habe. Sie verneinte. Wenn körperliche Einschränkungen oder Symptome ausgeschlossen sind, sollte die Meinung eines/einer Psychotherapeuten/-in auf jeden Fall mit berücksichtigt werden. Denn wir Menschen bestehen nun mal aus Körper, Geist und Psyche. Ganz wichtig ist hierbei, dass es nicht um die Frage geht, ob sich die betroffene Person Dinge einbildet oder ob diese stimmen oder nicht.

Erkenntnis to go

!

Die Wahrnehmung der Vorgänge im Körper ist immer richtig. Das Problem ist nur die Interpretation und Zuordnung. Wenn ich Herzrasen habe, ist die Wahrnehmung eines beschleunigten Pulses richtig, meine Zuordnung zu einem Herzinfarkt aber nicht zwangsläufig.

Die beiden Erfahrungen im Auto hatten für Brigitte einen lebensgefährlichen Charakter und wirkten auf sie dadurch existenzbedrohend. Durch die Wiederholung des Erlebens sind die Hilflosigkeit und die damit verbundene Angst (»Mir kann anscheinend niemand richtig helfen, ich bin ein hoffnungsloser Fall.«) deutlich gestiegen. Sie fühlt sich mit der Situation überfordert. Mittlerweile hat Brigitte nicht nur beim Autofahren Angst, sondern jeden Tag. Erst konnte sie ihre Kinder nicht mehr zur Schule fahren oder mit dem Bus zur Arbeit. Der Mann hat dann die Kinder gebracht und Brigitte fuhr mit dem Fahrrad zur Arbeit, auch wenn sie dafür einen Weg von einer Stunde auf sich genommen hat. Danach hielt sie es in Räumen mit mehreren Menschen nicht mehr aus, z. B. beim Einkaufen oder im Fitnessstudio. Sie schafft es inzwischen nicht mal mehr aus dem Haus. Weil es so nicht mehr weitergehen kann, geht sie zu ihrem Hausarzt, dem sie sehr vertraut. Er hört sich alles ausführlich an und untersucht Brigitte daraufhin noch mal sehr gründlich, um eine körperliche Ursache mit bestem Gewissen ausschließen zu können. Dazu werden in der Regel ein Blutbild und je ein EKG in Ruhe und unter Belastung gemacht sowie je nach Fall weitere ergänzende Untersuchungen. Sobald alle Befunde vorliegen, geht es an die Behandlung. Bei Brigitte finden sich allerdings keine körperlichen Ursachen, weshalb der Hausarzt sie an einen Psychotherapeuten verweist. Und so landet Brigitte bei Cord. Sie geht davon aus, dass ein Psychotherapeut denken könnte, dass sie verrückt sei und sich das alles nur einbildet. Das macht ihr Angst.

Sie hat die Erfahrung gemacht, dass bisher kein Arzt helfen konnte. Die Angst und die Symptome kamen immer wieder. Entsprechend ist sie auch verhalten und skeptisch. Cord vermittelt ihr im Erstgespräch das Gefühl, dass sie in ihrem Erleben ernst genommen wird und dass es Hoffnung und auch Lösungsmöglichkeiten gibt. Brigitte kann das erkennen und ist deutlich entlastet. Ihre Befürchtungen sind nicht bestätigt worden.

In den ersten Sitzungen erstellen Cord und Brigitte gemeinsam eine Übersicht über die einzelnen Symptome und deren Entwicklung. Begleitet wird dies mit einem Gefühls-Tagebuch. Die Differenzierung in die Bereiche »Situation«, »Gedanken«, »Gefühle« und »Verhalten« ist wichtig, damit die beiden verstehen, was wann, wodurch und wie passiert ist. Parallel bespricht Cord mit ihr, wie eine Angststörung entsteht. Ein wichtiges Erklärungsmodell ist dabei der sogenannte Teufelskreis der Angst. Er macht deutlich, wie sich das Angsterleben im Körper schnell maximal verstärkt: Meine Gedanken und Wahrnehmungen werden durch die Interpretation von »Gefahr« zu einem Auftrag an den Körper, sich auf eine Gefahr vorzubereiten. Der stellt dann innerhalb von wenigen Sekunden durch Neurotransmitter und Hormone alles auf Alarm, was wiederum die Gedanken und Körperwahrnehmung bezüglich der Gefahr verstärkt, sodass sich das Ganze wie eine Spirale ins Extrem steigert. Durch das Erklären der Problematik und der Funktionsweisen der Psyche, der Psychoedukation, wird der Betroffene zum Experten seiner eigenen Thematik. Das ist eine entscheidende Voraussetzung für den Heilungsprozess, da Brigitte in einer Situation, in der sie sich wieder mit ihrer Angst konfrontiert sieht, nun nicht erneut überfordert ist, sondern bewusst handeln und sich selbst helfen kann.

Erkenntnis to go

!

Es ist sehr wichtig, im Gespräch zu klären, was verstanden worden ist. Es bietet sich an, die betroffene Person zu fragen, was sie verstanden hat, um sich davon zu überzeugen, ob die Zusammenhänge klar

sind und bewusst benannt werden können. Wenn dies nicht der Fall ist, sind Abbrüche in der Behandlung sehr wahrscheinlich, weil nur schwer ein Vertrauen in diesen Ansatz aufgebaut werden kann.

Anschließend erstellt Cord mit Brigitte eine Angsthierarchie. Das bedeutet, dass die angstbesetzten Situationen nach Intensität aufgelistet werden. Somit erhält man eine Liste mit individuellen Situationen des Klienten/der Klientin, angefangen mit der Situation, die die geringste Belastung mit sich bringt, bis hin zur schwerwiegendsten Situation und größten persönlichen Herausforderung. Den Müll aus dem Haus zu bringen und eventuell Mitmieter zu treffen, würde demnach eine sehr geringe Belastung bedeuten, während Autofahrten am Freitagnachmittag im Berufsverkehr bei Sturm und Starkregen zu den schwerwiegenderen Situationen mit hohem Angstpotenzial gehören. Diese Hierarchie wird in Belastungen von 0–30 %, 30–70 % und 70–100 % eingeteilt. Wenn alle erdenklichen angstbesetzten Situationen benannt und entsprechend eingeordnet worden sind, geht es von der Theorie zur Alltagspraxis. Die Liste überführt man nun ins reale Leben und startet auch hier mit der geringsten Belastung und steigert sich nach jeder erfolgreich bestandenen Situation stufenweise hin zur größtmöglichen Hürde. Eine Situation gilt als erfolgreich bewältigt, wenn die Situation wiederholt ausgehalten wird, ohne starke Angst zu empfinden. Dieses Vorgehen nennt man Konfrontationsbehandlung. Durch dieses strukturierte Therapietool stärkt man den Selbstwert der KlientInnen, weil sie die erste »leichteste« Aufgabe mit großer Wahrscheinlichkeit erfolgreich bewältigen. Man nutzt also auch hier die Macht der Gedanken, indem man ihnen nicht direkt den großen Berg vorsetzt, sondern sie an die Hand nimmt, gemeinsam klare Ziele setzt und sich der Lösung somit Schritt für Schritt nähert. Ansonsten würde bei den Betroffenen auch in der Therapie schnell die Überforderung einsetzen und sie würden bald resignieren. Gleichzeitig wirkt die zuvor als die bedrohlichste eingestufte Situation durch die Erfolge weniger bedrohlich.

Brigitte ist allerdings so stark in ihrer Angst und Vermeidung, dass Cord zunächst eine Konfrontation *in sensu* wählt. Dabei erfolgt die Bewältigung in Gedanken, indem man sich alles vorstellt, bevor man in Wirklichkeit *(in vivo)* in die Situation geht. Brigitte sucht sich bei der Umsetzung im Alltag zunächst die Situation aus, in der sie Müll in den Innenhof des Mehrfamilienhauses bringt. Dabei wird sie in der Regel einige Nachbarn treffen. Eine Situation, die sie aktuell überfordern würde und die sie daher vermeiden will. Durch die Psychoedukation weiß sie allerdings nun, dass das körperliche Angsterleben nicht ins Unermessliche steigen kann, sondern nach kurzer Zeit einen Höhepunkt erreicht und die Angst danach wieder abflaut. Brigitte wählt eine Uhrzeit, in der sie die Situation gut meistern kann, weil eine Begegnung mit den Nachbarn eher unwahrscheinlich ist. Sie macht sich also auf den Weg. Bis zur Mülltonne im Innenhof trifft sie niemanden. Ihr Angstlevel ist allerdings sehr schnell gestiegen und mittlerweile schon sehr hoch, gefühlt kurz vor ihrer maximal aushaltbaren Grenze. Auf dem Rückweg trifft sie dann doch eine Nachbarin, die Brigitte begrüßt und dann weitergeht. Brigitte ist irritiert, da sie in ihrer Vorstellung immer angenommen hat, sie würde in ein langes Gespräch verwickelt werden und käme da ohne Panikattacke nicht mehr raus. Sie ist positiv überrascht und geht etwas beruhigt weiter. Bis zur Wohnung trifft sie keine andere Person. Erleichtert erreicht sie die Haustür. Sie hat die Situation erfolgreich beendet. Allerdings trägt erst die Wiederholung der Situation zum entscheidenden Erfolg bei, denn Brigitte denkt nun: »Das war ja nur Zufall. Das nächste Mal wird es bestimmt ganz schlimm.« Damit dieser Gedanke durch die Realität eines »Besseren belehrt« wird, muss sie die Situation mehrmals wiederholen. Dadurch sinkt die Angst vor der Angst, während gleichzeitig das Selbstwertgefühl steigt, weil sie die unlösbare Aufgabe mehrmals erfolgreich geschafft hat. Brigitte kommt gestärkt in die nächste Sitzung und berichtet von ihren Erfolgen. Diese Konfrontation wird bis zum Ende der Angsthierarchie durchgeführt. Mit der Zeit und den Situationen steigt auch das Selbstvertrauen und der damit verbundene Erfolg.

Was aus Brigitte geworden ist Durch das Vertrauen in die Therapie und mit der Zeit auch in die eigenen Fähigkeiten kam es bei Brigitte zu einer gesteigerten Selbstwirksamkeit, die sich auch in andere Bereiche ihres Lebens übertrug. Brigitte traute sich wieder viel mehr zu und hat mittlerweile auch keine Angst mehr vor Situationen, die zuvor undenkbar gewesen wären. Sie ist sehr glücklich, dass sie sich doch zu einer Psychotherapie durchringen konnte. Sie hätte den Erfolg nicht für möglich gehalten, hat nun aber die Erfahrung gewonnen, dass es sich lohnt und sie die Angststörung in erster Linie durch ihre eigenen Handlungen hinter sich lassen konnte.

Wie hilft mir das? Situativ unangemessene Ängste entziehen sich der Realität und bekommen nur in unseren Gedanken und damit in unserer Vorstellung die Möglichkeit, uns zu kontrollieren. Dort können sie nur von unserer Fantasie limitiert werden, die natürlich grenzenlos ist, wodurch das Problem zu einer unendlichen Geschichte wird. Damit wir die Kontrolle darüber behalten, müssen wir den Bezug zur Realität wiederherstellen und unseren Fokus verändern. Weg von der möglichen Bedrohung, hin zu den Tatsachen. Eine Bedrohung hinter einer verschlossenen Tür bleibt so lange eine Bedrohung, bis ich die Tür öffne und erkenne, ob überhaupt jemand dahintersteht. In den seltensten Fällen wartet dort der Mörder aus dem Tatort vom letzten Sonntag, dennoch kann meine Angst vor diesem Szenario in Gedanken bunt und lebendig werden und damit so real, dass ich am liebsten direkt die Polizei rufen möchte. Es ist also unser Mindset, das aufgrund einer falschen Ausrichtung die Angst in uns hervorruft und am Leben erhält. Das kann so weit gehen, dass wir in der absoluten Überforderung landen und von jetzt auf gleich nicht mehr aktiv lebensfähig sind. Eine Angststörung zählt zu den psychischen Störungen und kann insofern nur in der Psychotherapie behandelt werden. Dabei geht es aber auch um die bewusste Auseinandersetzung mit der Angst und die Konfrontation mit der Realität, um einen neuen Fokus zu gewinnen. Wird zuvor noch davon ausgegangen, dass etwas Schlimmes passieren könnte, wird durch das wiederholte Erleben eine neue Einstellung gewonnen: dass die Situation nicht bedrohlich ist und wir durchaus imstande sind, sie angstfrei zu erleben und zu überstehen. Angst und Unsicherheiten sind normal und können in verschiedenen Situationen unterschiedlich stark vorkommen. Sobald die Angst allerdings zu einem sehr präsenten Begleiter im Alltag wird und uns dazu bringt, gewisse Situationen oder Momente zu vermeiden, sollten wir hellhörig werden und mit einer professionellen Fachkraft wie z. B. einem/-r Psychotherapeuten/-in darüber sprechen. Angst ist ein natürliches Gefühl, es sollte uns aber nicht in unserem Leben, in unserem Verhalten und in unseren Beziehungen einschränken. Sollten Sie das aber an sich feststellen, ist eine Psychotherapie immer eine gute Empfehlung, die hier Hilfe und Heilung verspricht. Und grundsätzlich gilt bei einer Angststörung und Panikattacken: Je schneller man sich Hilfe sucht, umso schneller ist die Sache auch überstanden.

Erkenntnis to go

!

Durch das allgemeine Vermeidungsverhalten kommt es zu keinem korrigierenden Verhalten. Es wird die Angst aufrechterhalten und durch die Fantasie (Angst vor der Angst) verstärkt.

Wir klammern

Das Problem mit der Kontrolle

»Ich habe Angst, dass du mich verlassen willst.« – »Ich habe das schreckliche Gefühl, dass meiner Mutter etwas Schlimmes zustoßen wird.« – »Fast jede Nacht wache ich schweißgebadet auf und hatte wieder den gleichen Albtraum.« Mit all diesen Sätzen könnten spannende Thriller beginnen. Nur leider stammen sie aus unserem Arbeitsalltag. Die Ängste führen dazu, dass wir die Menschen, die wir lieben, halten wollen und uns an sie klammern.

Agathe hat mit vier Jahren erfahren, dass ihre Eltern sich trennen werden. Danach war ihre Welt nicht mehr die gleiche. Sie hat sich plötzlich verändert. Für Agathe war etwas, was bisher Sicherheit dargestellt hat und als unveränderbar galt, nicht mehr vorhanden. Plötzlich war alles neu und erst mal eine potenzielle Gefahr. Es könnte ja wieder etwas Unberechenbares passieren. Die Angst, etwas zu verlieren, was ihr sehr am Herzen liegt, war sehr groß und wuchs mit jeder weiteren Veränderung. Sie entwickelte eine starke Verlustangst, die sich darin äußerte, dass sie sich nur ganz schlecht von ihren Eltern trennen konnte. Jedes Zubettgehen war dramatisch und glich einer neuen Trennung. Sie klammerte sich an ihre Allerliebsten. Sie durften nicht mehr weggehen. Die Trennungssituation hat die Eltern stark belastet. Der Fokus auf Agathe rückte durch den Arbeitsalltag mehr in den Hintergrund. Da die Tochter sich eigentlich unauffällig und gut angepasst verhielt, machte sich erst mal keiner Sorgen. Lediglich das Zubettgehen und Einschlafen waren sehr zeitintensiv und anstrengend, da Agathe immer wieder zu ihrer Mutter ins Wohnzimmer kam. Der Vater wohnte inzwischen nicht mehr zu Hause. Die Mutter war durch die Gesamtsituation sehr belastet und hatte neben der Mutterrolle keine feste Partnerschaft mehr aufgebaut.

Agathe ist inzwischen 27 Jahre alt und arbeitet als Sachbearbeiterin in einer Bank. Seit einem halben Jahr hat sie einen Freund. Die starken Verlustängste, die sich regelmäßig bei ihr zeigen, haben in den letzten Monaten zugenommen und wurden unerträglich. Sie kann schlecht ein- und durchschlafen, hat Albträume, eine starke innere Unruhe und Anspannung und leidet unter plötzlichen Panikattacken, die wie aus dem Nichts kommen und eine starke, tiefe Verzweiflung und Traurigkeit in ihr auslösen.

Sie sucht Rat bei Cord. In der Psychotherapie geht es zunächst darum, die Symptome genau zu erfassen und herauszufinden, seit wann sie bestehen und in welchen Momenten sie auftreten. Agathe kann das sehr bewusst und differenziert beschreiben. Sie erwähnt selbst die Trennung der Eltern als möglichen Auslöser bzw. Ursache. Cord versucht, sie darin zu unterstützen, Vertrauen zu entwickeln, oder mit anderen Worten: das Gefühl, dass man ihr nichts nehmen will. Denn dies war unbewusst ihre schlimmste Befürchtung, die zu einer generalisierten Angst heranwuchs. Das war auch der Grund dafür, dass sie bisher immer wieder bei einer starken Unsicherheit und Hilflosigkeit landete und bei der übertriebenen Sorge vor Ereignissen in der Zukunft, die schaden könnten. In der Therapie musste also erst mal ein Vertrauensverhältnis aufgebaut werden. Die therapeutische Beziehung ist eine Beziehung, die sich durch Ehrlichkeit, Vertrauen, Wohlwollen, Empathie und Wertschätzung auszeichnen sollte. Damit liefert sie gewissermaßen die Grundlage für jede funktionierende Beziehung. Jeder Klient und Patient braucht das Gefühl, dass sie authentisch und vor allem stabil ist. Nach etwa zehn Therapiesitzungen konnte Agathe dieses Vertrauen aufbauen.

Mit der Zeit erkennt Agathe, dass die Trennung der Eltern sie als Kind komplett überfordert hat und sie aufgrund dessen die Verlustangst und die dazugehörigen Symptome entwickelte. Auch wenn der erwachsene Anteil in ihr die Dinge rational begreifen konnte, gab es in ihr auch einen großen Teil, der die Tatsachen aus der Vergangenheit nicht akzeptieren konnte und wollte. In ihrer heilen Welt gehörten die Eltern zusammen. Die Umstände zerstörten ihre Welt, was sich wie eine Lebensbedrohung anfühlte. Ein Teil von ihr stand bis heute inmitten dieser Trümmer und wartete noch immer darauf, dass alles wieder gut und die Welt wieder so wird wie vorher.

In der Psychotherapie spricht man dabei von einer Anpassungsstörung oder posttraumatischen Belastungsstörung, auch kurz PTBS genannt. Der wesentliche Unterschied liegt in der Art und Schwere der belastenden Situation und der damit einhergehenden Lebensbedrohung. Während die Anpassungsstörung ein belastendes Lebensereignis beschreibt, auf das ich mit ängstlichen und depressiven Symptomen reagiere, ist bei der posttraumatischen Belastungsreaktion die Situation tatsächlich lebensbedrohlich. Wenn das Ereignis für mich so bedrohlich wird, steigt die Gefahr, dass ich dissoziiere. Dieses Phänomen ist eine unwillkürliche Körperreaktion, die den Organismus vor Überforderung schützen will. Wie ein Computer, der »runterfährt«, wenn er zu heiß wird. Dann ist er nicht kaputt, sondern nur im Schutzmodus vor Überhitzung. Weitere Symptome können ein andauerndes Gefühl des Betäubtseins oder emotionale Stumpfheit sein. Weiterhin beobachtet man nach solchen Erlebnissen bei den Betroffenen eine anhaltende Erregtheit mit erhöhter Schreckhaftigkeit und erhöhter Sensitivität für die Umgebung. Diese Sensitivität dient den Betroffenen dazu, die Umgebung auf potenzielle Gefahren zu scannen. Wir sprechen dann von einem Trauma. Cord hat sich auf dieses Themenfeld spezialisiert.

Heutzutage weiß man, dass ein Trauma auch heilbar ist. Das bedeutet nicht, dass man die Erfahrungen und das belastende und lebensbedrohliche Ereignis ungeschehen machen kann. Unsere Erinnerungen können wir nicht löschen. Es ist aber möglich, die emotionale Verknüpfung mit der belastenden Situation zu verändern. Dadurch erlangen die Betroffenen wieder die Kontrolle über die Situation. Das ist gut mit einer Kreuzung zu vergleichen. Wenn wir vorher immer nur nach links ins traumatische Erleben abbiegen konnten, so können wir es nach der Therapie zwar weiterhin so machen, aber wir haben neue Wege hinzubekommen und können uns somit bewusst entscheiden, ob wir nicht auch mal geradeaus weiterfahren oder nach rechts abbiegen.

Hinter jeder Form von Klammern steht die Angst, etwas verlieren zu können. Agathe erläutert im weiteren Gespräch, dass sie aktuell Angst habe, ihren Partner zu verlieren. Die Verlustangst verlagert sich nun auf die Person, die ihr in ihrem aktuellen Leben besonders nahesteht bzw. sehr viel bedeutet. Leider bleiben die Verlustangst und das damit einhergehende Verhalten vom Partner aber nicht unbemerkt. Ihr Partner hat in den letzten Monaten öfters festgestellt, dass sie sehr eifersüchtig sei und ständig sein Verhalten kontrolliere. Sie konnte ihm aber bisher nicht erklären, dass die Eifersucht eigentlich aus der verletzenden Erfahrung ihrer Kindheit und ihrer daraus entstandenen Verlustangst stammt. Sie hätte diese Entwicklung selbst nicht bewusst benennen und beschreiben können. Erst durch die Psychotherapie und die ausführliche Auseinandersetzung mit ihrer Lebensgeschichte konnte sie diesen Zusammenhang erkennen und verstehen, wo das vertraute Gefühl – die Angst – herkommt. Es ist damals entstanden und prägt selbst heute ihre Beziehungen.

So hat sie sich auch unbewusst immer die Schuld an der Trennung ihrer Eltern gegeben. In der Psychotherapie beschreibt man dieses Verhalten als eine Strategie der Betroffenen, um sich selbst für die damals unbegreifliche und unberechenbare Erfahrung eine Erklärung zu geben. Agathes Inneres Kind war mit der Situation vollends überfordert und suchte nach möglichen Erklärungen. Bis heute ist dieses Innere Kind der Überzeugung, dass es die Trennung der Eltern verursacht hat. Es hat seine Sicht über die Jahrzehnte nicht verändert und ist weiterhin eingeschränkt im Zustand eines vierjährigen Kindes. Im Gespräch mit Cord versteht Agathe mit ihrem aktuellen Erwachsenenstatus und auf rationaler Ebene, dass das natürlich nicht der Fall war. Aber ein Teil in ihr, das Innere Kind, kann diese Tatsache nicht annehmen und fühlt sich weiterhin schuldig. Das Schuldempfinden ging so weit, dass Agathe eine große Wut gegen sich selbst entwickelt hat, die irgendwann in Hass ausgeartet ist. Cord versucht mit Agathe eine Sensibilisierung für die heutige Situation zu erlangen. Er widmet sich mit Agathe den aktuellen Gegebenheiten: dass sie liebenswert ist und kein Grund für Verlustängste besteht. Diese Sichtweise kann sie zwar nachvollziehen, aber nicht annehmen oder fühlen.

Wir erleben in unseren Berufen sehr häufig Fälle wie den von Agathe. Ein vermeintlich herkömmliches Familienschicksal, eine Trennung der Eltern oder auch Ereignisse, die auf den ersten Blick

»nicht so tragisch« erscheinen, werden in unserem weiteren Leben unbearbeitet unbewusst »mitgeschleppt«. Sie stammen aus einer alten Zeit, belasten aber immer noch unser aktuelles Leben. Einfach, weil wir sie nicht »auf dem Schirm« haben und so wiederholt an Herausforderungen stoßen, die uns überfordern und unser Leben unnötig erschweren. Erlebnisse, die uns nachhaltig belasten oder sogar traumatisiert haben, führen nicht direkt und automatisch zu einer Störung oder Krankheit, die eine Therapie unabdingbar machen. Sie überfordern aber unser »System« und bleiben wie ein Fehler oder »Bug« darin hängen. Und wenn man dieses Problem nicht direkt erkennt und bearbeitet, wird es zu einem festen Programm in unserem System. Wir entwickeln daraus feste Verhaltensmuster, die uns aber in vielen Belangen blockieren. Wenn z. B. ein Plattenspieler hängt, weil er einen Kratzer auf einer Platte nicht überwinden konnte, wird ja nicht direkt der Plattenspieler infrage gestellt. Er benötigt lediglich den bewussten Blick und die helfende Hand, die die Nadel umsetzt. Verpasst man den entscheidenden Moment, können natürlich irgendwann Platte, Nadel und auch der Plattenspieler darunter leiden. Auch hier kommen wir wieder darauf, dass die bewusste Auseinandersetzung mit sich selbst den Schlüssel zur Klarheit und Hilfe bietet. Coaching bietet hier eine erste Anlaufstelle, sich seine Themen einfach mal anzuschauen und bewusst zu machen. Es müssen (noch) keine Symptome oder ein Störungs- oder Krankheitsempfinden vorliegen, um sich einfach mal einen genaueren Überblick über sein System zu verschaffen.

Agathe konnte sich dieses Bewusstsein mit Cord Schritt für Schritt erarbeiten. Die beiden schauen sich nun vor allem ihre akute Lebenssituation an, die sie im Zuge der Verlustangst häufig vor Herausforderungen stellt: ihre Partnerschaft. Ihre unbewusste und unbearbeitete Erfahrung hat bei Agathe zu einem Verhalten geführt, das ihre damalige Situation, die Trennung der Eltern, unbewusst reinszeniert. Sie war und ist immer noch davon überzeugt, dass sie der Grund für die Trennung der Eltern war. Diese Überzeugung wurde zu einem festen Glaubenssatz in ihr und prägt ihren Beziehungsidealismus. In ihren Augen kann sie somit keine Beziehung auf lange Sicht aufrechterhalten, da sie auch die ihrer Eltern zerstört hat. Das Erlebnis von früher wurde also zu einem festen Teil ihres Mindsets und formte die »Brille«, durch die sie auch ihre aktuelle Beziehung sieht. Obwohl es keinen Grund zur Sorge gibt und keinerlei Anhaltspunkte für eine Trennung, bleibt sie fest davon überzeugt, dass die Trennung irgendwann unausweichlich ist und nur bisher noch nicht passiert ist. Dieses Verhalten nennen wir »selbsterfüllende Prophezeiung«. Die Katze beißt sich im Grunde in den Schwanz: Die Verlustangst und die Befürchtung, die gleiche Situation »wie damals« noch mal zu erleben, führen zu einer ständigen Anspannung und dem Ausschauhalten nach katastrophalen Anzeichen in ähnlichen Situationen. Automatisch beschwöre ich mit diesem Verhalten Probleme herauf, bis die unerwünschte Situation erneut eintritt und mich in meinem Glaubenssatz wieder bestätigt.

Die Situation von damals hat Agathe nie richtig verarbeitet und sie wiederholt sich in dem aktuellen Erleben in der Partnerschaft. Dadurch wird das Gefühlserleben aufrechterhalten, dass aus einer alten Erfahrung stammt und mit unserer aktuellen Realität nichts mehr zu tun hat.

Erkenntnis to go

!

Im Coaching und in der Therapie sind das Wissen über die Problematik und das Erkennen der Zusammenhänge alleine nicht aussagekräftig genug dafür, wie schnell ich die Situation und mein Erleben verbessern kann. Das hängt zum Großteil von der Bereitschaft ab, Dinge zu verändern und damit alte Verhaltensweisen loszulassen, die mir nicht weiterhelfen.

Agathe erkennt mithilfe der Psychotherapie diese Gedanken- und Verhaltensmuster und möchte diesen Zustand unbedingt ändern. Sie schildert Cord viele Situationen, in denen das problematische Verhalten vorkommt. Dabei fällt ihr auf, dass sie ein Strategieverhalten entwickelt hat, hinter dem sie gemeinsam mit Cord einen Strategie-Player in ihrem Inneren Team identifiziert. Sie versucht z. B., in ihrem Umfeld stets den Eindruck von sich zu hinterlassen, liebenswert zu sein. Obwohl sie dieses Bild von sich selbst nicht hat. Das Verhalten ist deswegen ein Strategieverhalten, weil sie annimmt, dass dieses liebevolle Bild von ihr bei den anderen zu dem Verhalten führt, sie nicht zu verlassen. Dieser strategische Anteil wird noch durch einen Perfektionsdruck verstärkt, da sie immer versucht hat, besonders hilfsbereit zu sein und die Wünsche der anderen von deren Lippen abzulesen. Aber hinter all diesen Bemühungen steckte eigentlich die Verlustangst.

Diese Überzeugungen und Glaubenssätze arbeitet Cord zusammen mit Agathe weiter heraus, um sie im nächsten Schritt zu verändern. Agathe zeigt Symptome einer Anpassungsstörung, die aktuell in der Partnerschaft sichtbar sind. Schon zweimal hat der Partner angekündigt, dass er sich trennen will, wenn sie weiterhin so eifersüchtig ist oder ihn kontrolliert. Die Angst davor, ihn zu verlieren, lässt sie noch mehr klammern. Durch das Besprechen und Sichtbarwerden der Angst vor dem Verlust und der Angst vor dem Alleinsein bekommt Agathe wieder einen Zugang zu den Gefühlen aus ihrer Kindheit. Der Kontakt mit den belastenden Gefühlen ist notwendig, um eine konstruktive Veränderung zu bewirken.

Agathe erkennt auch, dass ihre Eifersucht damit zu tun hat. Ihre Annahme, dass sie der Grund für die Trennung der Eltern war, führte sie auch dazu, sich selbst nicht zu mögen, sich sogar zu hassen. Diese Überzeugung führt wiederum auch zu der Annahme, dass ihr Partner sie bestimmt nicht attraktiv genug findet und sie deshalb alles tun dafür muss, dass er bei ihr bleibt. Jede andere Frau ist durch diese Annahme eine Bedrohung für Agathe. »Er soll mich nicht verlassen.« Allein durch die regelmäßigen Gespräche und das Reflektieren der Themen erhält Agathe ein Bewusstsein über ihr Verhalten und ihre Motivation. Sie entwickelt daraufhin von selbst ein Verständnis dafür, was sie bräuchte, um sich aus diesen alten Blockaden zu befreien. Sie möchte lernen, sich von ihren negativen Gefühlen zu distanzieren. Das ist allerdings nur möglich, wenn sie einen anderen Umgang und auch Zugang zu sich selbst erhält. Solange sie in den Krieg gegen sich selbst zieht, wird das nicht möglich sein.

Cord bespricht genau das mit Agathe. Ihre Eltern haben bis heute einen großen Einfluss auf sie. Sie beschließen in der Therapie, ihre Eltern einzuladen und die Situation von damals zu besprechen. Durch diese Vorgehensweise kann genauer geschaut werden, welche Annahmen von Agathe mit der Realität übereinstimmen und welche von ihr fehlinterpretiert worden sind. – Das Gespräch mit den Eltern ist sehr emotional und aufschlussreich. Agathes Eltern wollten ihr damals viel Leid ersparen und waren sehr verunsichert, wie sie während der Trennung am besten mit der Tochter umgehen sollen. Auch sie waren also damit überfordert. Sie hatten damals nicht daran gedacht, professionelle Hilfe zu suchen und sich in dieser Zeit beraten zu lassen. Agathe kommt zum ersten Mal mit den Gefühlen der Eltern in Kontakt und die Eltern sehen gleichzeitig, wie stark Agathes Angstgefühle mit der damaligen Situation verbunden sind. Ihr Partner kommt in einem weiteren Gespräch ebenfalls mit in die Sitzung. Hier wird beiden deutlich, dass sie viel und oft miteinander sprechen, aber nicht über die Gefühle, die mit Agathes »alten« Befürchtungen zu tun haben. Agathe spricht zum ersten Mal aus, dass sie Angst hat, ihren Partner zu verlieren, weil sie bisher immer die Erfahrung gemacht hat, dass die Partner sie verlassen, und auch bisher ihre Annahme war, dass sie schuld an der Trennung ihrer Eltern war. Ihr Freund ist sichtlich gerührt und hat großes Verständnis für ihre Lage. Vor allem versteht er zum ersten Mal, was hinter ihrer Eifersucht und der Verlustangst steckt. Die Gespräche mit dem Umfeld helfen bei ihrem Realitätscheck und stärken ihren Glauben daran, dass sich etwas ändern kann. Agathe ist sehr berührt und erhält zum ersten Mal Zugang zu dem Gefühl, wirklich was verändern zu können. Gleichzeitig hatte sie zum ersten Mal in ihrem Leben das Gefühl, richtig verstanden worden zu sein und gesehen zu werden. Im weiteren Verlauf der Therapie wird der Fokus auf einen liebevollen Umgang mit sich selbst gelegt, der fast immer das Herzstück der Therapie bildet. Dies geschieht in kleinen Schritten, die davon abhängen, inwieweit der Betroffene sich darauf einlassen kann. Das Spüren ist hier wichtiger als das Verstehen. Sich selbst lieben ist etwas, für das man sich entscheiden und das man lernen kann. Außer uns selbst ist niemand dafür zuständig. Das ist gleichzeitig eine bittere Wahrheit und eine wichtige Erleichterung in der Erwartungshaltung. Wurde es erkannt, ist es möglich, die Verantwortung für das Geliebtwerden an der richtigen Stelle zu verorten. Bei uns selbst. Jede Person, die uns das Gefühl gibt, uns zu lieben, ist ein Geschenk und damit ein Bonus.

Was aus Agathe geworden ist Agathe hat durch die Psychotherapie gelernt, sich ihren Ängsten zu stellen – und dass das sogar befreiend und heilend sein kann. Sie und ihr Freund haben einen neuen Zugang zueinander bekommen und das Gefühl, viel authentischer zu kommunizieren. Sie teilen nun alles miteinander und versuchen, sich bestimmte Verhaltensmuster und Dynamiken direkt bewusst vor Augen zu führen, bevor sie zu unbewussten Stolperfallen werden. Agathe kann inzwischen auch offen mit ihrem Freund darüber sprechen, wenn sie wieder Verlustängste an sich wahrnimmt. Ihr Freund hat dann Verständnis für ihre Gefühle und Ängste und versucht, sie zu unterstützen. Die beiden fühlen sich dadurch einander anders nah. Näher, als sie es sonst jemals erlebt haben. Sie gehen aufrichtig und wertschätzend miteinander um und haben ihre Beziehungsqualität damit auf ein neues Level gehoben, das beiden ein bis dahin unbekanntes Vertrauen und ein anderes, intensiveres Erleben ihrer Liebe beschert. Agathe ist durch die Therapie und ihr neues Bewusstsein über sich selbst deutlich stärker und selbstsicherer geworden. Auch das Verhältnis zu ihren Eltern ist durch die offene Begegnung viel authentischer und verständnisvoller geworden.

Wie hilft mir das? Agathe litt unter einer enormen Verlustangst und sah ihre Beziehung gefährdet. Sie hatte eine Ahnung, wodurch ihre Verlustangst entstand: durch die Trennung der Eltern. Allerdings verstand sie erst durch die eigene Auseinandersetzung in der Psychotherapie, welche Glaubenssätze, Denk- und Verhaltensmuster damit auch einhergingen, die ihr heutzutage in vielen Situationen Probleme bereiten. Zum Beispiel gab sie sich selbst die Schuld am Scheitern der Beziehung ihrer Eltern. Dafür hasste sie sich. Der Hass führte wiederum zu einem allgemeinen schlechten Selbstbild, das sich in ihrer Beziehung durch eine große Eifersucht zeigte und vor dem Freundeskreis und dem Strategie-Player unter größter Anstrengung versteckt wurde. Die Folge: Authentische und echte Beziehungen waren für sie nicht möglich, da sie annahm, diese im Grunde nicht zu verdienen oder dass sie diese eh wieder zerstören würde. Agathe trug also viele selbstzerstörerische Gedanken und Glaubenssätze in sich, die sie sich mit Cord bewusst machen und bearbeiten konnte, sodass sie wieder die Kontrolle über ihr Mindset und ihr Verhalten gewinnen konnte. Inwieweit belastende Situationen aus der Vergangenheit einen Einfluss auf unser Erleben im Hier und Jetzt haben, lässt sich herausfinden. Dafür werden die Gefühle, die wir in bestimmten Situationen haben, zu ihrem ersten Auftreten zurückverfolgt. Das ist leider nicht immer offensichtlich und bedarf einer fachlichen Begleitung durch einen Coach oder eine/-n Psychotherapeut/-in. Empfehlenswert ist es vor allem dann, wenn wir einen Leidensdruck verspüren oder vielleicht bereits Symptome hinzugekommen sind.

TEIL DREI:

WAS UNS WIRKLICH HILFT

Wir haben Ihnen nun einen breiten Überblick über die verschiedenen Themen verschafft, die uns in unseren beiden Berufen als Psychotherapeut und Coach begegnen. Darüber hinaus hoffen wir, dass wir Ihnen wichtige Impulse und Anregungen mitgeben konnten, die Ihnen für Ihren eigenen Alltag und Ihr Leben hilfreiche Erkenntnisse liefern.

Überforderung entsteht, wenn wir über unsere Ressourcen hinausgehen. Die große Frage lautet nur: Warum sind diese Ressourcen in bestimmten Situationen ausgeschöpft oder begrenzt? Die Antwort ist ganz individuell und kann nur von Ihnen selbst gegeben werden. Sollten Sie eine Überforderung an sich wahrnehmen, können Sie dieses Gefühl als hilfreiches Zeichen nutzen. Sie bekommen einen Hinweis darauf, dass irgendwas in Ihrem Leben nicht rundläuft. Bei genauerem Hinsehen stellen Sie vielleicht fest, dass die Überforderung nur vorübergehend und durch äußere oder aktuelle Lebensumstände verursacht wird, wie z. B. eine Pandemie, die ersten anstrengenden Jahre mit kleinen Kindern, die Vertretung eines Kollegen/einer Kollegin für eine bestimmte Zeit oder die Pflege eines nahestehenden Menschen, den sie in dieser schweren Situation begleiten möchten. Sie befinden sich dann in einer Zeit, die Ihnen mehr Kraft abverlangt, die sie aber einordnen und akzeptieren können. Vielleicht stellen Sie jedoch fest, dass – wie bei unseren Fallbeispielen – mehr hinter dem Gefühl der Überforderung steckt. Zum Beispiel ein altes Verhaltensmuster, blockierende Glaubenssätze oder unbearbeitete Verletzungen und Ängste, die Sie, ohne es zu wissen, stets »mitschleppen« und die Sie immer wieder einholen. Dann kommt hier die gute Nachricht: Sie haben die Chance, es selbst zu verändern, anstatt es nur hinnehmen zu müssen und darauf zu warten, dass sich die Umstände irgendwann zum Guten wenden.

Wir bringen es also noch mal auf den Punkt: Die nähere Auseinandersetzung mit sich selbst lohnt sich nicht nur, sondern macht ein entspanntes und gelassenes Erleben überhaupt erst möglich. Ansonsten gehen wir weiterhin blind durchs Leben, hoffen auf Gelassenheit, aber verstehen gar nicht, was uns Gelassenheit beschert. Wir gehen dann davon aus, dass wir z. B. nur einen besseren oder anderen Job finden oder mehr verdienen müssten, damit es uns besser geht, unser Partner/unsere Partnerin mehr Verständnis für uns aufbringen sollte, um die Beziehung in entspannte Bahnen zu lenken oder der Stress mit dem nächsten Urlaub schon vorbei sein müsste. In allen Fällen machen wir dann aber die Umstände oder andere Menschen für eine mögliche Verbesserung verantwortlich. Dabei haben *nur* wir es in der Hand zu verstehen, was da vor sich geht, und umzusetzen, was uns wirklich hilft. Indem wir uns nicht aus den Augen verlieren – denn dann sind alle Ablenkungen und Anforderungen des Lebens eine bewusste Entscheidung.

Warten und hoffen Sie also nicht einfach nur auf Besserung. Das hilft nicht, sondern kostet nur Zeit. Kostbare Zeit, die Sie nicht mehr zurückdrehen können.

Denn was haben wir am Ende wohl alle gemeinsam? Was wollen wir alle? Darin sind sich all unsere KlientInnen und selbst wir Geschwister uns einig:

Eine richtig gute Zeit haben.

Wenn Sie mögen, kommen wir jetzt zu Ihnen.

Michael, Miriam, Thomas, Paul, Agathe, Brigitte oder Luisa. Alle haben am Ende eins gewonnen: Klarheit. Darüber, dass sie die Dinge selbst in der Hand haben und dem Leben mitsamt seinen Umständen nicht nur »ausgeliefert sind«. Sie haben verstanden, wie sie ticken, was sie wirklich wollen und was sie nicht wollen. Wir wollen nun auch Sie dazu einladen, sich selbst zu hinterfragen. Funktionieren Sie nur noch, ohne zu wissen, wie und wofür eigentlich? Oder sind Sie gut bei sich und meistern dieses Leben nicht nur, sondern kosten es vollkommen aus? Im dritten Teil geben wir Ihnen konkrete Tools an die Hand, die Ihnen helfen, näher bei sich hinzuschauen und somit gar nicht erst in der Überforderung zu landen, sondern in ein neues Zeitalter Ihres Lebens aufzubrechen: in dem es wirklich um Sie geht.

Eine Selbsteinschätzung und kleine Orientierung (Selbstcheck)

Starten Sie mit einem Selbstcheck, der Ihnen zeigt, wie es Ihnen gerade geht. Sind Sie gelassen oder geht eigentlich nichts mehr? Erhalten Sie einen Überblick über Ihre Verfassung und Ihre Belastbarkeit.

Für den Selbstcheck empfehlen wir Ihnen, bei den Antworten Ihrem ersten Impuls nachzugehen. Ein längeres Darüber-Nachdenken bringt uns meist von unserem eigentlichen Bauchgefühl weg und relativiert unser eigentliches Empfinden. Hören Sie also hierbei auf Ihren Bauch und gönnen Sie Ihrem Kopf mal eine Pause.

Aus diesem Grund raten wir auch von einem ersten Blick in die Auswertung ab, bevor Sie nicht alle Fragen beantwortet haben. Und der letzte Tipp: Machen Sie den Selbstcheck in aller Ruhe und gönnen Sie sich selbst dabei die komplette Aufmerksamkeit.

1. **In der letzten Zeit reagiere ich auf Kleinigkeiten deutlich gereizter als sonst.**

   Voll und ganz (3) Etwas (2) Ich bin mir nicht sicher (1) Trifft nicht zu (0) ◯

2. **Seit einigen Wochen kann ich nicht mehr so lange schlafen.**

   Voll und ganz (3) Etwas (2) Ich bin mir nicht sicher (1) Trifft nicht zu (0) ◯

3. **Ich wache in der letzten Zeit öfter nachts auf.**

   Voll und ganz (3) Etwas (2) Ich bin mir nicht sicher (1) Trifft nicht zu (0) ◯

4. **Ich brauche im Moment länger, bis ich einschlafen kann.**

   Voll und ganz (3) Etwas (2) Ich bin mir nicht sicher (1) Trifft nicht zu (0) ◯

5. **Ich habe seit einiger Zeit einen deutlich unruhigeren Schlaf.**

   Voll und ganz (3) Etwas (2) Ich bin mir nicht sicher (1) Trifft nicht zu (0) ◯

6. **Ich fühle mich seit einiger Zeit deutlich schlapper und müder.**

   Voll und ganz (3) Etwas (2) Ich bin mir nicht sicher (1) Trifft nicht zu (0) ◯

7. **Meine Konzentration hat nachgelassen.**

   Voll und ganz (3) Etwas (2) Ich bin mir nicht sicher (1) Trifft nicht zu (0) ◯

8. **Ich bin im Moment vergesslicher als sonst.**

   Voll und ganz (3) Etwas (2) Ich bin mir nicht sicher (1) Trifft nicht zu (0) ◯

9. **Ich merke, dass ich schneller erschöpft bin als sonst.**

   Voll und ganz (3) Etwas (2) Ich bin mir nicht sicher (1) Trifft nicht zu (0) ◯

10. **Mein Interesse an den Dingen, die mir vorher Freude bereitet haben, hat nachgelassen.**

Voll und ganz (3) Etwas (2) Ich bin mir nicht sicher (1) Trifft nicht zu (0) ◯

11. **Ich merke, dass ich immer mehr Widerstände habe, wenn ich meine Arbeit mache.**

Voll und ganz (3) Etwas (2) Ich bin mir nicht sicher (1) Trifft nicht zu (0) ◯

12. **Die Menschen, dir mir sonst sehr am Herzen liegen, werden im Moment öfter von mir emotional verletzt, ignoriert oder beschimpft.**

Voll und ganz (3) Etwas (2) Ich bin mir nicht sicher (1) Trifft nicht zu (0) ◯

13. **Ich esse in der letzten Zeit anders als sonst.**

Voll und ganz (3) Etwas (2) Ich bin mir nicht sicher (1) Trifft nicht zu (0) ◯

14. **Meine Leistungsfähigkeit hat in der letzten Zeit deutlich nachgelassen.**

Voll und ganz (3) Etwas (2) Ich bin mir nicht sicher (1) Trifft nicht zu (0) ◯

15. **Ich bekomme im Moment öfter die Frage gestellt, ob es mir gut geht.**

Voll und ganz (3) Etwas (2) Ich bin mir nicht sicher (1) Trifft nicht zu (0) ◯

16. **Meine Selbstzweifel sind im Moment sehr ausgeprägt.**

Voll und ganz (3) Etwas (2) Ich bin mir nicht sicher (1) Trifft nicht zu (0) ◯

17. **Ich fühle mich anders als sonst und das irritiert mich.**

Voll und ganz (3) Etwas (2) Ich bin mir nicht sicher (1) Trifft nicht zu (0) ◯

18. **Ich bin nach meinem Urlaub nicht mehr so erholt wie früher.**

Voll und ganz (3) Etwas (2) Ich bin mir nicht sicher (1) Trifft nicht zu (0) ◯

19. **Ich nehme an deutlich weniger Aktivitäten teil als sonst.**

Voll und ganz (3) Etwas (2) Ich bin mir nicht sicher (1) Trifft nicht zu (0) ◯

20. **Mein Körper ist in letzter Zeit deutlich verspannter und angespannter als sonst.**

Voll und ganz (3) Etwas (2) Ich bin mir nicht sicher (1) Trifft nicht zu (0)

21. **Ich habe aktuell häufiger den Wunsch, aus meinem Leben auszubrechen und einen schönen Ort aus meiner Vorstellung zu besuchen.**

Voll und ganz (3) Etwas (2) Ich bin mir nicht sicher (1) Trifft nicht zu (0)

22. **Manchmal habe ich das Gefühl, mein Leben gar nicht wirklich gelebt zu haben.**

Voll und ganz (3) Etwas (2) Ich bin mir nicht sicher (1) Trifft nicht zu (0)

23. **Mir fällt es im Moment schwer, Entscheidungen zu treffen.**

Voll und ganz (3) Etwas (2) Ich bin mir nicht sicher (1) Trifft nicht zu (0)

24. **Ich mache mir ab und zu Sorgen, ob ich das alles schaffe, was ich mir zum Ziel gesetzt habe.**

Voll und ganz (3) Etwas (2) Ich bin mir nicht sicher (1) Trifft nicht zu (0)

25. **Mir wurde schon öfter gesagt, dass meine Ansprüche sehr hoch sind.**

Voll und ganz (3) Etwas (2) Ich bin mir nicht sicher (1) Trifft nicht zu (0)

26. **Ich höre in der Regel immer erst dann auf, wenn ich mein Ziel erreicht habe.**

Voll und ganz (3) Etwas (2) Ich bin mir nicht sicher (1) Trifft nicht zu (0)

27. **Halbe Sachen sind nichts für mich. Entweder ganz oder gar nicht.**

Voll und ganz (3) Etwas (2) Ich bin mir nicht sicher (1) Trifft nicht zu (0)

28. **Etwas nicht zu beenden, bedeutet für mich zu scheitern.**

Voll und ganz (3) Etwas (2) Ich bin mir nicht sicher (1) Trifft nicht zu (0)

29. **Manchmal denke ich, ich bin deutlich schlechter und weniger wert als die anderen Menschen.**

Voll und ganz (3) Etwas (2) Ich bin mir nicht sicher (1) Trifft nicht zu (0)

30. **Eines meiner Ziele ist es, die Dinge perfekt oder genau nach meinen Vorstellungen zu machen.**

Voll und ganz (3) Etwas (2) Ich bin mir nicht sicher (1) Trifft nicht zu (0)

31. **Ich bin mir nicht sicher, ob ich auf dem richtigen Weg bin.**

Voll und ganz (3) Etwas (2) Ich bin mir nicht sicher (1) Trifft nicht zu (0)

32. **Ich weiß nie genau, wann ich etwas loslassen muss, was mir nicht mehr nützlich ist.**

Voll und ganz (3) Etwas (2) Ich bin mir nicht sicher (1) Trifft nicht zu (0)

33. **Ich kann mich schwer von Dingen trennen.**

Voll und ganz (3) Etwas (2) Ich bin mir nicht sicher (1) Trifft nicht zu (0)

34. **Ich fühle mich wie ein Versager, wenn ich Sachen nicht zum Abschluss bringe.**

Voll und ganz (3) Etwas (2) Ich bin mir nicht sicher (1) Trifft nicht zu (0)

35. **Ich glaube nicht, dass ich irgendwann den Lohn meiner Mühen ernten werde.**

Voll und ganz (3) Etwas (2) Ich bin mir nicht sicher (1) Trifft nicht zu (0)

36. **Ich glaube nicht an ein Happy End.**

Voll und ganz (3) Etwas (2) Ich bin mir nicht sicher (1) Trifft nicht zu (0)

37. **Ich kann nicht gut improvisieren.**

Voll und ganz (3) Etwas (2) Ich bin mir nicht sicher (1) Trifft nicht zu (0)

38. **Ich habe nie ein Ass im Ärmel.**

Voll und ganz (3) Etwas (2) Ich bin mir nicht sicher (1) Trifft nicht zu (0)

39. **Ich bin nichts wert, wenn ich nichts geleistet habe.**

Voll und ganz (3) Etwas (2) Ich bin mir nicht sicher (1) Trifft nicht zu (0)

40. Ich bin nicht liebenswert.

Voll und ganz (3) Etwas (2) Ich bin mir nicht sicher (1) Trifft nicht zu (0)

41. Ein Lottogewinn würde mich mit Sicherheit glücklich machen.

Voll und ganz (3) Etwas (2) Ich bin mir nicht sicher (1) Trifft nicht zu (0)

42. Ich habe zwischenzeitig das Gefühl, dass es besser wäre, wenn ich nicht mehr hier wäre.

Voll und ganz (3) Etwas (2) Ich bin mir nicht sicher (1) Trifft nicht zu (0)

43. Ich bin nur ein Balast für meine Umgebung.

Voll und ganz (3) Etwas (2) Ich bin mir nicht sicher (1) Trifft nicht zu (0)

44. Ich glaube nicht an mich.

Voll und ganz (3) Etwas (2) Ich bin mir nicht sicher (1) Trifft nicht zu (0)

45. Ich bin überhaupt nicht belastbar.

Voll und ganz (3) Etwas (2) Ich bin mir nicht sicher (1) Trifft nicht zu (0)

46. Ich fühle mich manchmal so, als wäre ich am ganzen Leid der Welt schuld.

Voll und ganz (3) Etwas (2) Ich bin mir nicht sicher (1) Trifft nicht zu (0)

47. Ich werde mich nie ändern können.

Voll und ganz (3) Etwas (2) Ich bin mir nicht sicher (1) Trifft nicht zu (0)

48. Bei mir ist Hopfen und Malz verloren.

Voll und ganz (3) Etwas (2) Ich bin mir nicht sicher (1) Trifft nicht zu (0)

49. Ich denke zwischenzeitig daran, dass ich niemanden zur Last fallen sollte.

Voll und ganz (3) Etwas (2) Ich bin mir nicht sicher (1) Trifft nicht zu (0)

50. Mich kann keiner richtig verstehen, weil ich ein hoffnungsloser Fall bin.

Voll und ganz (3) Etwas (2) Ich bin mir nicht sicher (1) Trifft nicht zu (0)

Sehr gut! Sie haben es geschafft. Nun geht es zur Auswertung. Dazu müssen Sie nur die Punkte summieren und in dem Bereich nachschauen, der auf Sie zutrifft. Manche Fragen fallen zu anderen Zeiten anders ins Gewicht und führen zu einem anderen Ergebnis. Das sollten Sie berücksichtigen. Wenn Sie unsicher sind, tauschen Sie sich gerne mit einer Vertrauensperson aus oder fragen Sie eine Fachperson Ihrer Wahl (Arzt, Psychotherapeut, Coach), falls Sie eine zu hohe Belastung oder einen zu großen Leidensdruck bei sich feststellen.

0–29: Sie gehen mit Ihrer Situation und den Anforderungen sehr konstruktiv um. Mit hoher Wahrscheinlichkeit sehen Sie Probleme und kritische Lebensereignisse als Herausforderungen an, an denen man wachsen kann. Sie haben derzeit gute Möglichkeiten für einen Ausgleich und greifen bei Bedarf auf hilfreiche Ansprechpersonen zurück. Für ausreichend Pausen, Schlaf und allgemeine Ruhephasen sorgen Sie selbstständig. Sie sind vor Belastungen und Stresssituationen gut geschützt.

30–69: Sie können prinzipiell mit allgemeinen Belastungen gut umgehen. Im Moment befinden Sie sich aber vielleicht in einer stressigen Lebensphase oder sehen sich mit manchen Situationen konfrontiert, die nicht ganz spurlos an Ihnen vorbeigehen und Sie so beeinflussen, dass Sie in einigen Bereichen Belastung spüren. Schaffen Sie sich immer wieder ausgleichende Momente, die Ihnen guttun und Ihre Ressourcen »auffüllen«. Gönnen Sie sich weiterhin ausreichende Ruhephasen, damit Sie ausreichend regenerieren können. Wenn Sie im Moment gut für Ausgleich und ausreichend Ansprechpersonen sorgen und auch ausreichend Ruhephasen einbauen, sollten Sie die aktuelle Lebensphase ohne große Einschränkungen meistern können.

70–109: Die aktuelle Situation scheint Sie deutlich zu beeinflussen. Entweder sind gerade einige belastende Dinge passiert, die fast jeden berühren würden, oder Sie sind schon über eine längere Zeit in einer belastenden Situation, die nicht besser wird. Jetzt ist es wichtig, dass Sie schauen, welche Ausgleichsmöglichkeiten verfügbar sind. Sie brauchen Tätigkeiten, die Ihnen die Möglichkeit geben, mal auf- und durchzuatmen. Auch Gespräche mit vertrauten Personen sind wichtig. Ruhephasen brauchen Sie auch. Wenn Sie das im Moment nicht haben oder nicht wissen, wie und wo Sie das umsetzen können, empfehlen wir dringend, dass Sie sich auch mit dem Arzt Ihres Vertrauens austauschen, um eine mögliche Symptomentwicklung oder -verstärkung zu vermeiden und zu minimieren.

110–150: Sie sind im Moment eindeutig an Ihre Grenzen und darüber hinaus gekommen. Es ist sehr wichtig, dass sie das erkennen und akzeptieren. Wir sind alle nur Menschen und können auch mal in so eine Phase gelangen. Mit großer Wahrscheinlichkeit wissen Sie im Moment nicht mehr, wie Sie da rauskommen sollen, und haben schon vieles versucht. Bitte vertrauen Sie sich neben Vertrauenspersonen auch Ihrem Arzt an. Wenn Sie keinen haben, empfehlen wir Ihnen, sich einen zu suchen. Mit großer Wahrscheinlichkeit wird das ausreichen, um wieder die nötige gefühlte Stabilität in Ihr Leben zu holen. Und wenn nicht, werden Sie mit Ihrem Arzt sicherlich einen Weg finden, wie das gehen kann.

NACHWORT

Als wir dieses Buch zu schreiben begannen, war Judith mit ihrer Tochter schwanger und saß mit ihrem dreijährigen Sohn im Lockdown, während sie vor ihrer Elternzeit die letzten KlientInnen in ihren Prozessen begleitete. Cord befand sich mitten im Hausbau, organisierte das durch die Pandemie ansteigende Pensum seiner Gemeinschaftspraxis und half zu Hause seiner Frau bei der Betreuung der Kinder. Wir haben die eigenen Grenzen und das Gefühl der Überforderung im letzten Jahr und beim Schreiben dieses Buchs in vielen Momenten selbst sehr deutlich gespürt und durch die Geschichten unserer KlientInnen in dieser Zeit auch zunehmend gespiegelt bekommen. Es hat uns aber dieses Projekt niemals infrage stellen lassen. Im Gegenteil. Wir wurden jedes Mal aufs Neue darin bestärkt, diese Dinge zu Papier zu bringen und unsere Gedanken und Beobachtungen, als Geschwister und Experten, zu teilen.

Wir hoffen, dass es Ihnen hilft, viele Prozesse besser zu verstehen und das eigene Verhalten bewusster wahrzunehmen. Wir freuen uns, wenn es Ihnen spannende Impulse und Ideen liefern konnte.

DANKSAGUNG

Judith

Mein größter Dank geht an meinen wundervollen und einzigartigen Ehemann, Tim. Du bist das Beste, das mir je passiert ist. Du glaubst so sehr an mich und unterstützt mich jeden Tag mehr, als ich es dir je danken kann. Ohne dich wäre das hier niemals möglich gewesen. Vor allem im letzten Jahr. Danke, dass du so für mich und unsere Kinder da bist. Dafür und aus tausend anderen Gründen liebe ich dich! Von ganzem Herzen!

Ich danke meinen beiden Kindern Joshua und Ellen dafür, dass sie jeden Tag so viel lebenswerter machen und mir eine neue Form von Liebe und Kraft offenbart haben. Danke, dass ihr im letzten Jahr die Mama öfter mal mit diesem Projekt geteilt habt und es euch in keinem Moment habt anmerken lassen. Ich liebe euch über alles!

Dann möchte ich dir, Cord, danken. Danke, dass du mich nicht nur als Bruder, sondern auch als Psycho seit drei Jahren »triffst« und wir so ein großartiges Team vor und hinter dem Mikro sind. Ich liebe deinen Humor und deine Gelassenheit, die du auch bei diesem Projekt immer wieder gern an den richtigen Stellen eingebracht hast. Ich bin unfassbar stolz, deine Schwester zu sein und gemeinsam mit dir dieses Buch zu veröffentlichen.

Ich danke allen lieben Menschen, insbesondere meinen Freunden und meiner Familie, die mich bei diesem Projekt zu jeder Zeit unterstützt haben. Ich bin so froh und dankbar, dass es euch gibt! Und ich hoffe, wir sehen uns ab jetzt wieder öfter. ☺

Cord

Mein größter Dank geht an meine Ehefrau Marijke. Du bist immer an meiner Seite, glaubst an mich und bestärkst mich in meiner Berufung. Auch wenn du öfter zu Recht die Hände über dem Kopf zusammengeschlagen hast und dachtest, was er wohl als Nächstes aushecken wird, ist dein Vertrauen und deine Liebe immer spürbar. Den Weg des Lebens gemeinsam zu gehen und sich nicht aus den Augen zu verlieren, ist unsere Stärke. In tiefer Verbundenheit. Ich liebe dich von ganzem Herzen.

Mein zweitgrößter Dank geht an meine Kinder Simon, Casimir und Merida. Ihr gebt meinem Leben erst einen Sinn. Ihr seid durch eure Liebe, euer Zumuten, eure Lebendigkeit, euren Mut, eure Hingabe, eure Einzigartigkeit und eure Ehrlichkeit die wichtigsten Lehrmeister. Ich bin so froh und stolz, dass es euch gibt.

Liebes Schwesterherz, auch ich möchte dir von ganzem Herzen danken. Du hast den Impuls gesetzt und diesem tollen Projekt den wichtigen Anstoß gegeben. Du hast immer daran geglaubt und schon immer das Potenzial gesehen. Ich liebe deine Ehrlichkeit, deinen Humor und deinen Ehrgeiz, das Potenzial weiter zu entfalten. Vor allem freue ich mich, dass wir die Lebendigkeit, unsere Verbindung und unser Herzblut in dem Projekt voll spürbar rüberbringen können und damit so viele Menschen erreichen und auf ihrem Weg positiv berühren und bewegen können. Wirklich mega! Ich drücke dich ganz dolle und bin so stolz auf dich!

Zu guter Letzt möchte ich alle Menschen ansprechen, die an uns geglaubt haben und es auch weiterhin tun. Ich danke euch von ganzem Herzen. Ihr seid großartig. Danke, dass es euch alle gibt!

Gemeinsam möchten wir noch unserer lieben Ola danken, die uns als Freundin und Kollegin jederzeit unterstützt und zur Seite gestanden hat. Aber vor allem im letzten Jahr! Danke, dass du immer für uns da bist und an uns glaubst. Du bist einfach nur großartig!

DIE WERTE-TABELLE.
WAS IST IHNEN WIRKLICH WICHTIG?

Abenteuer	
Abwechslung	
Achtsamkeit	
Aktivität	
Altruismus	
Ausgeglichenheit	
Authentizität	
Beliebtheit	
Bescheidenheit	
Besitz	
Besonnenheit	
Bewusstheit	
Bildung	
Charme	
Dankbarkeit	
Demut	
Distanz	
Disziplin	
Ehrlichkeit	
Eigenständigkeit	
Einfachheit	
Einzigartigkeit	
Empathie	
Enthusiasmus	
Entspannung	
Entwicklung	

Erfahrung	
Erfolg	
Expertise	
Fairness	
Familie	
Fantasie	
Fleiß	
Flexibilität	
Flow	
Freiheit	
Freude	
Freundschaft	
Fürsorglichkeit	
Gelassenheit	
Gemeinschaft	
Gerechtigkeit	
Gesundheit	
Großzügigkeit	
Harmonie	
Herausforderung	
Hingabe	
Höflichkeit	
Humor	
Idealismus	
Integrität	
Klarheit	

Komfort	
Kontrolle	
Kontinuität	
Kreativität	
Lebendigkeit	
Lebensfreude	
Leichtigkeit	
Leidenschaft	
Leistung	
Liebe	
Loyalität	
Luxus	
Macht	
Motivation	
Muße	
Mut	
Nähe	
Neugier	
Offenheit	
Optimismus	
Originalität	
Perfektion	
Pragmatismus	
Professionalität	
Respekt	
Ruhe	
Ruhm	
Schönheit	
Selbsterkenntnis	

Selbstvertrauen	
Sensibilität	
Sicherheit	
Sinn	
Sinnlichkeit	
Spiritualität	
Spontaneität	
Stabilität	
Stärke	
Status	
Teamgeist	
Tiefe	
Toleranz	
Unabhängigkeit	
Verantwortung	
Vergnügen	
Vernunft	
Vertrauen	
Vielfalt	
Vision	
Wachstum	
Wahrheit	
Weisheit	
Wertschätzung	
Wissen	
Wohlstand	
Zugehörigkeit	
Zusammenarbeit	

Unsere Werte bilden den roten Faden unseres Handelns und sind das Fundament unserer Wünsche und Entscheidungen. Wir alle handeln nach bestimmten Werten, die wir von klein auf erlernt haben, durch die Gesellschaft, Familie und das Umfeld, in dem wir aufgewachsen sind. Manche Werte haben wir also übernommen und nehmen an, wir müssten danach leben. Mit einer Wertetabelle können Sie Ihre eigenen Werte definieren und herausfinden, worauf es Ihnen im Leben wirklich ankommt.

Anleitung:

Wählen Sie 5–10 Begriffe aus. Spontan und intuitiv – ohne groß darüber nachzudenken. Danach reduzieren Sie die Auswahl auf die 5 Werte, die Ihre Person, Ihr Handeln und Ihr Leben schon immer charakterisiert haben. Versuchen Sie, Ihre individuellen Werte herauszufinden, die Sie kennzeichnen, und nicht die zu nehmen, die eher allgemeingültig sind. Beispiel: Alle Menschen würden »Liebe« als einen eigenen großen Wert bezeichnen. »Harmonie«, »Nähe« oder »Zugehörigkeit« sind hingegen spezifischer und treffen vielleicht viel eher das, worauf es Ihnen persönlich bei dem Wert »Liebe« ankommt.

Manche Werte sind auch miteinander verwandt, gehören also zueinander bzw. in dieselbe Kategorie. Fragen Sie sich bei zu vielen Begriffen einfach: »Worum geht es mir letztendlich wirklich?« / »Was darf in meinem Leben auf keinen Fall fehlen?«

Priorisieren Sie Ihre Werte danach absteigend von 1–5. Und schauen Sie danach, wie sich Ihre Werte in Ihrem Leben äußern. Wo leben Sie Ihre Werte? Können Sie Ihren Top-Wert gut in Ihrem Alltag ausleben? Welche Werte leben Sie im Beruf aus und welche im Privaten? Welche Werte teilen Sie in Ihrer Partnerschaft oder mit welchen Freunden? Warum kommen Sie häufig in Konflikte? Werden hier einer oder mehrere Ihrer Werte verletzt? Gehen Sie sich selbst auf den Grund und freuen Sie sich über viele neue und spannende Erkenntnisse!

STICHWORTVERZEICHNIS

Abgrenzungsproblematik 28, 106–124, 181, 185 ff.
Achtsamkeit 47 ff., 102, 112, 144
Angststörung 18 f., 51 f., 152 f., 275–285

Beziehungsidealismus 63–78, 116, 158 f., 163, 272 f., 290 f.
Borderline 166 f.
Burn-out 12, 18, 21, 27, 49, 55, 59, 102, 145 f., 231

Compliance 152

Depression 12, 15, 18, 119, 231, 246

Eisenhower-Matrix 155, 162 f.
Entwicklung 17 f., 53, 57, 60, 98, 103, 127, 170, 184, 221
Essstörung 165 f.

Fear of Missing Out (FoMO) 42 f.

Gewaltfreie Kommunikation 270 f.

Identität 57 f., 63–71, 107, 116, 121, 168, 262
Inneres Kind 168–173, 181 f., 185, 222–238, 289
Inneres Team 119, 168–173, 177, 180 ff., 213, 218, 222–238, 244, 291 f.

Kommunikation 39–47, 197
Kontrolle 56–59, 119, 163–166, 181
Kraftressourcen-Modell 154 f.

Leistungsdruck 26 f., 53–63, 134, 144, 159, 171, 242

Medikamente 152 f.
Meditation 22, 48, 181 f., 237 f.
Mindset 22, 78–103, 123, 134, 154, 165, 171, 175, 180, 184, 189 ff., 243, 250, 276 f., 284, 291

Narzissmus 194 f., 24 ff.

Paar-Coaching 101, 204, 217, 251, 255–275
Panikattacke 51 f., 153, 194, 276–286
Perfektionismus 10, 21, 27, 53–63, 144, 159, 163, 168, 171, 272 ff., 238–246, 273, 292
Persönlichkeitsentwicklung 18, 85 ff., 170, 175, 243
Persönlichkeitsstörung 163–166

Ressourcen 26–30, 37 f., 51, 55–58, 109 ff., 114, 122 f., 129, 153 ff., 170, 175 f., 194, 199, 232–235, 241, 263, 274, 297, 305

Stress 25–51, 59 f., 82 f., 110–114, 120 ff., 146, 154 f., 160–163, 176, 183, 202, 305
Sucht 42, 119, 166, 178, 191–211, 234

Täter-Opfer-Dynamik 172, 238 ff.
Trauma 15, 18, 30, 158, 166–173, 184, 248, 287–291

Verhaltensmuster 34, 62, 77, 101 ff., 109–122, 146–151, 155, 173–177, 184–193, 205–210, 217, 230, 235 f. 291–295
4-Ebenen-Konfliktanalyse 267
Vision Pensionierung 156 ff.

Werte 19, 22, 86–89, 115 f., 121, 126–143, 159, 189, 203–211, 217, 260–274

Zeitmanagement 155–163
Ziele 19, 44, 51, 65 f., 140, 161 f., 171, 202, 217, 282